投资人喜欢这样的商业计划书

全新版

刘向东◎著

中国铁道出版社有限公司
CHINA RAILWAY PUBLISHING HOUSE CO., LTD.

内容简介

商业计划书的好坏，直接关系到融资的成败。本书教你如何站在投资人的角度，制作出优秀的商业计划书，轻松打动投资人，获得融资。

本书作者结合自身多年的投融资经历，通过大量案例深入剖析、详解商业计划书的编写与制作，内容包括：商业计划书涉及的行业调研、公司与产品展示、盈利模式分析、营销计划打造、人才优势表达、财务计划制作、风险规避和防范等方面，帮你快速获得投资人的认可，成就企业梦想。

本书适合于利用商业计划书进行融资的公司或团队、中小型企业的管理者和领导者等。

图书在版编目（CIP）数据

投资人喜欢这样的商业计划书:全新版/刘向东著.—2版.—北京:中国铁道出版社有限公司，2019.11

ISBN 978-7-113-26225-9

Ⅰ.①投… Ⅱ.①刘… Ⅲ.①商业计划－文书－写作 Ⅳ.①H152.3

中国版本图书馆CIP数据核字（2019）第201157号

书　　名：投资人喜欢这样的商业计划书（全新版）
作　　者：刘向东

责任编辑：张亚慧　　**读者热线电话**：010-63560056
责任印制：赵星辰　　**封面设计**：MXK DESIGN STUDIO

出版发行：中国铁道出版社有限公司（100054，北京市西城区右安门西街8号）
印　　刷：北京柏力行彩印有限公司
版　　次：2018年8月第1版　2019年11月第2版　2019年11月第1次印刷
开　　本：700 mm×1000 mm　1/16　**印张**：20.25　**字数**：310千
书　　号：ISBN 978-7-113-26225-9
定　　价：59.00元

PREFACE
前　言

一份商业计划书，少则十页，多则几十页，从内容准备到完成初步编写可能就要好几天，完成初步编写之后，可能还要再花一些时间进行检查和调整。这样看来，商业计划书的编写工作无疑是比较麻烦的。

那么，明知道是一件比较麻烦的事，为什么还有很多人要花时间和精力来编写商业计划书呢？对于这个问题，笔者认为主要有三方面的原因，具体如下。

1．创业需求的旺盛

现在万众创业，此起彼伏，特别是新媒体等众多行业的兴起，降低了创业的门槛，这也让越来越多的创业者，希望通过商业计划书拿到更多的投资。网易发布全国创业报告中的数据显示，2018 年全国范围内创业公司已超过 10 万家，而创业的背后，资金是第一大缺口。

2．投资风潮的流行

现在已进入资本投资时代，2018 年中国风投总额达 938 亿美元，位列全球第一。根据 36 氪讯息，2000 年到 2017 年，中国风险投资机构数量从 106 家增加到 8863 家，年均增长率为 29.7%；风险投资基金数量从 164 支增长到 19139 支，年均增长率为 32.3%；累计投资事件从 143 起增长到 46357 起，年均增长率为 40.5%。而对于大多数风险投资来说，商业计划书就是一块必不可少的敲门砖。

3．行业趋势变化大

近几年，中国创业风险投资项目主要集中在新媒体产业、软件产业、新能源行业、医疗卫生等行业领域。比如微信已成为国内第一流量大池，公众号已达 3000 多万个，小程序也如雨后春笋般生长，今日头条、抖音短视频成为新宠，太多的行业随之发生了变化，也需要越来越多的资金投入。在这种情况下，对作为融资手段的商业计划书的需求量增多，其重要性越发突出。

虽然市场上写如何创作商业计划书的书籍有很多，但是内容大多过于书面化、呆板化、无用化，缺少对商业计划书进行实战的指引，更极少将对商业计划书的初步介绍、内容技巧、外在表现和实战分析等一系列内容融为一体的书。

所以，笔者潜心收集并整合相关资料，结合实战案例，于 2017 年 2 月出版了《投资人最喜欢这样的商业计划书》一书。该书出版之后，反响普遍比较好。时至今日，时间已经过去了两年多，笔者也在这两年多里对于商业计划书的编写又有了一些新的感悟。

于是笔者在原书的基础上对内容进行了调整和升级，推出了这本《投资人喜欢这样的商业计划书（全新版）》。相比于《投资人最喜欢这样的商业计划书》，本书从三个方面进行了调整，具体如下。

1. 整合调整内容：把原书中部分图解格式进行调整，将原来的第 18 章调至第 19 章，把“实战篇”换成“案例篇”。

2. 删除过时内容：将原书中时间较早的案例，或实用性不强的内容进行了删除。如原书中的第 19、第 20 章内容便选择性地删除了。

3. 增加全新内容：新增 8 个行业的案例分析作为第 19 章；第 3 章增加更好地进行商业计划书的路演和让商业计划书更具吸引力的内容；第 10 章增加财务计划模型和投资人关注的财务问题。

经过这一调整之后，本书的内容就变成了 19 章，包含的内容无疑也更加全面、实用，更具含金量了。

本书由刘向东著，参与编写的人员还有高彪等人，在此表示感谢。由于作者知识水平有限，书中难免有错误和疏漏之处，恳请广大读者批评、指正，联系微信：157075539。

编者

2019 年 8 月

目录

CONTENTS

第1章

快速入门：厘清商业计划书的重要信息

在商业时代，商业计划书的重要性不言而喻，没有商业计划书，企业就无法融资，也就无法达成发展的根本目标。

本章主要对商业计划书的基本内容进行介绍和分析，梳理其中的重要信息。

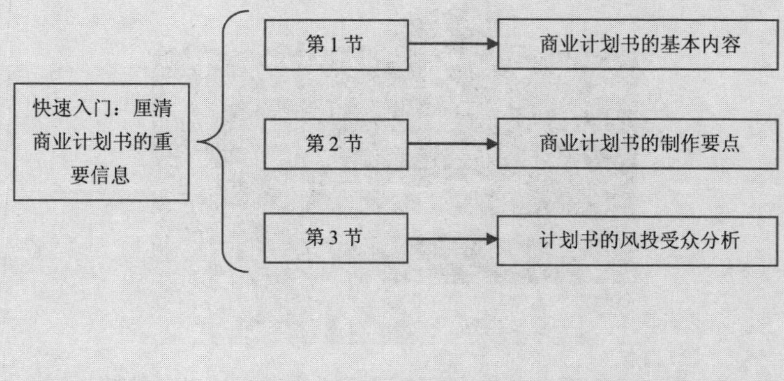

1.1 商业计划书的基本内容

商业计划书是公司、企业或项目单位为了达到招商融资和其他发展目的，在经过前期对项目科学地调研、分析搜集与整理有关资料的基础上，根据一定的格式和内容要求编辑整理的书面材料。商业计划书的提供方通常是公司、企业和项目单位，受众方则是潜在投资者、企业债权人和合作伙伴。而商业计划书的内容则主要是通过文字、图片等内容全面地展示公司或项目的现状、未来潜力等。

为了更好地体现计划书的重要性，提供方往往会为计划书设计一个简单的封面。图 1-1 是某个汽车文化主题公园项目的商业计划书封面，这种文字配图片的封面模式几乎适用于所有的商业计划书。

图 1-1　汽车文化主题公园项目的商业计划书封面

商业计划书的目的根据提供方的需求不同而有所变化，但常见的目的主要有 3 个方面，如图 1-2 所示。

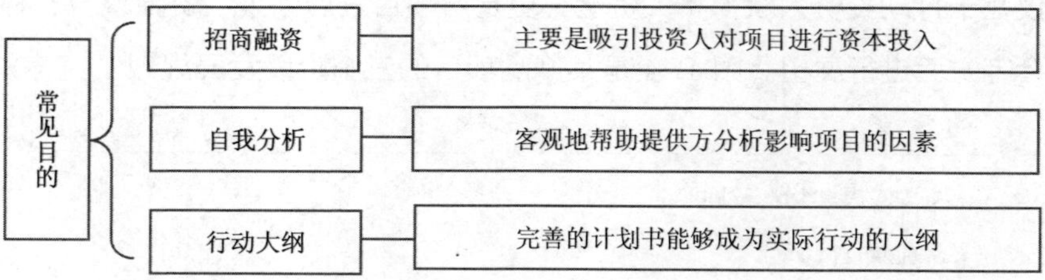

图 1-2　商业计划书的常见目的

1.1.1　商业计划书的本质内容

无论商业计划书的最终目标如何，在商业计划书中都需要阐明一些本质内容，这些内容是商业计划书的核心框架。商业计划书的本质内容主要有 6 个方面，即项目产品、市场环境、企业团队、经营状况、发展方案和成长预期。

在本质内容中，项目产品是商业计划书存在的基础，一个优质的项目产品往往能够第一时间赢得潜在投资人的认可。图 1-3 是湖南吉首大学优惠通商业计划书的项目产品介绍，通过具体的项目信息来打动投资人。

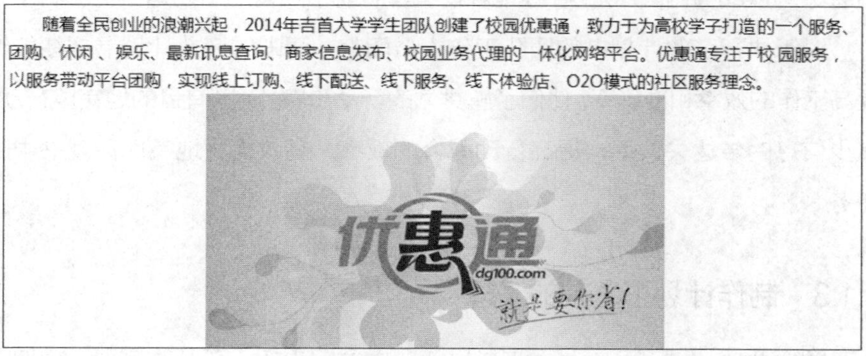

图 1-3　商业计划书的本质内容

1.1.2 商业计划书的意义体现

商业计划书的成败直接关系到项目的未来发展，所以商业计划书的意义不仅在于打动投资人获得相关资金，更是对项目发展前景、资源整合、寻找机会等方面进行展望。图 1-4 是某产品项目的三个阶段发展规划。

项目整体发展规划分为三个阶段：

1、初创阶段（1-2年）

企业主营业务为陶艺及陶艺DIY体验，着力宣传、强调这一特点。其次致力于陶艺品成品向市场导入。充分利用有限的资源提高产品知名度，树立品牌形象，逐步建立销售网络，打开并初步占领市场。

2、发展阶段（3-5年）

发展阶段企业进一步健全和完善销售网络；主要目标为巩固、扩展现有市场，同时开拓新市场。

3、成熟阶段（6-10年）

成熟阶段企业利用研制方面的技术优势，开发陶制饰品相关产品，实现产品多元化，拓展市场空间，扩大市场占有率，条件成熟时，可以开展连锁经营，成为陶制饰品市场的领先者，开发国际陶制饰品市场，努力做陶制饰品的第一品牌。

图 1-4　某产品项目的三个阶段发展规划

对于商业计划书的编写者而言，编写过程中往往会在头脑中呈现出如何开展工作、设想是否完整、实际情况是否支持等方面的内容，经过编写过程的磨炼，完整的商业计划书往往能够使编写者对于项目的后期运作更加明了。

对于执行商业计划书的团队工作人员而言，清晰的商业计划书往往能够提高工作的效率和准确率。他们了解具体的行动步骤，可以有目的地完成行动，减少信息的传达失误率，提高行动配合的效率，高效优质地完成计划书中的任务。

1.1.3 制作计划书之前的了解

制作商业计划书并不是一项可以一蹴而就的工作，在开始之前，需要完成对相关信息的调查和统计。具体的信息内容主要分为 4 个方面，即市场调查、前景分析、竞争对手和商业模式。

在互联网时代，市场调查能够在网络平台上完成，并且效率更高。图 1-5 是手表设计调查问卷界面。

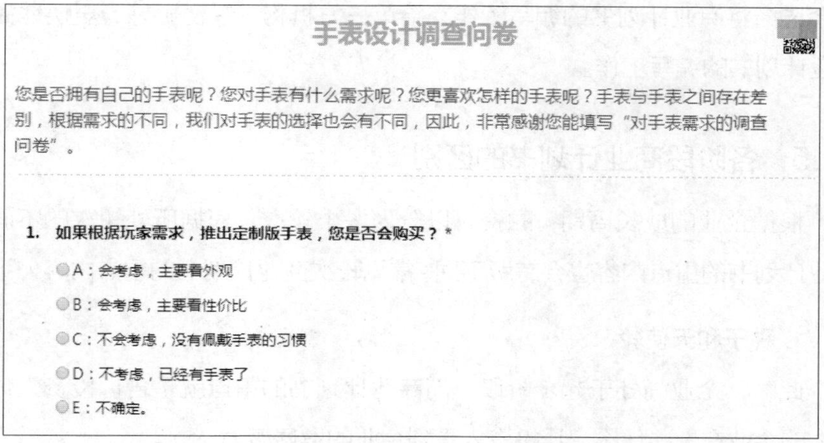

手表设计调查问卷

您是否拥有自己的手表呢？您对手表有什么需求呢？您更喜欢怎样的手表呢？手表与手表之间存在差别，根据需求的不同，我们对手表的选择也会有不同，因此，非常感谢您能填写"对手表需求的调查问卷"。

1. 如果根据玩家需求，推出定制版手表，您是否会购买？ *

A：会考虑，主要看外观

B：会考虑，主要看性价比

C：不会考虑，没有佩戴手表的习惯

D：不考虑，已经有手表了

E：不确定。

图 1-5　手表设计调查问卷界面

1.1.4　谁需要编写商业计划书

商业计划书是一个全方位的项目计划，正因如此，许多企业在吸引投资的过程中通常都会编写商业计划书。

那么，一般谁需要编写商业计划书呢？通常来说，商业计划书主要由 3 类群体来编写，具体如下。

1. 创业者

对于创业初期缺乏人手的大部分创业者来说，编写商业计划书通常都需要自己上阵。但是，大多数创业者没有编写商业计划书的经验，所以，要编写一份合格的商业计划书是有难度的。

2. 公司职员

一部分中小企业为了获得更好的发展，也会通过编写商业计划书来吸引投资。在这一部分企业中，人手相对比较充足，因此，商业计划书的编写通常不是企业创始人亲自上阵，而是交给文员、财务等公司职员来负责。

3. 第三方机构

编写商业计划书是一项系统的工作，大多数企业创始人或公司职员能力有限，这便让商业计划书的编写变成了一个费时费力的工作。因此，一些企业会选择将商业计划书的编写工作交给第三方机构，以便更好、更快地完成商业计划书的编写工作。

1.1.5 各阶段商业计划书的区别

根据企业的成长周期，融资可以分为多个轮次。根据所处轮次的不同，商业计划书的重点内容也会有所不同。常见轮次商业计划书的重点内容如下。

1. 种子和天使轮

此时，企业尚处于起步阶段，而商业计划书的重点就是告诉投资人你或者你的企业在做些什么，让投资人看到企业的发展潜力。

2. A 轮

该阶段，企业已经拥有了自己的产品，甚至于可以让投资人试用自己的产品。此时，商业计划书的重点就是通过具有说服力的用户数据等让投资人看到项目的价值，让投资人愿意为你投资。

3. B 轮

该阶段，项目结构基本已经稳定，而商业计划书的重点就在于让投资人看到项目中产品的变现能力，让投资人对项目的回报产生信心。

1.2 商业计划书的制作要点

在制作商业计划书的具体过程中，写作内容主要分 4 个阶段完成，写作中 4 个阶段的相关内容，如图 1-6 所示。

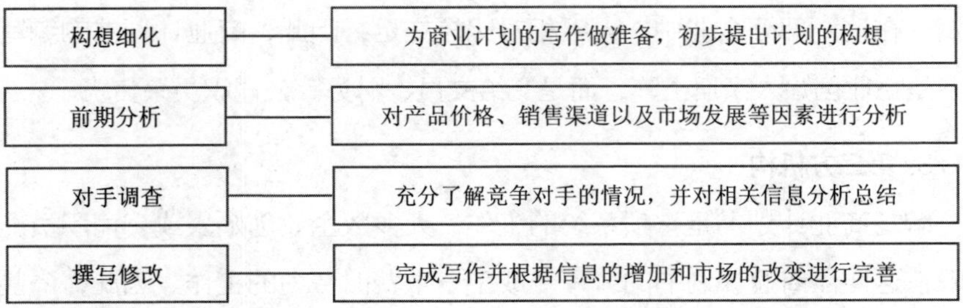

图 1-6　写作中 4 个阶段的相关内容

这 4 个阶段的内容都是商业计划书的制作要点，但在具体的写作中还需要进一步地细化各个阶段的内容。整体而言，商业计划书的制作主要有 7 个要点。下面将分别进行解读。

1.2.1　商业计划书的基本要点

商业计划书的基本要点主要有 4 个方面。

1. 项目概要

如项目要点、项目背景、项目特点、体系架构、资源特点、商业模式、市场机遇和盈利目标等。

2. 项目介绍

如内容目标、开发思想、创新差异、特色突出、资源状况、方案内容、经营模式和项目进展等。

3. 项目策略

如执行战略、竞争策略、营销策略、市场定位、定价策略、渠道策略、宣传策略和服务策略等。

4. 项目效益

如财务分析、收入估算、成本估算、其他费用、盈亏分析、财务指标、运营费用和投资效益等。

1.2.2　商业计划书的摘要撰写

商业计划书的摘要部分是潜在投资者首先看到的内容，摘要部分的特征和目的，如图 1–7 所示。

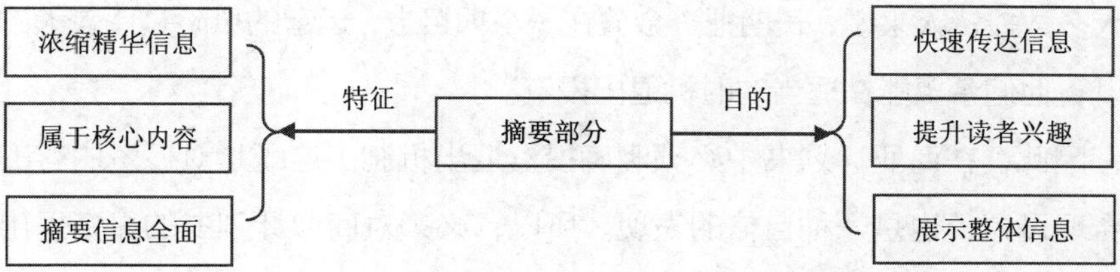

图 1–7　摘要部分的特征和目的

为了便于阅读者快速地获得相关信息，商业计划书的摘要篇幅一般控制在两千字左右，其内容主要包括8个方面，即公司介绍、研究开发、产品服务、团队情况、行业市场、营销策略、资金说明和退出机制。

1.2.3 商业计划书的检查修改

初步编写完成商业计划书后，其工作只是完成了一半，还需要对内容进行必要的检查和修改。通常来说，商业计划书的检查和修改，主要把握5个方面的内容，具体如下。

1. 文字和语句

由于文字和语句的问题完全可以避免，因此，在投资人看来，文字和语句的正确性，是工作态度的一种体现。如果文字和语句错误太多，投资人就会觉得你在写商业计划书时不够用心，而商业计划书又是获取投资的一块敲门砖，如果连编写商业计划书都不用心，投资人便会觉得你没有诚意，不值得信赖。

所以，在完成商业计划书的初步编写之后，必须对文字和语句进行必要的检查，并对相关的问题进行修改。可能文字和语句不犯任何错误比较难，但是，我们至少需要做到不犯明显的大错。

2. 公司管理经验

管理经验是衡量一个公司运营能力的重要因素。因此，在商业计划书中必须展示公司的市场营销能力、财务报表数据和专业人才等信息，让投资人看到公司的专业运营能力。

3. 投资退出机制

投资都是有风险的，投资人在进行投资时也会重点关注投资的风险。对于大多数投资人来说，长期把资金放在一个项目上，运营的风险是比较大的，所以，他们希望能在适当的时机退出投资。

因此，在商业计划书中必须明确投资退出机制。这既是对投资内容的一种合理设置，也是一种自信的表现。所以，必须对商业计划书的投资退出机制进行检查和修改，尽可能地让投资退出机制变得合理、完善。

4. 市场研究分析

市场研究分析是投资者重点关注的内容之一。一方面，投资人能够根据商业计划书中的市场研究分析内容，判断融资方对市场的熟悉情况，进而对融资方的专业能力进行评估；另一方面，投资人可以通过市场研究分析情况，判断项目中的产品是否满足消费者的需求，从而对投资的风险进行评估。

因此，在检查商业计划书内容时，必须对其中的市场研究分析部分进行重点把握，让投资者看到你的专业性和项目的发展潜力。

5. 投资疑虑消除

就像购买商品一样，投资一个项目时，是需要往外掏钱的。所以，投资人对投资项目或多或少都会存在一些疑虑。因此，在商业计划书中，应该重点消除投资者的疑虑，让投资者放心地把钱投进来。如果初步编写的商业计划书中缺乏该部分内容，需要在检查和修改过程中进行补充。

1.2.3　商业计划书的内容更新

互联网的快速发展，很容易让原有的信息出现过时的情况，所以及时保持商业计划书的内容更新也是制作的要点之一。对于需要融资的企业而言，往往需要在一段时间之后就对商业计划书进行一次改进。

促使商业计划书进行内容更新的外部因素，如图 1-8 所示。

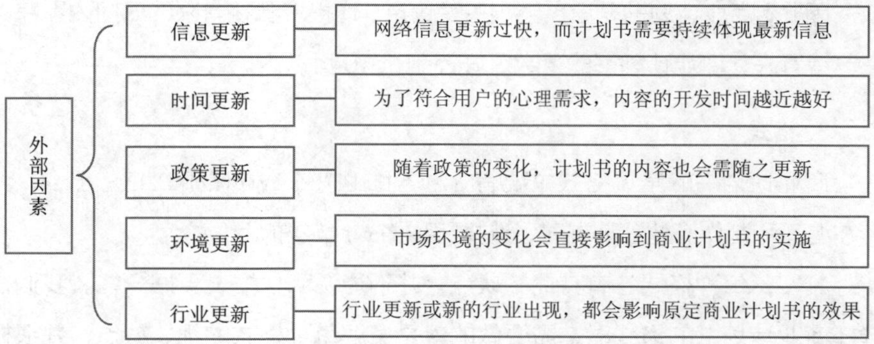

图 1-8　促使商业计划书进行内容更新的外部因素

1.2.4 商业计划书的编写选择

在编写商业计划书的过程中，我们会在一些问题上面临选择。下面，笔者就选取其中常见的一些选择问题进行说明。

1. 时间

许多人在编写商业计划书之前都会有一个疑问，就是什么时间开始编写商业计划书比较好。在笔者看来，最适合的时机就是想法萌生的时候。

为什么这么说呢？主要有两个原因，第一，既然有了编写商业计划书的想法，就说明已经有了初步的目标。而目标明确了，那么商业计划书也就有了方向；第二，商业计划书的编写是一个系统的工程，从初步编写到修改完成，往往需要一段比较长的时间。而从有想法就开始编写，便能够让我们有更多的时间和精力编写商业计划书。

2. 页数

一部分人在编写商业计划书的过程中可能有一个误区，认为商业计划书的页数越多，包含的内容越详尽，说明商业计划书的编写越用心。其实，这种想法有些过于绝对了。

由于投资人可能同时要查看多个商业计划书，而真正用于查看内容的时间又是比较有限的。这就导致，许多人花了大量时间和精力编写了商业计划书，投资人可能还没有看到重点内容就直接做出了决定。

因此，商业计划书要重点突出关键信息，让投资者在有限的时间内看完。在笔者看来，商业计划书的页数最好控制在 15 页以内。

3. 格式

商业计划书的常见格式主要有 3 种，即 PPT、Word 和 PDF。那么，我们在编写和制作商业计划书时，选择哪种格式比较好呢？

其实，每种格式各有其优、缺点，并不能说哪种格式更好一些。我们在选择商业计划书的格式时，需要做的就是了解每种格式的优、缺点，并根据自身需求从中选择更适合的格式。

通常来说，PPT 格式排版相对简单、表现力相对较强，且受众更容易把握重点。因此，大多数投资人会更喜欢 PPT 格式的商业计划书。

Word 作为广泛使用的文档形式，会让人感觉比较正式，同时，Word 格式适合大量文字的排版，能够更详尽地展示相关信息。

PDF 格式可以由 Word 格式直接转化得来，同样可以详尽地展示文字。不过，在 PDF 格式之下，再次编辑相对来说比较麻烦，但对文档能起到一定的保护作用。

1.2.5 商业计划书的编制禁忌

在编写商业计划书的过程中有一些禁忌，最好不要触碰，具体如下。

1. 空谈情怀

近年来，许多人在营销推广中都会将情怀作为一柄利器，以至于部分人在商业计划书的编写过程中也会将情怀作为一个制胜的因素。

然而投资是一件非常严肃的事，投资人不会有时间听我们讲故事。所以，在商业计划书中应该让投资人看到项目的发展潜力，而不是一味地空谈情怀。

2. 语言晦涩

部分创业者为了突出自身的专业性，会在商业计划书中加入一些专业词汇。这种做法虽然能突出专业性，但也容易出现一个问题，那就是投资人可能对商业计划书中的部分内容难以理解。

需要特别注意的是，投资人很可能是不懂专业术语的普通人。当你在商业计划书中大量加入专业词汇时，可能会阻碍投资人理解商业计划书的具体内容。如果投资人对商业计划书的内容都难以理解，要想获得其投资便比较困难了。

3. 一味谈钱

虽然大多数人编写商业计划书的直接目的就是获得投资，但是，如果一味地谈钱，就会让投资人觉得目的性太强，甚至让投资人生出反感情绪。

其实，许多投资人本身也是成功的创业者，他们具有较强的企业操盘能力，一个项目能不能通过扩大资金投入而获得成功，他们也有着自己的判断。面对这些人，你还在一味地谈钱，就容易让他们怀疑你的专业分析能力了。

4. 大说空话

有的投资者对自己的企业和项目过分自信，可能会把企业和项目说成“前无古人，后无来者”的时代开创者，并在商业计划书中过多强调自身的价值。

每个时代都可能出现时代的开创者，但毕竟只是少数。而且不切实际的幻想，在投资者看来只不过是在说空话而已。如果空话太多，反而会给投资者留下不够脚踏实地的坏印象。

5. 生搬数据

这里的生搬数据并不是说不能在商业计划书中使用数据，而是说不能单纯地摆数据。因为很多市场数据，投资人都可以通过相关渠道获取，而且投资人对自己投资的行业通常都会有一定的了解。所以，如果只是摆出数据，那么投资人会觉得这毫无意义。

6. 压缩发送

因为商业计划书包含的内容比较多，所以，整个文件可能会比较大。为了更快速地将商业计划书发送到投资人手中，部分创业者可能会选择将文件压缩之后，再进行发送。

这种做法乍看起来并无大碍，实际上却可能给投资人带来不便。因为现在许多人都习惯于直接用手机查看文件内容，而大部分手机是不支持打开压缩包的。这对投资人查看文件内容造成了极大的不便。

1.2.6　商业计划书的参考模板

商业计划书的编写就好比是建造一所房子，除了明确所用的材料和基本的结构之外，还需要对外形进行必要的设计，让其更具观赏性。对于缺乏商业计划书编写经验的人来说，自行设计商业计划书难度是比较大的。

此时，便可以从第三方网站中寻找一些参考模板。目前，提供商业计划书模板的第三方网站还是比较多的。下面就以“疯狂 BP”为例，对使用模板编写商业计划书的步骤进行具体说明。

步骤 01 在浏览器中输入“疯狂 BP”，进入其官方网站。点击官方网站上方的“模板”按钮，如图 1-9 所示。

图 1-9 点击“模板”按钮

步骤 02 操作完成后，进入“网站推荐模板”界面，点击“创建”按钮，如图 1-10 所示。

图 1-10 点击“创建”按钮

步骤 03 操作完成后，进入图 1-11 所示的“微信扫码进行注册 / 登录”界面。打开手机微信，通过“扫一扫”功能扫描图中的二维码。

图 1–11　“微信扫码进行注册 / 登录”界面

步骤 04　通过微信授权登录（未注册账号的可以根据页面提示进行注册），完成操作后，进入图 1–12 所示的“我的 BP”界面。

图 1–12　“我的 BP”界面

步骤 05　点击“我的 BP”界面中的“模板”按钮，重复步骤 02，便可进入图 1–13 所示的商业计划书模板界面。

图 1-13　商业计划书模板界面

在该界面中可以对模板内容进行调整，进行商业计划书的编写工作。商业计划书编写完成后，点击界面上方的“导出”按钮。

步骤 06　操作完成后，进入图 1-14 所示的文件类型界面。在该界面中 ❶ 选择文件的类型，然后 ❷ 点击下方的“下载”按钮。

步骤 07　操作完成后，进入如图 1-15 所示的“新建下载”任务界面。在该界面中 ❶ 设置下载位置 ❷ 点击下方的“下载”按钮。只要网速没有问题，商业计划书便可以下载至指定位置。

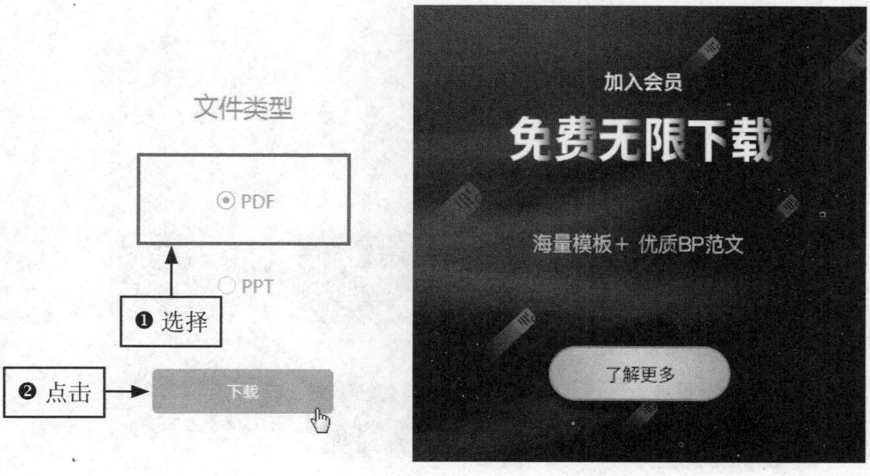

图 1-14　点击“下载”按钮

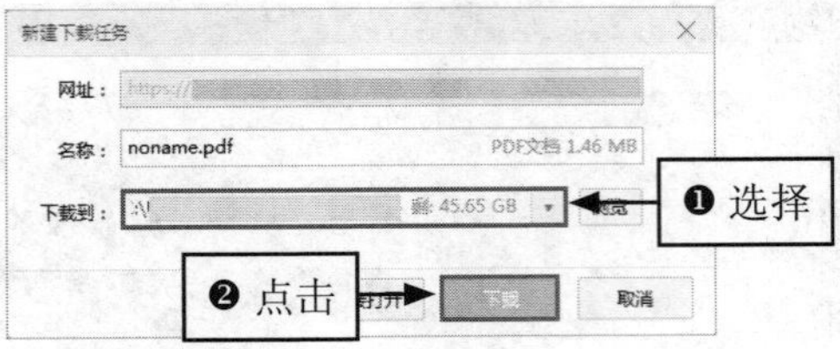

图 1-15　点击“下载”按钮

1.2.7　商业计划书的编写范文

部分创业者因为没有商业计划书的编写经验，所以真正要开始编写时，可能会觉得无从下手。对此最好的解决方式就是查看商业计划书范文，从他人的商业计划书中获取经验。

那么，如何查看商业计划书的范文呢？下面，笔者就以“疯狂 BP”为例进行具体的说明。

步骤 01　在浏览器中输入“疯狂 BP”，进入图 1-9 所示的官方网站界面。点击界面中的“范文”按钮。

步骤 02　操作完成后，进入图 1-16 所示的“商业计划书范文”界面。在该界面中选择需要查看的范文。

图 1-16　“商业计划书范文”界面

步骤 03 操作完成后，进入图 1-17 所示的范文展示界面。

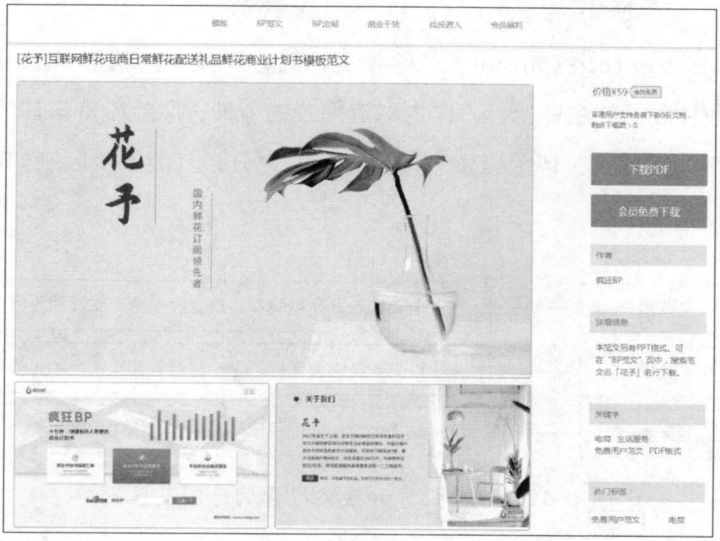

图 1-17　范文展示界面

如果想要单独查看某页内容，只需点击对应页面，系统便可进行针对性地呈现，如图 1-18 所示。

另外，许多第三方网站中的范文都是可以下载的，但是，大部分范文都需要成为平台会员或支付一定的费用才能下载。如果大家觉得有必要，可以选择自己需要的范文进行下载。

图 1-18　针对性地呈现某页内容

1.3 计划书的风投受众分析

VC即 Venture Capital（风险投资，简称风投）。获得风险投资是大部分商业计划书的主要目标，作为融资模式的一种，风险投资与其他融资模式有着不同的意义。风险投资有广义和狭义之分，其范围及区别如图 1-19 所示。

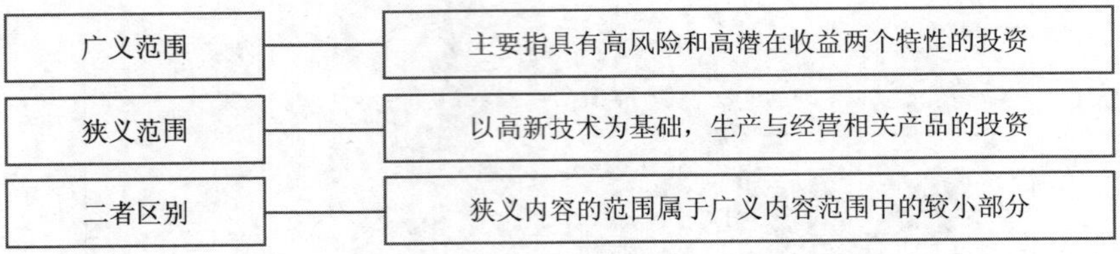

图 1-19　广义投资和狭义投资的范围及区别

下面从三个不同的角度，对风险投资的具体内容进行分析，以方便读者快速了解商业计划书的风险投资。

1.3.1 VC 运作的独特性

风险投资的兴起与国家经济的快速发展有着直接关系，作为后起之秀的融资模式，风险投资在具体运作上存在一定的独特性。

要了解商业计划书的制作，首先需要对风险投资有一定的认识。风险投资的独特性分析，如图 1-20 所示。

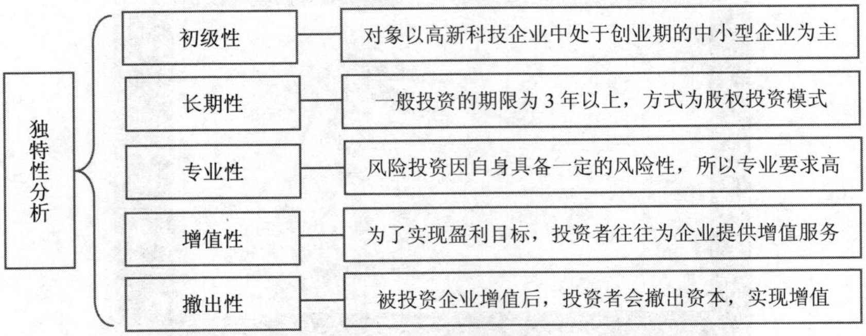

图 1-20　风险投资的独特性分析

需要注意的是，在部分项目中，为了保障被投资企业的正常发展，投资人往往也对被投资企业以后各发展阶段的融资需求予以满足，这与其他一次性的融资模式有较大不同。并不是所有的风险投资都会如此，种子期的风险投资往往不会有持续性的投资。

在国内，金融行业有不少影响力巨大的风险投资机构，比如中国 IDG 资本、北极光创投、晨兴资本、达晨创投、红杉资本、启明创投等。图 1–21 为达晨创投的官方主页。

图 1–21　达晨创投的官方主页

1.3.2　VC 流程的步骤

风险投资的具体过程有实际的流程步骤，主要有 5 个步骤。图 1–22 为其具体步骤及相关内容。

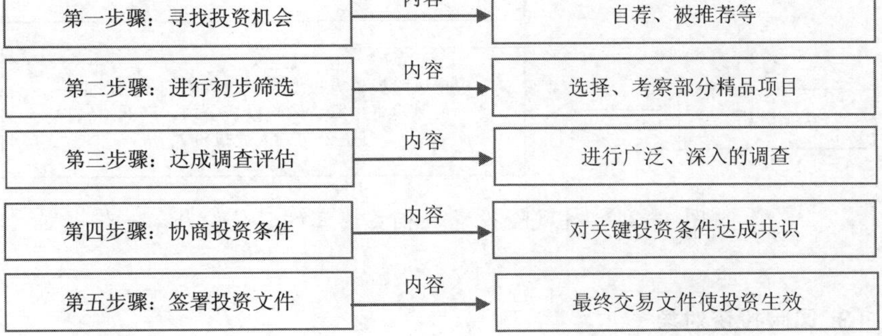

图 1–22　具体步骤及相关内容

> **专家提醒：**为了达成利益最大化的目标，风险投资往往还会寻求其他投资者来进行共同投资。主要作用是增大投资的金额总额，同时又可以分散投资带来的风险。同时，合作的方式可以互相分享资源，提升成功的可能性。

1.3.3　VC 要素的具体化

在整个风险投资的实施行为中，主要有风险资本、风险投资人、风险投资对象、投资期限和投资方式 5 个要素。下面针对这些组成要素进行简单分析，对各要素所起的作用进行了解。

1. 风险资本

图 1–23 为对风险资本相关内容的具体分析。

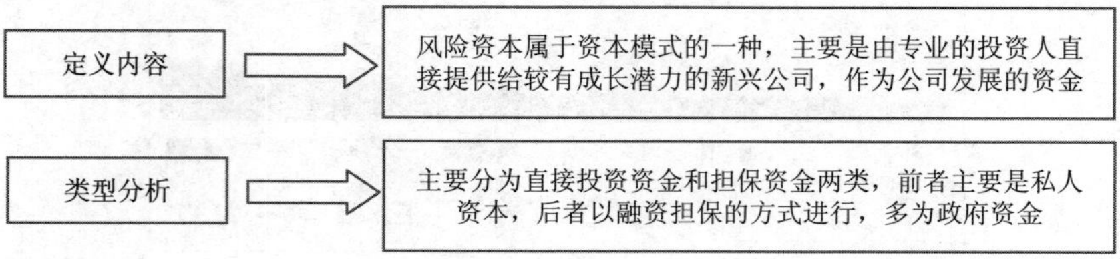

图 1–23　对风险资本相关内容的具体分析

2. 风险投资人

图 1–24 为对风险投资人相关内容的具体分析。

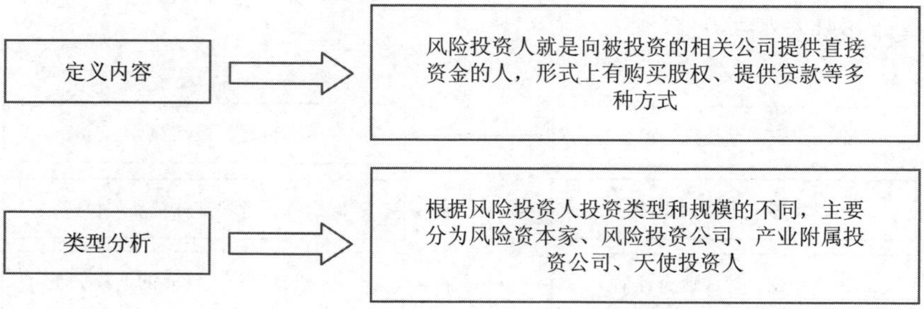

图 1–24　对风险投资人相关内容的具体分析

3. 风险投资对象

图 1–25 为对风险投资对象相关内容的具体分析。

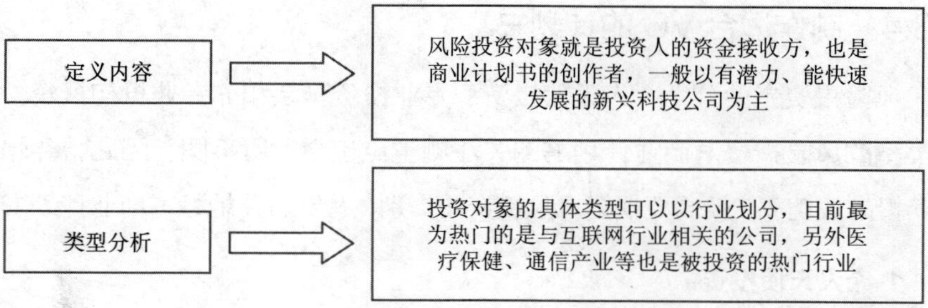

图 1-25　对风险投资对象相关内容的具体分析

4. 投资期限

图 1-26 为对投资期限相关内容的具体分析。

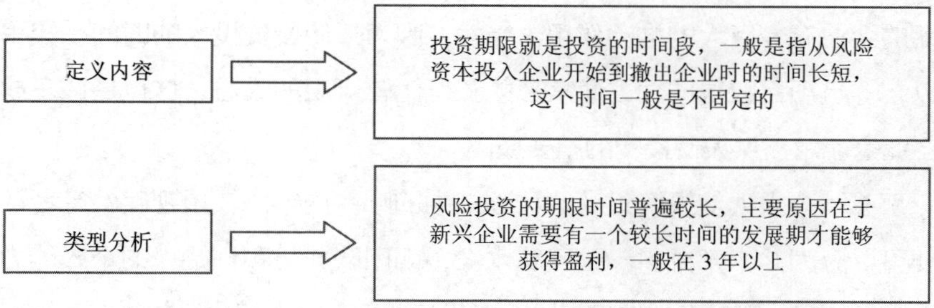

图 1-26　对投资期限相关内容的具体分析

5. 投资方式

图 1-27 为对投资方式相关内容的具体分析。

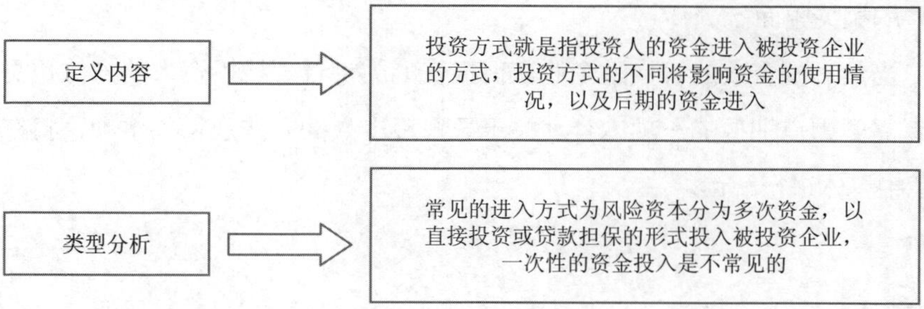

图 1-27　对投资方式相关内容的具体分析

1.3.4 制作适合 VC 的计划书

风险投资主要分为个人天使投资、专业投资基金和非专业机构投资。不同类型的风险投资对商业计划书的关注侧重点也会有所不同。因此，要想提高获投的成功率，就需要根据风险投资的类别，有针对性地编写商业计划书。

1. 个人天使投资

“天使投资”最初是用来形容慷慨捐助百老汇演出的人群。而时至今日，“天使投资”更多用来代指哪些进行高风险投资的个人投资者。这部分人大多都是成功的企业家，因此，他们更能理解创业者的难处，也更愿意为起步期的创业者提供必要的帮助。

虽然天使投资人投入的资金相对来说是比较有限的，但是，却对处于起步期的企业有着巨大的推动作用。当然，因为天使投资投入的时间比较早，所以，一旦项目取得成功，通常都能获得比较可观的收益。这也是许多成功的企业家愿意提供天使投资的重要原因。

那么，个人天使投资对商业计划书中的哪些内容比较重视呢？笔者认为主要可以分为 3 个部分。一是团队水准，即团队成员和创始人的个人能力；二是市场前景，即项目的发展潜力；三是行业现状，即行业目前的发展情况，是否预示着该项目能在行业竞争中获得成功。

除了个人天使投资的关注侧重点之外，部分创业者可能更想知道如何寻找个人天使投资。其实，在一些商业计划书网站中专门设置了投资人版块，创业者只需根据自身需求进行选择即可。图 1–28 为“疯狂 BP”中“找投资人”版块的相关界面。

当然，投资人的寻找是企业获得投资的关键，寻找投资人的方法也是创业者需要重点把握的一项内容。关于寻找投资人的方法及相关事项，将在第 4 章中具体进行解读。

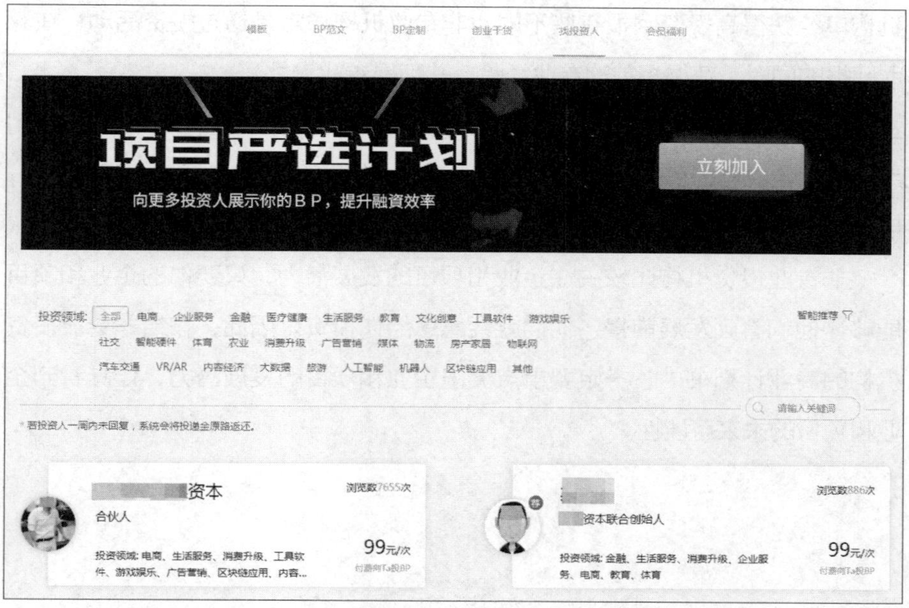

图 1-28 “找投资人”界面

2. 专业投资机构

专业投资机构通常由一群具有相关行业经验的人群组成，专业投资机构投资企业或项目，并不以运营为目的，而是通过为被投资方提供经验和资金，帮助被投资方获得更好的发展，从而增加自身的收益。

与个人天使投资不同的是，专业投资机构的投资通常以风险投资基金的方式进行。所以，它能够提供的资金通常要比个人天使投资多，也更适合比较大型的项目。因此，其投资活动通常是高风险与高报酬并行的。

目前，比较活跃的专业投资机构还是比较多的，其中，比较成功的就包括我们熟知的红杉资本和软银集团等。

因为专业投资机构通常以风险投资基金的形式进行投资，所以，在编写商业计划书时，需要先对风险投资基金的运营模式有一个大致的了解，熟悉其融资和评审过程。在了解专业投资机构投资偏好的基础上，找到适合的专业投资机构，并将自身优势在商业计划书中进行整体的呈现。

3. 非专业投资机构

非专业投资机构主要是指主营非金融类业务的机构或企业。与专业投资机构单纯获得高投资回报有些不同，非专业机构通常是通过投资活动，在获取回报的同时，获得相关的专业经验，并积累专业人才。

非专业投资机构通常会以“有限合伙人”的身份进行投资。这不仅达到了参与创业投资的目的，而且因为是间接参与的投资，并且是承担有限的责任，所以，也从一定程度上降低了投资的风险。

非专业投资机构比较关注企业和项目的发展潜力，只要你的企业和项目能够让他们看到发展前景，他们就会愿意给你投资。因此，在给非专业投资机构的商业计划书中，一定要重点突出企业和项目的发展潜力，让其看到企业和项目的未来可能性。

第 2 章

全面深入：详解商业计划书的具体类型

只有了解商业计划书的具体类型，才能够根据实际情况选择最适合的类型来完成写作，并达成目标。

本章主要详解商业计划书的类型，并对不同类型商业计划书的特色价值、步骤内容和实战案例进行分析。

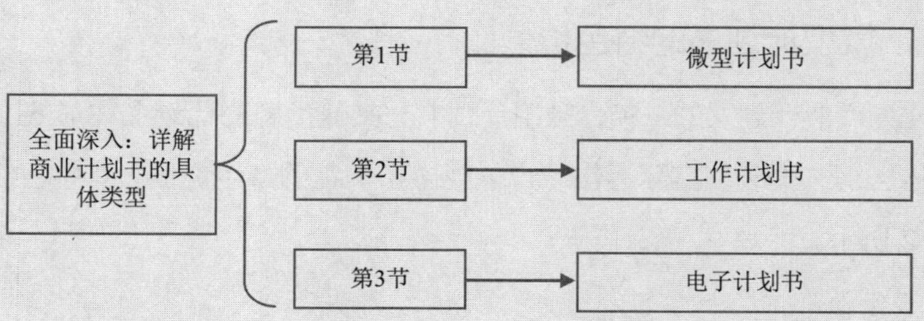

2.1　微型计划书

微型计划书就是商业计划书的微型版本，与商业计划书摘要存在一定的相似度，但是二者顺序不同。

图 2-1 为微型计划书的形成步骤及相关内容。

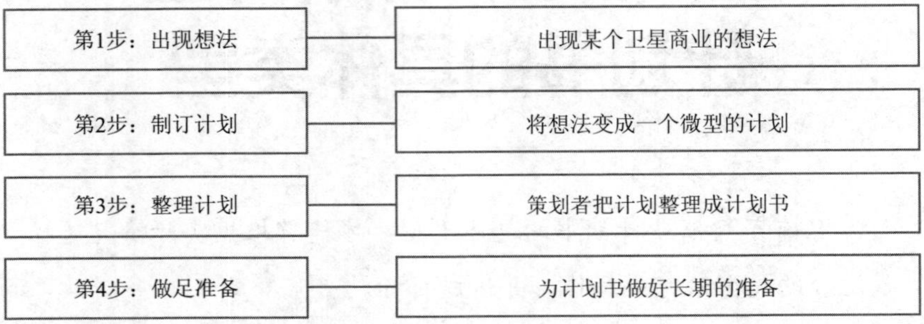

图 2-1　微型计划书的形成步骤及相关内容

专家提醒：微型计划书往往能够成为长篇商业计划书的一个内容参考模板，并且内容以突出重点为主。商业计划书摘要是在整个商业计划书完成之后，对计划书内的内容进行总结。

2.1.1　微型计划书的特色价值

作为商业计划书的一种，微型计划书与其他类型的计划书在形式上有着明显的区别，同时在实际运作中也体现出了一定的特色价值，其特色价值如图 2-2 所示。

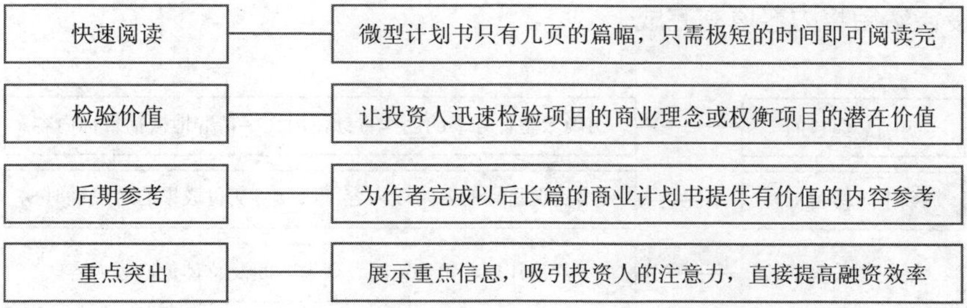

图 2-2 微型计划书的特色价值

2.1.2 微型计划书的步骤及内容

微型计划书的内容与商业计划书摘要大致相同，但是在细节侧重上有所不同，其主要有 10 个方面内容，即公司介绍、团队说明、市场说明、开发情况、产品内容、营销战略、融资情况、财务计划、风险因素和退出机制。

与商业计划书摘要较为不同的内容主要在于财务计划方面，从投资人的角度而言，微型计划书的内容中必须要有较为详细的财务计划，才能够充分地考虑投资之后的回报问题。

图 2-3 为财务计划中的具体细节内容，可以在实际操作中根据具体情况选择部分细节进行说明。

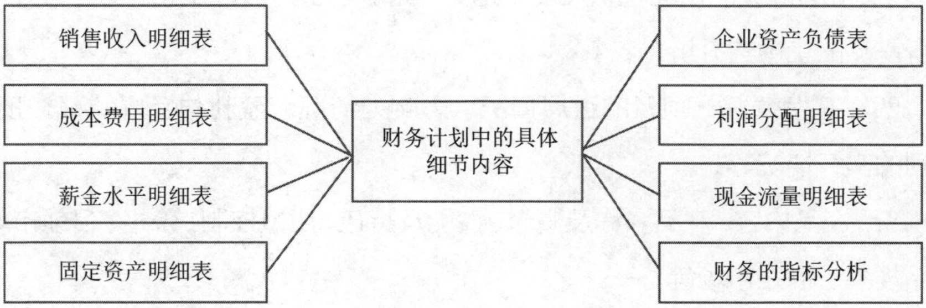

图 2-3 微型计划书的摘要内容

除了细节内容的区别之外，要想完成微型计划书，按照商业计划书的常规创作方式是行不通的。常规的商业计划书往往需要较长的一个创作时期，而微型计划书的制作只需要几个小时。

为了快速完成目标，微型计划书可以从图 2-4 所示的 5 个步骤进行框架建设，然后将内容填充完成。

明确最终目的	明确微型计划书的创作目标，用文字精辟地概括目标内容
列出阶段目标	列出实现目标的各阶段内容，比如可交付成果的阶段性时期
展现相关策略	营销计划、销售策略、研发时间及总体策略等内容
制订行动计划	采取行动计划来确保企业发展势头，以实现阶段性发展目标
整理财务信息	将投资人最为关注的财务信息整理并明确地展示出来

图 2–4　制作微型计划书的 5 个步骤及内容

2.1.3　微型计划书的实战模板

××企业创业投资微型计划书

一、公司介绍：企业组织形式、企业类型、公司的宗旨、公司简介资料、各部门职能和经营目标等；

二、团队说明：团队人员的组成、团队人员的质量、管理团队的完善、人员招聘与培训计划、人员管理制度等；

三、市场说明：市场现状及发展趋势、竞争对手分析、对手的优劣势分析、自身产品的优劣势分析等；

四、开发情况：项目的进展情况、影响力情况、盈利与亏损情况、预想计划的实行情况等；

五、产品内容：产品名称及概念、性能及特色、质量控制、价格、目前市场、产品规模、潜在市场等；

六、营销战略：销售计划、合销模式、执行战略、竞争策略、定价策略、渠道策略、整合传播策略等；

七、融资情况：出资情况、投资人信息、出资信息、项目融资需求、资金储备计划、资金偿还情况等；

八、财务计划：资金已有来源、资金预订来源、资金使用计划、行政管理费用、贷款计划等；

九、风险因素：市场风险、政策风险、资金风险等；

十、退出机制：股权退出、资金退出等。

专家提醒：微型计划书模板中的内容并不是全部需要涉及的，微型计划书的创作者可以根据自身条件来合理安排各部分内容的轻重程度，突出重点内容，尽可能地将信息量减少，让投资人能够快速地阅读完信息。

2.2 工作计划书

与其他类型的商业计划书主要面向外部人员不同，工作计划书是运作企业的工具，其目标群体主要是企业内部人员。

工作计划书的制订是为了更好地让企业获得发展，在此过程中需要先制订一个计划书的框架，然后由编写者完成工作计划书。最后，将完成的工作计划书提供给企业内部人员使用，从而服务于企业的发展。

工作计划书的要求和内容与其他商业计划书存在较大的不同，获得投资并不是工作计划书的重点，其目标是对企业数据、规定、计划等方面进行整理分析，并为企业内部人员提供一个明确的指导意见。

2.2.1 工作计划书的特色价值

作为商业计划书中唯一一类面向企业内部人员的计划书，工作计划书的特色价值十分突出，在企业发展的具体运作中不可缺少。工作计划书的特色价值主要体现在的 4 个方面，如图 2-5 所示。

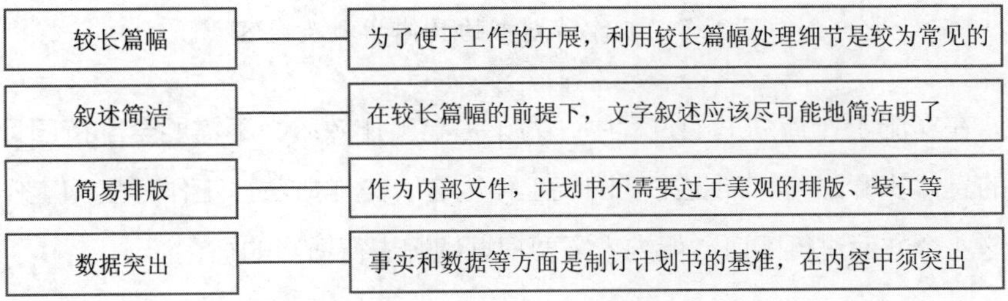

图 2-5　工作计划书的特色价值

2.2.2 工作计划书的步骤及内容

工作计划书的内容主要是一个企业在一段时期内的发展和工作计划，其中在固定时期内需要完成的任务和应当达到的工作指标是中心内容。

为了使工作计划书的内容能够达到预期的效果，在制订工作计划书时需掌握图 2-6 所示的 5 个原则。

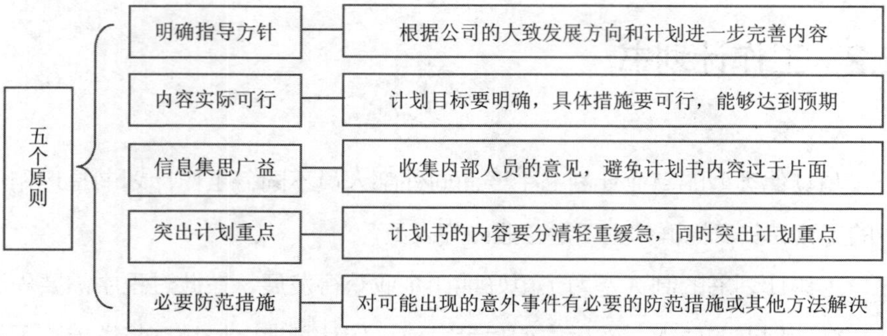

图 2-6　制订工作计划书时需掌握的 5 个原则

工作计划书的具体步骤及内容与其他商业计划书不同，细节侧重的重点也不一致，具体细节有 8 个方面内容，如图 2-7 所示。

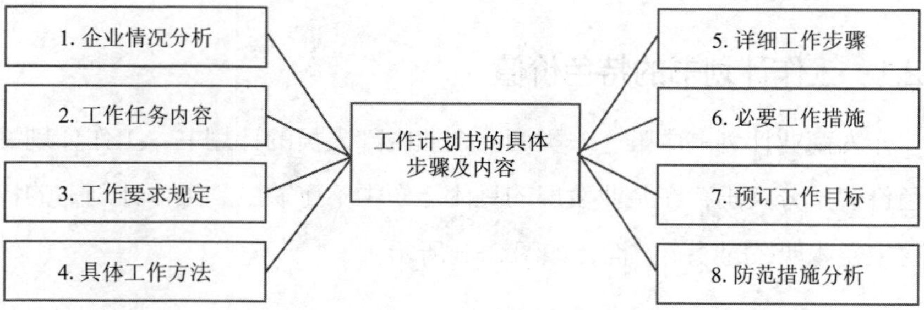

图 2-7　工作计划书的具体步骤及内容

在实施工作计划书的过程中，为了提高工作效率，不需要全部按照计划书的具体步骤进行，而是主要围绕工作内容、工作方法、工作分工和工作进度这 4 个方面进行即可，但内容需要根据情况进行适当的细化。

2.2.3 工作计划书的实战模板

×× 企业工作发展计划书

一、企业情况分析：企业组织形式、企业类型、公司的宗旨、公司简介资料、各部门职能和经营目标等；

二、工作任务内容：一类是针对岗位任务而进行的常规性、重复性任务，主要是以部门任务进行区分，比如月度工作任务及要求等。除此之外就是根据企业发展而制定的额外工作任务及要求，各个时期、各个阶段的工作计划内容都会有所不同；

三、工作要求规定：岗位规范、文件保管、工作汇报、形象要求、语言规范、会议要求、工作细节要求等；

四、具体工作方法：逐步完成法、先易后难法、细节观察法、工作实践法、访谈法、问卷调查法等；

五、详细工作步骤：目的分析、地点分析、顺序分析、人员分析、方法分析、制订工作流程等；

六、必要工作措施：提升企业人员水平、进行计划准备、各环节会议、具体细节探讨等；

七、预订工作目标：明确计划的最终目标是什么，可以在多长的时间内达成什么效果等；

八、防范措施分析：风险的界定、工作开展的细节要求、内控机制执行、岗位职能划分、管理流程清晰程度、资金使用的明细、管理框架体系、执行力度分析、风险管理等。

2.3 电子计划书

电子计划书就是商业计划书的电子版，随着网络的发展，互联网模式下的商业计划书以其便利性和快捷性深受大众喜欢。

电子计划书的制定，是为了便于信息的传递，它需要先通过互联网完成电子版的制定，将商业计划书录入，从而制作一个电子计划书，实现信息的便捷传递。

> **专家提醒**：在计算机应用已经普及的今天，电子版的商业计划书更适合大众的阅读习惯，目前市场上绝大部分的商业计划书都是以电子版的形式存在着。需要注意的是，电子版的商业计划书更容易被复制和传播，不利于信息的保密。

2.3.1　电子计划书的特色价值

电子计划书的广泛应用在于其特色价值符合大众的需求，目前互联网已经广泛普及，大众习惯通过网络来查看电子信息。

电子计划书的特色价值主要体现在的 4 个方面，如图 2–8 所示。

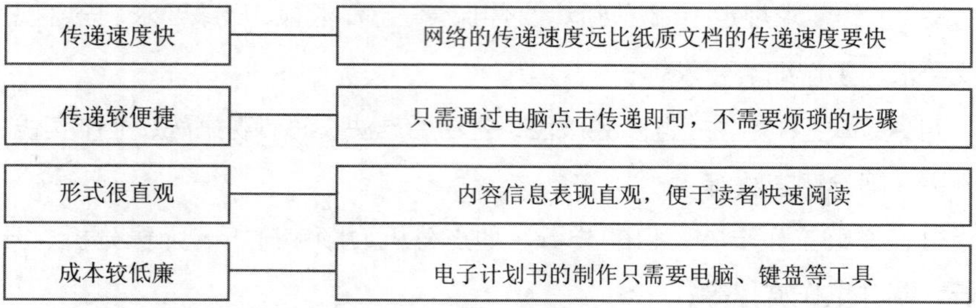

图 2–8　电子计划书的特色价值

2.3.2　电子计划书的步骤及内容

编写电子计划书的详细步骤及内容与商业计划书是一致的，但是与微型计划书存在一定的差异，尤其是电子计划书上的内容摘要部分是微型计划书所没有的。电子计划书的页数一般在 20 页以上，编写电子计划书的具体步骤如图 2–9 所示。

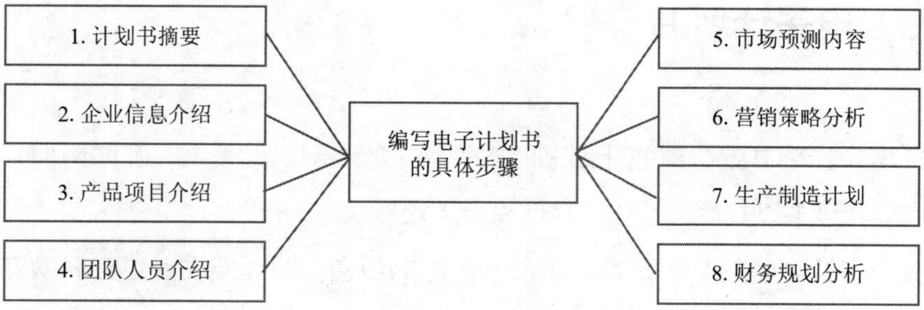

图 2–9　电子计划书的具体步骤

在电子计划书的摘要部分，内容往往较为简洁。图 2–10 为某医疗器械公司的商业计划书摘要中的部分内容。

XXX 医疗器械公司 商业计划书执行摘要

投资亮点：
公司定位于为医院客户提供手术室使用的医疗器械，并为家庭客户提供家庭使用的呼吸相关产品及服务，市场空间及前景广阔，业务发展迅速。公司已获得 A 投资公司和 B 投资公司的注资，海外红筹架构及公司治理结构完善。

公司背景：
公司是集研发、生产、销售、服务为一体的医疗产品/家用健康产品提供商。公司成立于 2007 年，于 2008 年进入手术室用医疗器械产品的自主研发和生产，在 2009 年获得 A 投资公司和 B 投资公司 N 万美元投资后，开始进入家用呼吸健康产品研发和生产。公司为了今后在海外市场上市，已搭建完成海外红筹法律架构。公司目前有员工约 2,000 人，其中研发人员 300 人。公司在北京拥有 10,000 平米的研发基地和在河北拥有 100,000 平米的生产基地。

图 2–10　某医疗器械公司的商业计划书摘要中的部分内容

2.3.3　电子计划书的实战案例

以“有 young 3D 打印软件项目商业计划书”为例，对电子计划书的部分内容进行展示。图 2–11 为电子计划书的项目简介内容。

有young3D打印软件项目商业计划书

【项目简介】

为满足了年轻人缓解生活压力，增添生活趣味的需要；同样也满足了普通人群的猎奇心理和创作渴望，并且能够满足年轻人和普通人群简单的3D打印产品购买、售卖的需要。有young 3D打印软件项目将社交网络、电子商务、个性定制与三维图像处理技术等技术运用于3D打印行业，打造一个“人人都是设计师”的微平台。

图 2–11　电子计划书的项目简介内容

产品特色往往是电子计划书中至关重要的内容，也直接决定能否获得投资人的投资兴趣。图 2–12 为电子计划书的产品特色内容。

【产品特色】

3D打印行业的良好前景正吸引更多科技巨头的参与。美国3D打印行业龙头3D系统公司的财报显示，第三季度公司打印机等产品收入同比大幅增长76%。惠普公司CEO惠特曼日前公开表示惠普实验室正在进行相关研究，计划于2015年全面进入3D打印市场。操作简单，效果惊艳，为用户提供“个性化定制”服务。

图 2–12　电子计划书的产品特色内容

与产品特色同等重要的就是市场分析，产品的优秀并不能让产品在销售期直接产生销售利润，市场才是决定产品是否有销路的因素。图 2-13 为电子计划书的市场分析内容。

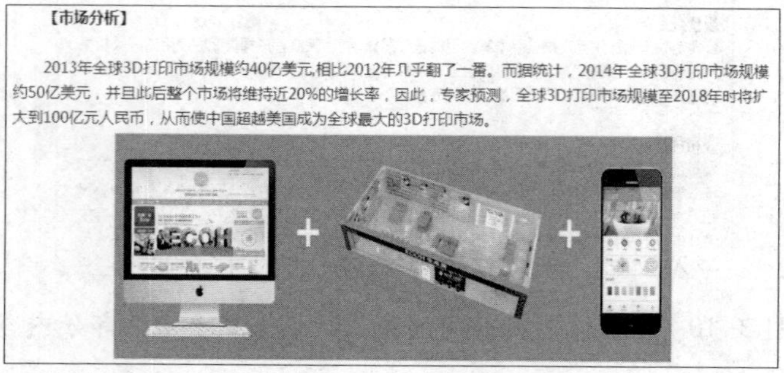

图 2-13　电子计划书的市场分析内容

第3章

抓住重点：商业计划书决定创业的生死

商业计划书对于创业者而言尤为重要，直接决定了其是否能获得投资人的投资，也就决定了创业的生死。

本章主要阐述商业计划书的重要性，并对重要内容进行分析，了解商业计划书对于创作者和投资人的不同作用，并分析项目内的多种风险问题。

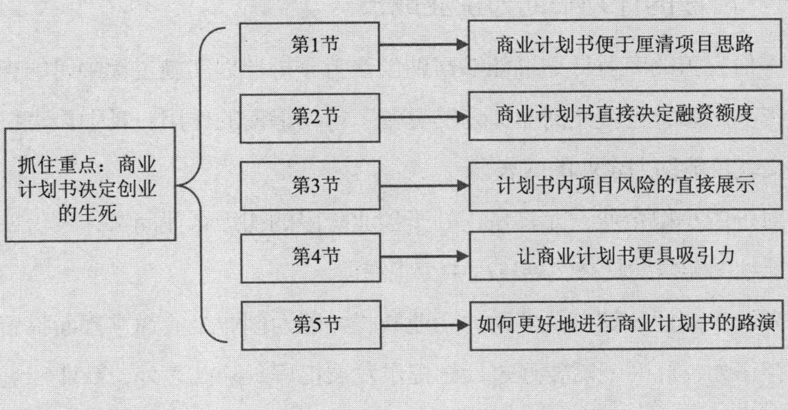

3.1 商业计划书便于厘清项目思路

在实际的金融活动中，商业计划书的需求来源，根据目标的不同主要分为图 3-1 所示的几个方面。

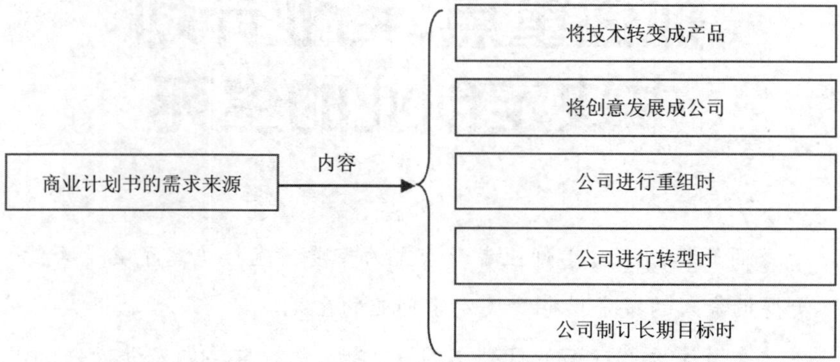

图 3-1 商业计划书的需求来源

在需求来源中，无论何种类型，都是与创作者直接相关的。商业计划书的制定便于创作者厘清项目思路，从而在后期的具体实践中做到有的放矢。

3.1.1 严谨的计划书助力企业成长

一份完善的商业计划书能够帮助创作者分析计划实施过程中可能存在的主要影响因素，也就让商业计划书具备了行动指南的作用，其中最直接体现的意义就是能助力企业的成长。

对于中小型企业，尤其是正处于创业阶段的初级企业而言，一份严谨的商业计划书能帮助其在发展过程中少犯错误。

为什么商业计划书能够助力企业成长？因为创业企业通常都面临着巨大的生存压力，此时就需要通过计划提供发展指导。除此之外，商业计划书还能检验公司的业务，明确公司策略的发展方向，从而促进企业快速成长。

3.1.2 后期计划调整或实施的基础

商业计划书往往能够成为企业后期计划调整的蓝本，也可以成为具体计划实施的支持工具。随着企业的发展，需要不断地改善企业计划书才能进一步适应发展需求，在初期的商业计划书上进行内容延伸即可。

在具体的商业计划书的项目内容中，可以进行延伸的内容主要有 10 个方面，即风险分析、项目目标、财务分析、项目进展、项目效益、市场定位、市场分析、发展战略、营销策略和项目管理。

> **专家提醒**：在可延伸的内容中，财务计划的重要性十分突出，对于企业或团队而言，可以用于监控预算执行和未来的商业计划在具体实施中的细节调整。

3.2 商业计划书直接决定融资额度

商业计划书是获取风险投资的敲门砖，能直接决定融资额度的高低。从融资的角度出发，需要注意 3 个方面的问题，如图 3-2 所示。

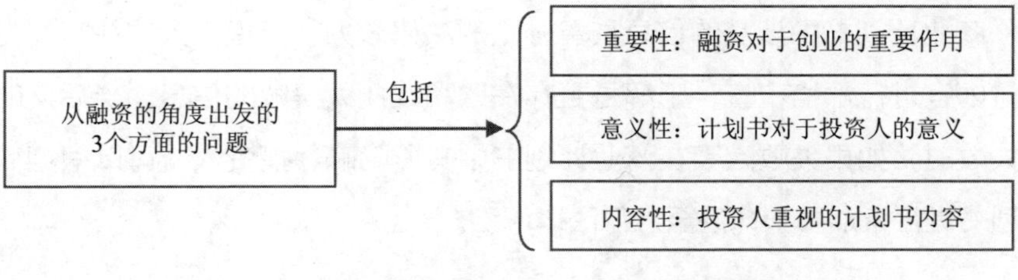

图 3-2 从融资的角度出发的 3 个方面的问题

3.2.1 重要性：融资对于创业的重要作用

融资是商业计划书的创作者通过各种方式，在金融市场中获得资金的行为与过程。对于创业型的企业而言，没有资金的支持，即使拥有优秀的项目，也很难快速实现盈利目标。

融资对于创业的重要作用，主要体现在 4 个方面，如图 3-3 所示。

关键时期的动力	创业融资所得的资金是实施创业计划的关键动力
体现项目的潜力	获得创业融资的项目必然是具备一定发展潜力的
把握创业的机会	创业机会稍纵即逝，有资金的支持就能够更好地把握
获得更多的支持	在资金支持的前提下，更容易获得人员、渠道的支持

图 3-3　融资对于创业的重要作用的体现

3.2.2　意义性：计划书对于投资人的意义

对于投资人而言，计划书的意义直接体现在，这份计划书是否值得投资人与创业者进行进一步的协商与合作。投资人通过阅读计划书，对项目内容、公司团队、营销策略、财务计划等方面有所了解，才能知道这份计划书是否符合投资人的需求。

除此之外，投资人还可以通过计划书来考察创业者的水平和能力。通过计划书中的信息，投资人可以对投资价值进行分析，考察创业者的能力，并初步判断创业者的风格，从而决定是否对项目投资。

商业计划书中涉及的信息具备一定的法律效力，而投资人往往有能力快速对内容进行严格审查，了解是否存在欺骗或让人误解的信息。当后期的投资失败时，如果失败因素在商业计划书中有所隐瞒，投资人就可以根据商业计划书进行索赔要求，甚至进行法律诉讼。

3.2.3　内容性：投资人重视的计划书内容

商业计划书要想打动投资人，必须提供出对方最感兴趣的内容，尤其是直接影响投资人未来投资效益的信息。图 3-4 为投资人需要在商业计划书中了解的 3 大要点。

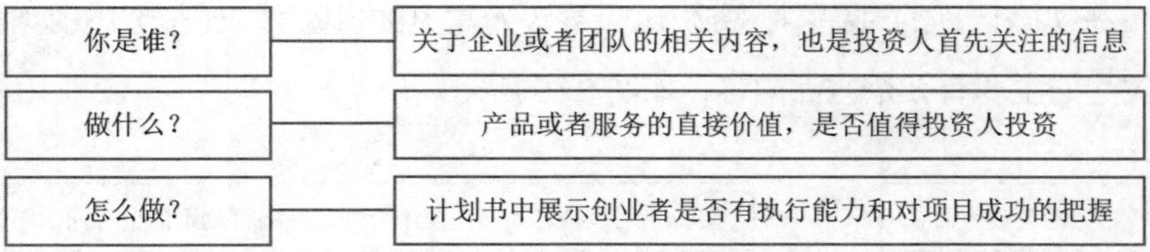

图 3-4　投资人需要在商业计划书中了解的 3 大要点

在商业计划书的内容中，由 3 大要点延伸的内容也是投资人重视的。图 3-5 为投资人关注的 8 个重点内容。

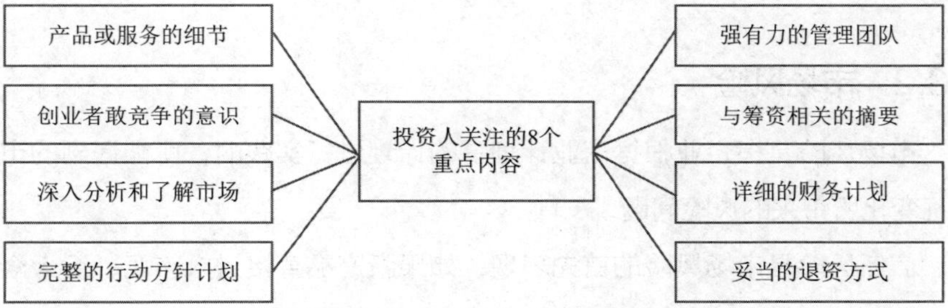

图 3-5　投资人关注的 8 个重点内容

3.3　计划书内项目风险的直接展示

在商业计划书中，除了资金的问题之外，风险也是直接决定融资成功与否的关键。能够让投资人放心的商业计划书，不能没有风险分析，同时创业者必须要展示出解决风险的思路和计划。

计划书中常见的项目风险主要有 8 种，即资源风险、市场风险、研发风险、成本风险、竞争风险、政策风险、财务风险和破产风险。

3.3.1　资源风险

资源风险主要是指企业团队的人力资源风险，人力资源就是经营团体所需人员具备的能力，主要体现在 5 个方面，即教育、能力、技能、经验和人际关系。

在实施计划的过程中，资源风险是较为常见的风险之一。资源风险中需要关注的主要有 3 个方面内容，如图 3-6 所示。

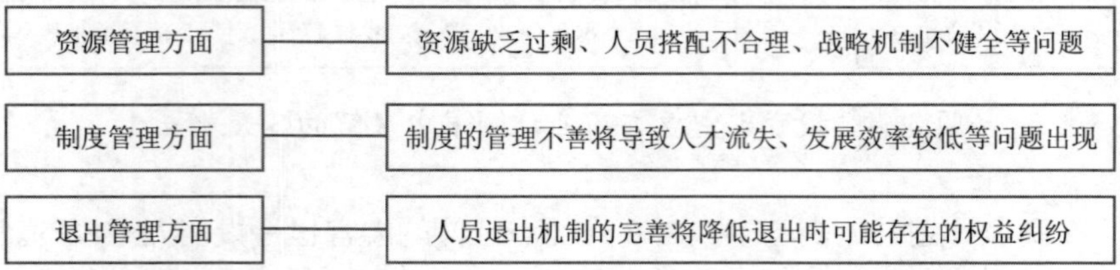

图 3-6　资源风险中需要关注的 3 个方面内容

3.3.2　市场风险

市场风险是指企业根据商业计划书的计划进行实践时，可能遇到的市场情况变化所带来的风险问题。

信任风险是市场风险的首先表现，如果新产品直接进入市场，而大众对其相关技术和产品性能不了解，那么就难以判断商品的好坏，这样一来，大众将很难对产品产生信任。

在市场风险中，除了信任风险，就是与产品直接相关的技术风险。在市场环境中，会有一些企业通过技术、生产工艺的模仿来生产类似的产品，从而占据市场获得利润。在商业计划书中，为了防止技术风险的出现，主要有 3 种方法，如图 3-7 所示。

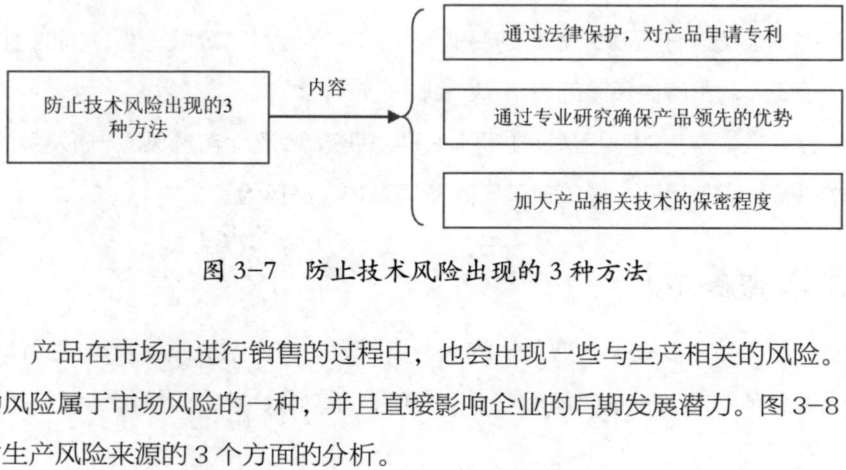

图 3-7　防止技术风险出现的 3 种方法

产品在市场中进行销售的过程中，也会出现一些与生产相关的风险。这种风险属于市场风险的一种，并且直接影响企业的后期发展潜力。图 3-8 为对生产风险来源的 3 个方面的分析。

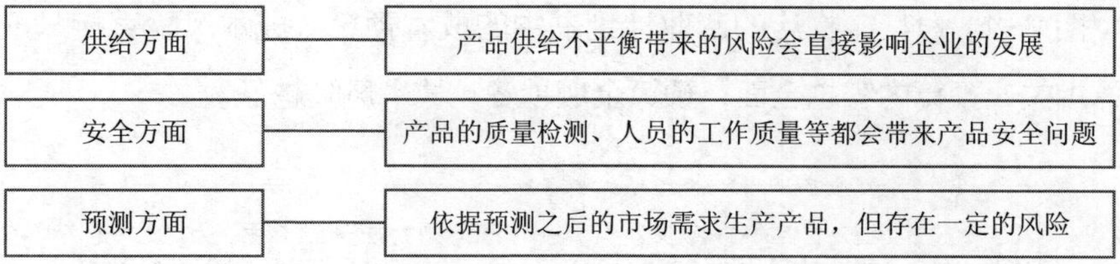

图 3-8　对生产风险来源的 3 个方面的分析

3.3.3　研发风险

研发风险是必须在商业计划书中明确提出的内容之一，对于初创企业而言，产品的研发风险普遍较高。因为根据现有的技术水平，研究方法即便做出最大努力，也会因为现有条件的限制，导致项目的部分失败，进而造成财产上的风险。

研发风险主要与项目的产品类型、表现形式、目标用户等因素直接相关，所以产生研发风险的情况较多。图 3-9 为研发风险的 3 种常见表现。

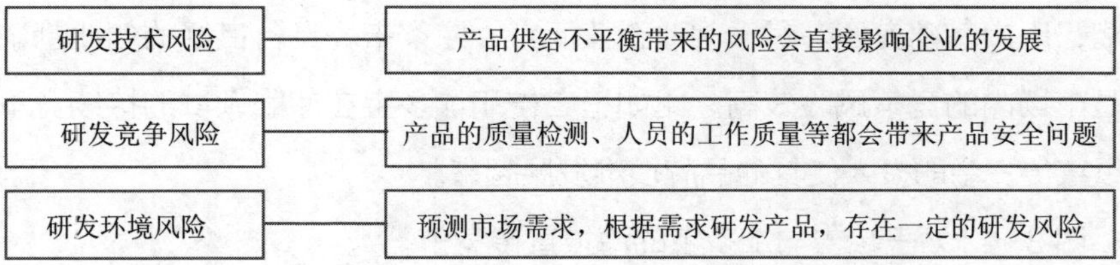

图 3-9　研发风险的 3 种常见表现

3.3.4　成本风险

成本风险是指商业计划书中的成本预算在实际运作中可能遇到的问题，从而影响到整个商业计划所带来的风险。

在商业计划书中，成本风险主要考虑两个方面的内容，如图 3-10 所示。

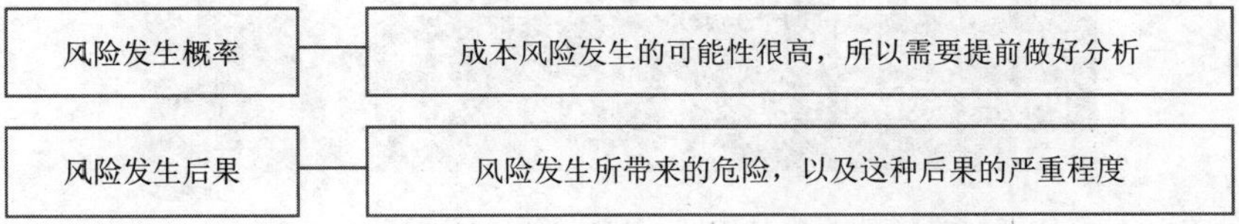

图 3-10　成本风险主要考虑两个方面的内容

图 3-11 为某宠物店的商业计划书中的成本预算。成本风险直接与成本预算相关，预算内容越全面，预算金额越多，成本风险越低。

成本预算

一般中小型宠物店的前期投资为 8 万～10 万元，最大的开支是店面费用，此外是进货。预计启动资金 10 万元，关键要守得住。营业面积约 40 平方米，预计店面年租金 5 万元。店面费用根据营业面积、店址等有所不同。一般来说，河西店面费用较低，但是宠物店较集中，竞争激烈；河北宠物店少，但是宠物的拥有量还有待发展；市中心店面费用较高，但是人流集中，人气较旺。

店面装修、店里储备的货物，一般需 3 万元左右。店开起来后，水电杂费和员工工资是很大的开销。一般 40 平方米左右的店，水电费每月要 500 元以上；几名店员，每人每月工资需 1500～2500 元，根据业务情况可调整。

图 3-11　某宠物店的商业计划书中的成本预算

3.3.5　竞争风险

竞争风险是指根据竞争情况的不同所产生的不可预期的风险，主要有同行竞争风险、线下与线下销售竞争风险等。

先以同行竞争风险为例，凉茶是大众生活中较为常见的一种饮料，市场广阔，用户基础良好。对于创业企业而言，凉茶市场具备良好的创业基础，但是市场内的竞争风险较高。比如王老吉和加多宝在凉茶领域的持续竞争，大量宣传资金的投入使其他品牌很难发展起来。

图 3-12 为王老吉与加多宝的海报宣传竞争。

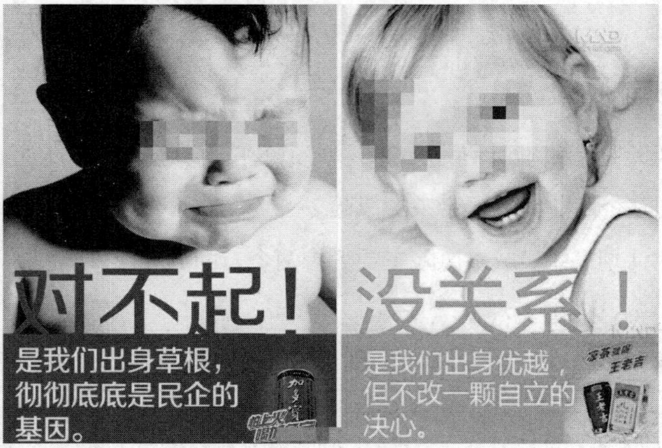

图 3-12　王老吉与加多宝的海报宣传竞争

除了同行竞争风险，还有就是线下与线下销售的竞争风险。对于大部分商品而言，网络都为用户提供了购买途径。线上销售的出现已经降低了线下销售的影响力，所以产品必须明确采用何种销售方式进行销售，以避免销售效果不佳的情况产生。

竞争风险是创业者在计划书中需要详细说明的部分，往往也涉及店铺的选址、公司的长期发展策略，甚至是宣传所需费用的预算等方面。能够有效地避免竞争风险的出现，是商业计划书打动投资人的重要原因。

3.3.6 政策风险

政策风险是指关于市场的政策发生重大变化，比如有重要举措、法规等出台，引发市场变动所带来的发展风险。

以打车领域为例，随着打车类 App 的发展，市场急速扩大。国家对此迅速反应，在 2014 年 7 月推出针对打车软件的《交通运输部办公厅关于促进手机软件召车等出租汽车电召服务有序发展的通知》政策，这个政策对打车类 App 的发展产生重大影响，促使原有的打车软件进行功能上的改革。

政策风险在实际表现中主要分为反向性政策风险和突变性政策风险两种，其表现如图 3-13 所示。

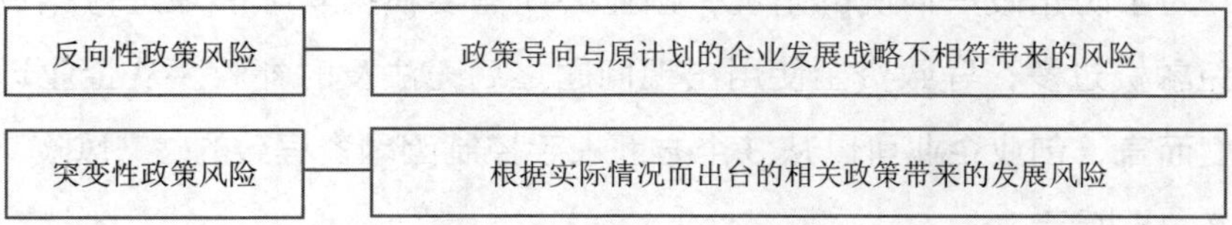

图 3-13 政策风险的两种表现

3.3.7 财务风险

财务风险是指在一些特殊情况下，创业企业可能会因为丧失偿债能力而致使投资者收益下降的一种风险。

需要注意的是，无论商业计划书的内容多么详细，财务风险都是企业在财务管理过程中必须面对的一个实际问题。没有企业能够完全消除财务风险，但是可以通过有效的措施来降低风险，使风险影响力降至一个可控的范围内。

财务风险的产生原因，主要有 3 个方面，如图 3-14 所示。

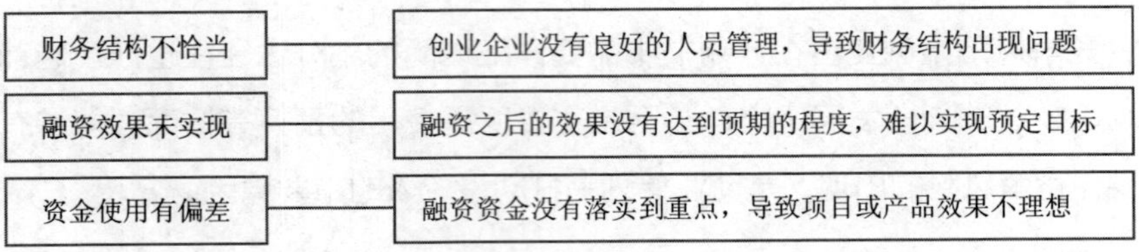

图 3-14　财务风险产生的原因

企业的财务风险可以一直存在于产品或项目的生产经营全过程中，根据风险来源的不同可以分为 4 种类型，即筹资风险、投资风险、资金回收风险和收益分配风险。

3.3.8　破产风险

破产是企业风险无法被有效解决而导致的最终效果，是其他诸多类型风险的综合作用结果。对于投资人而言，企业破产的直接结果就是遭受收益损失甚至本金损失。

为了防止破产情况的出现，创业公司需要根据实际需求进行融资，以免融资过多，导致资金使用出现问题之后无法及时补救。从企业运作角度而言，创业企业可以从 3 个方面入手控制因融资导致的破产风险，如图 3-15 所示。

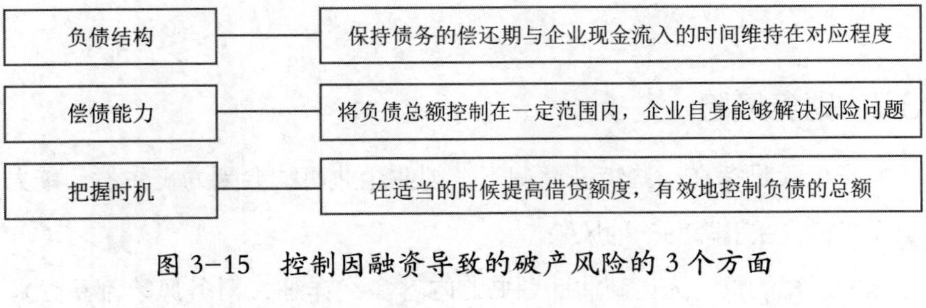

图 3-15　控制因融资导致的破产风险的 3 个方面

3.4 让商业计划书更具吸引力

一份优秀的商业计划书能够快速吸引投资人的注意力，提高融资的成功率；而一份平淡无奇的商业计划书，则让投资人不想多看一眼，也就更不用说让投资人给企业或项目投资了。

那么，如何让商业计划书更具吸引力呢？笔者认为，这个问题可以从以下 5 个方面重点突破。

3.4.1 让人眼前一亮的独特版式

很多时候，我们之所以会觉得某个事物有让人眼前一亮的感觉，甚至对其久久不能忘记，通常是因为该事物具有独特性。其实，在投资人眼中，商业计划书也是如此，当一份商业计划书足够独特时，投资人自然会对其另眼相看。

商业计划书的独特性可以从多个方面打造，比如企业或项目自身的独特性、商业计划书语言表达的独特性、内容结构的独特性、版式的独特性等。其中，版式的独特性是最为直观的，也是相对来说比较容易把握的。

图 3-16 为某商业计划书的部分内容，许多人只要看一眼这份商业计划书就能留下深刻的印象。这主要是因为它采用的是黑板背景的版式，整个商业计划书就像是在黑板上的板书，看上去非常有意思。投资人从众多千篇一律的版式中突然看到这份商业计划书时，可能会像看到宝藏一样，一眼就能被它所吸引。

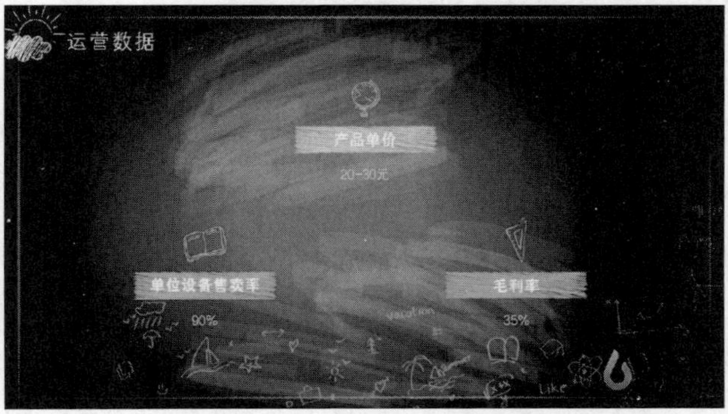

图 3-16　某商业计划书的黑板背景版式

3.4.2 学会在计划书中讲好故事

有时候创业者可能会选择在商业计划书中讲述自己创业过程中发生的一些事情，但是，单纯地将事情讲出来可能会让投资人提不起太多兴趣。此时，如果转换一种表述方式，把创业的相关经历以故事的形式讲出来，便会让原本枯燥的内容变得富有趣味性。

讲故事大多数人都会，但是，却没有多少人能在商业计划书中讲好故事。那么，如何在商业计划书中将故事讲好呢？笔者认为，主要从两个方面进行把握，具体如下。

1. 不要一味说“惨”

虽然创业过程中或多或少会经历一些困难，但是，我们必须要明白的一点是，在创业的过程中，很少有人能够轻松获得成功。也就是说，你创业不容易，别人创业同样也不容易，没有必要把它当成一个重点来大说特说。

许多经常看选秀节目的人会对一种现象深恶痛绝，那就是选手把自己的惨痛经历说出来，想借此博取评委的同情。这种现象令人厌恶的一点就在于，选手的这种做法并不是专注于自身的才艺展示，而是企图通过语言表达为自己加分，这种做法显然会让整个比赛变得不公平。而且如果一个选秀中有多个人都这样做的话，比赛就会变成一场“比惨大会”。

其实，在商业计划书中强调创业过程中的困难，也是同样的道理。当你在强调经历的困难时，投资人就会觉得你是在“比惨”。更为关键的是，投资人并不会因为你“惨”就给你投资，因为投资直接与其利益相关，投资人不可能单纯因为同情就冒着巨大的风险投入资金。

2. 说出你的独特价值

无论是何时，投资人给你投资都是因为你足够有价值。毕竟，大多数情况下，投资人的投资活动还是以获得收益为直接目的。如果你的商业计划书不能让投资人看到投资潜力，投资人也不会进行投资。

因此，即便是在商业计划书中讲故事，也要把你的独特价值说出来，让投资人看到你或者你的企业和产品的价值所在。

3.4.3 以投资人的视角写计划书

部分创业者认为编写商业计划书只要把自己想表达的表达出来就可以了，而结果往往是写了商业计划书却不能获得投资。之所以会出现这种情况，主要就是因为这部分创业者在写商业计划书时以自己的想法为需求点，而没能考虑这样编写的商业计划书是不是投资人想要看到的。

在编写商业计划书时，我们一定要明白，投资人才是商业计划书的最终评判者，只有投资人觉得好，你的商业计划书才是真的好。而要想让投资人认同你的商业计划书，最基本的一点就是以投资人的视角编写商业计划书，让商业计划书更加符合投资人的需求。那么，如何以投资人的视角写商业计划书呢？笔者个人认为，可以从两个角度重点进行把握，具体如下。

1. 了解投资人的投资诉求

投资看似只是从众多的备选项目中选择一个项目，并将资金投入进去。实际上，这个看似简单的过程却是大有学问的。因为投资人在选择投资项目时，会有自己的评判条件，或者说是有自己的投资诉求。

而创业者要想让自己的商业计划书从众多商业计划书中脱颖而出，就必须了解投资人的投资诉求，并通过商业计划书的表达，让投资人觉得你的企业或者项目能够满足其诉求。

2. 熟悉投资人的投资习惯

每个人做一件事都会有自己的习惯，投资人进行投资也是如此。比如，有的投资人喜欢投资一些风险相对比较小的项目，有的投资人喜欢投资一些新兴的行业，有的投资人则喜欢投资比较热门的行业。

而创业者在编写商业计划书时需要做的就是熟悉投资人的投资习惯，找到适合自身实际情况的投资人，并根据投资人的投资习惯构建商业计划书的内容，让投资人对你的企业或项目更感兴趣。

3.4.4 让投资人一眼看到重要信息

前面笔者已经一再强调了，投资人可能需要在特定时间内同时查看多份商业计划书。也就是说，投资人可能没有时间将你的商业计划书一字不落地看完。此时，如果你的商业计划书不能在有限的时间内吸引投资人的目光，那么，你的商业计划书很可能会被投资人直接扔进垃圾箱。其实，要想在有限的时间内吸引投资人的目光，方法很简单，最直接的方法就是通过对内容的设计，让投资人一眼就能看到重要的信息。

图 3-17 为某商业计划书“解决方案”部分的相关界面，可以看到，在该界面中通过提炼 4 个解决方案，然后对其进行加粗和颜色调整，让投资人一眼就可以清楚地获知。

图 3-17　某商业计划书的重点显示

3.4.5　用数据增强计划书的说服力

虽然文字是重要的表达方式之一，但是，有时候单纯的文字说明有可能缺乏足够的说服力。相比于文字，数据通常更加具体，也更加能让人在心中有一个具体的概念。因此，如果商业计划书中在文字说明的基础上，配合一些具体的数据，便会更具说服力。

图 3-18 为某商业计划书中“运营规划”部分的相关界面，可以看到在该界面中使用了大量的数据。而投资人通过这些数据便能对该企业的产品种类、产品覆盖面和配送速度等内容有一个相对明确的把握。

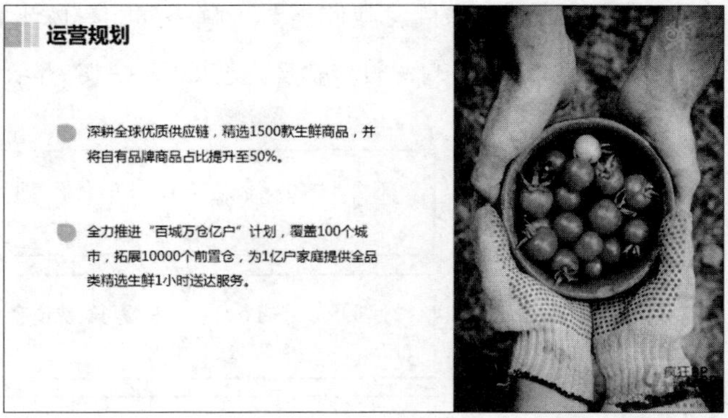

图 3-18　某商业计划书的数据使用

在商业计划书中使用数据，是为了更好地对相关内容进行说明，帮助投资人更好地理解。创业者对于使用的数据必须进行求证，力求数据的真实性、准确性。这主要是因为真实准确的数据更能反映市场的实际情况，而且对于数据的求证，也是严谨编写商业计划书的一种体现。

3.5　如何更好地进行商业计划书的路演

商业计划书路演就是将商业计划书更好地传达给投资人，加深投资人对商业计划书的理解。那么，如何更好地进行商业计划书路演呢？下面笔者将通过对路演相关内容的解读，帮助大家快速掌握商业计划书路演的诀窍。

3.5.1　路演的步骤

有的人认为商业计划书路演就是单纯地把商业计划书展示给投资人，这种想法是错误的。如果只是把商业计划书从头到尾讲一遍，那投资人直接看你的商业计划书就好了，为什么还要浪费时间来看路演呢？

一般来说，如果进行路演，是要另行准备 PPT 文件的。因为商业计划书的内容相对来说比较详尽，如果单纯地把商业计划书讲一遍，可能需要比较长的时间。而路演的演说时间通常只有 5 分钟左右，因此，路演 PPT 需要对商业计划书的内容进行提炼，将投资人重点关注的内容讲清楚。

那么，如何进行路演呢？对此，我们需要了解路演的具体步骤，将重点内容熟记于心。商业计划书路演的一般步骤及内容如图 3-19 所示。

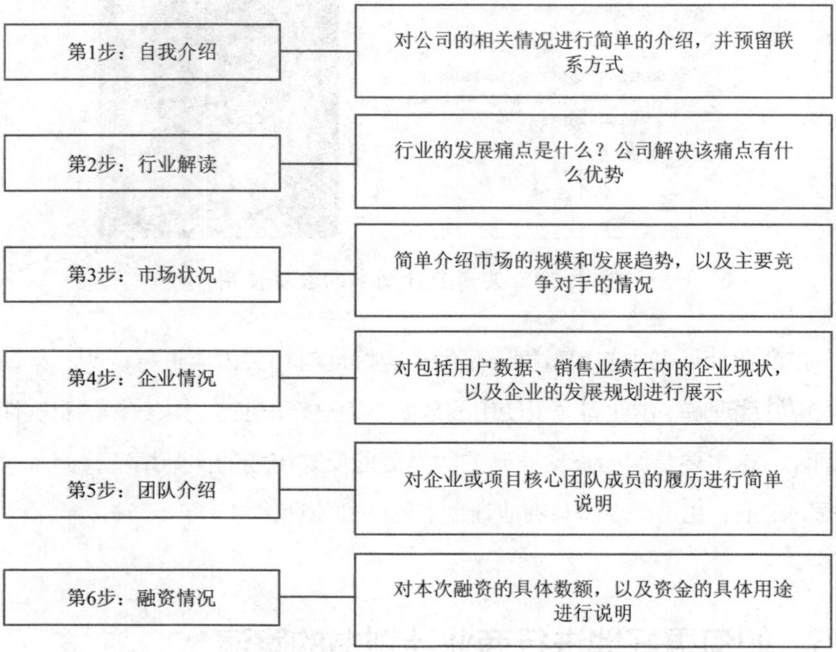

图 3-19　商业计划书路演的一般步骤及内容

3.5.2　路演的准备

路演是影响融资结果的重要因素之一，因此，为了让路演获得更好的效果，增加融资的成功率，还需要对路演进行必要的准备。通常来说，路演的准备需要做好 3 个方面的工作，具体如下。

1. 人员确定

因为路演涉及的相关人员比较多，所以，为了让路演高效、有序地进行，必须尽早确定具体人员。尤其是路演的演说者和问题的回答者，这部分人是需要直接面对投资人的，尽早确定能让其在心理上有一个准备。

2. 内容准备

路演的内容主要包括：路演 PPT、演讲稿、投资人的提问预测和回答，以及其他需要提交的书面和电子资料。

需要特别注意的是，为了避免出现语塞，一定要尽可能地考虑到投资人可能会询问的问题。同时，为了给投资人留下好印象，回答问题时表达应尽可能简洁、准确。

3. 路演排练

路演包含了多个具体的环节，而且演说者和问题回答者也需要熟记相关资料，并将相关内容进行熟练、顺畅的表达。所以，在路演开始之前，有必要反复进行排练。这一方面能够让相关人员更好的进入角色，另一方面也能更好地把控路演的整体节奏，让路演进行地更完美。

3.5.3 路演的技巧

路演的技巧可以从演说和问答两个环节分别进行把握，具体如下。

1. 演说技巧

在演说的过程中，需要重点做好 4 个方面的工作。

（1）提前等候。路演演说者和问题回答者一定要提前进入路演现场，一方面可以给投资者留下良好的印象，另一方面也能提前熟悉现场，为熟记路演的相关资料预留一定的时间。

（2）注重礼仪。中国是礼仪之邦，在正式场合中，对礼仪尤其需要重视。一般来说，上台后诚恳致谢，面带微笑地进行表达，都是路演过程中的基本礼仪。

（3）自信表达。无论是演说，还是回答投资人的问题，都必须让投资人看到你的自信。要做到这一点，除了对企业和项目充满信心之外，还需要熟记相关资料，流畅地进行表达。

（4）控制时间。对于投资人来说时间就是金钱，而且投资人可能需要在某一段时间内同时观看多个路演。所以，一定要在路演前进行排练，把控好路演的节奏。如果时间不够，可以将部分不太重要的内容略过。

2. 答问技巧

路演的演说完成之后，一般还需要回答投资人的相关问题。在回答问题的过程中，需要掌握 3 个技巧，具体如下。

（1）有序回答。部分企业为了更好地应对投资人的提问，可能会安排多个人回答问题。这样虽然能够从一定程度上避免无人回答问题的尴尬，但是，因为有多个回答问题者，如果不能有序地回答问题，也有可能出现多人同时作答，或者同时沉默的情况。所以要采取一些措施保证有序地回答问题。

（2）直面问题。对于投资人的问题，一定要正面进行回答。这既是自信的一种表现，也是熟悉专业知识和企业情况的一种表现。

（3）简单扼要。回答问题时，应该尽可能的简单、准确。如果过于啰唆，投资人可能会对企业和相关团队的能力产生疑问。

第4章

多方渠道：正确寻找并成功接触投资人

即使拥有优质的商业计划书，如果没有适合的投资人来投资，那么商业计划书的价值就无法得到体现。

本章主要对商业计划书的编写者如何寻找投资人并成功接触进行分析，具体内容分为寻找投资人的必要性、寻找投资人的具体渠道和与投资人接触的注意事项。

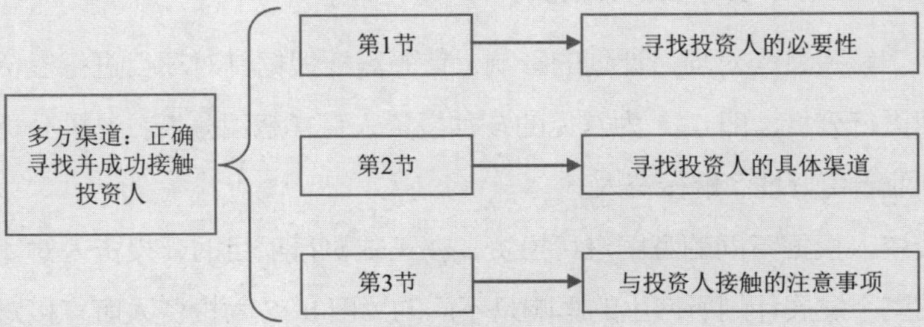

4.1 寻找投资人的必要性

投资人对于商业计划书的重要性是不言而喻的，没有投资人的资金帮助，项目就无法获得成功。投资人主要是指投入资金来购买某种资产以确保后期收益的自然人或者法人。

4.1.1 投资人对项目的意义

投资人对项目的主要意义，在于为项目的实际执行提供资金支持。缺少资金的项目无法得以成功执行，而获得资金的项目能够解决资本运作的问题，从而集中精力进行企业的发展。

只有投资人认可项目，并为项目投入资金，管理团队才能执行计划，保证项目的正常运作，进而实现计划书的项目目标。

专家提醒：资金是商业计划书的主要需求，对于商业计划书的创作者而言，资金的支持能够为团队或企业的发展提供极大的助力，所以在具体的项目运作中，创作者必须要明确所需融资资金的额度。除此之外，投资人对项目的意义还在于投资人能够运用自身的资源更好地帮助项目获得成功。

4.1.2 投资人对项目计划的影响

要了解投资人对项目计划的影响，首先需要根据其对项目进行投资的真实意图进行分析。图 4-1 为常见的 3 种投资人真实意图分析，这种分析能够帮助创业者更好地了解投资人。

投资人根据不同的意图进行投资，在正式执行项目时，投资人对团队或企业的整个发展计划所产生的影响是不同的。图 4-2 为投资人可直接对项目产生影响的多个方面。

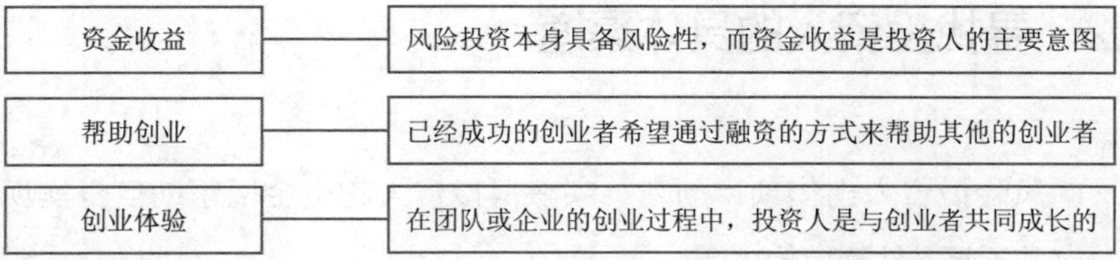

图 4-1　常见的 3 种投资人真实意图分析

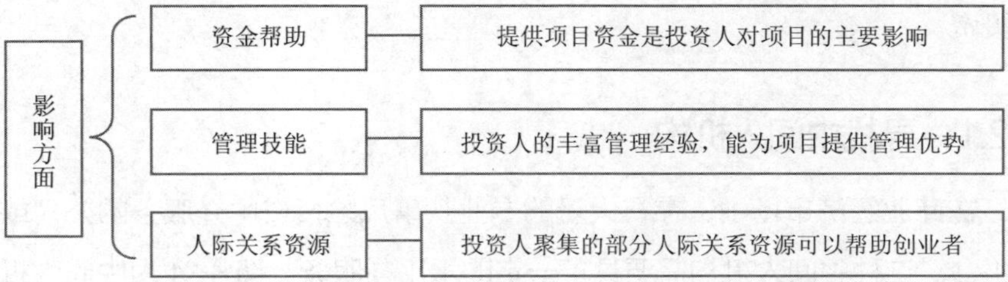

图 4-2　投资人可直接对项目产生影响的多个方面

4.1.3　投资人对项目的反馈

对于商业计划书而言，寻找投资人的必要性不仅体现在投资人对项目的意义，以及投资人对计划的影响，还体现在投资人对项目的反馈上。

不是每一份商业计划书都能够获得投资人的认可，那么对于部分失败的商业计划书而言，获得投资人对项目的反馈，能够促进商业计划书投出之后的成功概率。对于创业团队或企业而言，商业计划书被退回后，可以有针对性地询问投资人不看好项目的原因。

图 4-3 为投资人对项目的常见反馈内容。

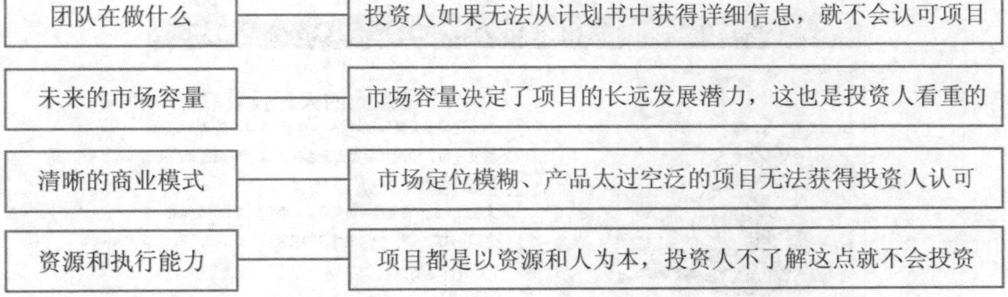

图 4-3　投资人对项目的常见反馈内容

4.2 寻找投资人的具体渠道

向风险投资人出售项目创意，来获得投资人的资金以帮助自身实现项目，这并不是一件简单的事情。

下面主要介绍6种常见寻找投资人的渠道，即寻找中间人机构、信息资料的指引、参加会议与论坛、直接接触投资人、利用网络去寻找、通过节目找投资。

4.2.1 寻找中间人机构

在商业经济市场中，存在大量的专业从事风险投资中介服务的公司或网站平台。这种中间人机构需要具备一定的水平与服务。图4-4为中间人机构中的人才类型。

图4-4 中间人机构中的人才类型

通过这些公司或平台，商业计划书的创作者可以更好地获得融资。图4-5为中国风险投资网的官方主页，这就是专业从事风险投资中介服务的网站平台。

图4-5 中国风险投资网的官方主页

从事风险投资中介服务的中间人机构，分为综合化的机构和垂直化的机构两种。在综合化的机构中，机构为用户提供商业计划书的创作、信息服务与咨询、提供融资渠道联系方式等全方位服务。

垂直化的机构则针对用户进行融资的某个方面提供相应帮助，常见的垂直化的机构类型包括：资产评估机构、行业协会、财务顾问机构、投资银行、律师事务所、信息咨询机构、技术资讯机构、会计师事务所、市场调查机构和企业理财机构等。

风险投资的中间人机构之所以能够成为帮助创业者获得融资的角色，是因为中介机构熟悉金融市场产业，并可以运用多种金融工具和渠道，在项目和资本之间牵线搭桥，从而让创业者的项目寻找到适合的投资人。

专家提醒：寻找中间人机构来帮助项目快速寻找投资人是最为常见的一种方式，其优点主要是十分便利、非常专业和高成功率。需要注意的是，这种方式的缺点在于需要支出额外的费用，并且费用较高，同时商业计划书的内容容易被泄露。

4.2.2 信息资料的指引

在部分专业机构中，收集风险投资公司的信息用来作为机构的服务提供给创业者是十分常见的。

信息资料中的内容主要包括：公司名称、公司地址、电子邮箱、公司邮编、电话号码和传真号码等。

从专业机构中获得这些基本的风险投资公司的信息资料之后，创业者就可以快速地联系到多位投资人，然后选择部分符合商业计划书内容类型的投资人发送商业计划书，以求获得融资支持。

4.2.3 参加会议与论坛

创业者寻找投资人时可以参与的会议与论坛可以归纳分为两种，分别是专为创业者与投资人进行联系而举办的会议，带有行业性质的学术研讨会。

图 4-6 为两种不同模式的内容分析。

针对性强的会议	商业氛围较浓厚，效果好，往往对参会者收取较高的入场费
研讨性强的会议	会场气氛轻松，投资人能够跟风险资本家接触

图 4-6　两种不同模式的内容分析

在国内，风险投资领域中影响力较为广泛、参会人数众多的会议与论坛主要有中国国际高新技术成果交易会和中国风险投资论坛。图 4-7 为中国国际高新技术成果交易会的官方主页，交易会的主要内容包括技术成果展示和交易、行业产品展示、与会人员交流等。

图 4-7　中国国际高新技术成果交易会的官方主页

图 4-8 为中国风险投资论坛活动的官方主页，它是中国金融领域的重大盛会，每年举办一届，影响力十分广泛。

图 4-8　中国风险投资论坛活动的官方主页

4.2.4　直接接触投资人

在不同的行业领域中，不同层次的投资人的信息公开程度都是不同的，创业者也可以根据已有资料直接去联系和拜访投资人。

创业者可以直接联系投资人，对项目进行分析并阐述，与投资人进行面对面的探讨。从而在吸引投资人投资兴趣的同时，获得其他投资人的关注。

4.2.5　利用网络去寻找

在互联网上，创业者也可以根据相关信息直接通过搜索引擎寻找投资人的信息，或者直接联系投资人。

图 4-9 为搜钱网向用户公开提供的部分投资人联系方式。

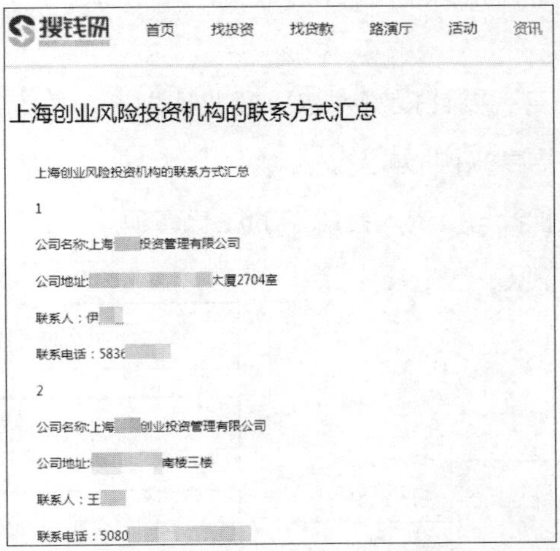
搜钱网　首页　找投资　找贷款　路演厅　活动　资讯

上海创业风险投资机构的联系方式汇总

上海创业风险投资机构的联系方式汇总

1

公司名称:上海[illegible]投资管理有限公司

公司地址:[illegible]大厦2704室

联系人：伊[illegible]

联系电话：5836[illegible]

2

公司名称:上海[illegible]创业投资管理有限公司

公司地址:[illegible]南楼三楼

联系人：王[illegible]

联系电话：5080[illegible]

图 4-9　搜钱网上向用户公开提供的部分投资人联系方式

4.2.6　通过电视节目找投资

通过电视节目找投资也是目前常见的一种方式，效果和影响力都较好。在财经类的电视频道中，有专门为创业者寻找投资人的节目。

图 4-10 为中央电视台推出的《给你 1 个亿》节目宣传图。在节目中，参与者通过说明自己的创业项目，同时回答投资人的相关提问，达到说服投资人对项目进行投资的目的。

图 4-10　中央电视台推出的《给你 1 个亿》节目宣传图

4.3　与投资人接触的注意事项

对于创业者而言，要让投资人认可商业计划书，首先需要通过计划书的内容和交流沟通的语言来说服投资人。

图 4-11 为创业者与投资人接触时的注意事项。

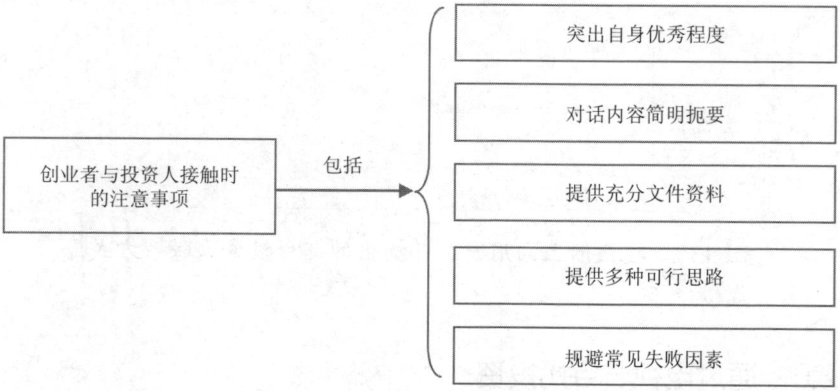

图 4-11　创业者与投资人接触时的注意事项

4.3.1　突出自身优秀程度

投资人看重商业计划书的内容，但是也看重创业团队，所以对于创业者而言，在与投资人的接触过程中如何突出自身优秀程度是十分重要的。

图 4-12 为自身优秀性的具体表现类型。

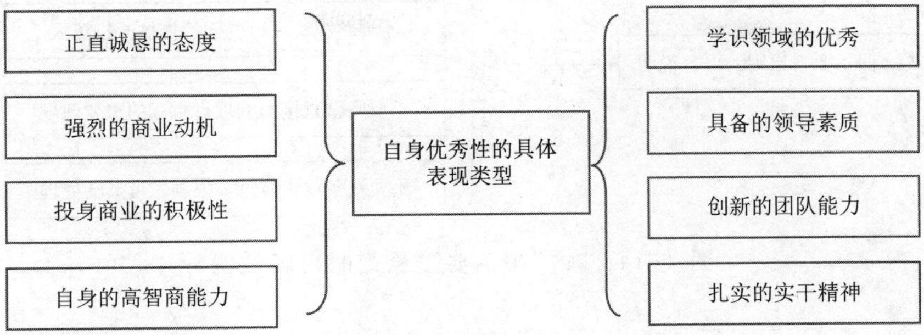

图 4-12 自身优秀性的具体表现类型

这些优秀的品质可以由创业者通过与投资人的直接接触来展现，也可以在商业计划书中的团队介绍中直接提及。优秀的创业者给投资人的良好的第一感觉必然能为计划书的成功增加机会，这是创业者必须注意的事项之一。

4.3.2 对话内容简明扼要

在与投资人进行对话时，相关内容的说明要尽可能的简洁，确保交流的信息是简明扼要的。要想达到这个内容效果，创业者在与投资人进行对话时要遵守“四要”和“四不要”的原则。

图 4-13 为对“四要”原则的内容说明。

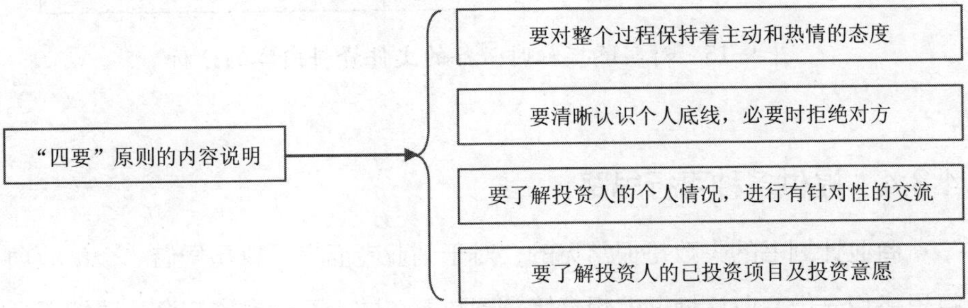

图 4-13 对“四要”原则的内容说明

图 4-14 为对“四不要”原则的内容说明。

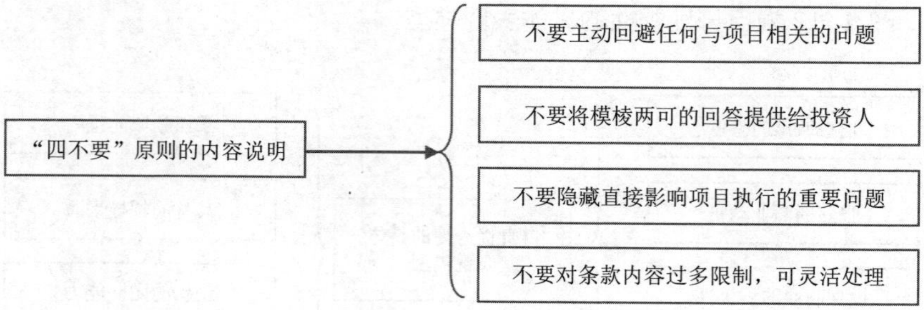

图 4-14　对“四不要”原则的内容说明

4.3.3　提供充分文件资料

当创业者与投资人进行实际接触时，只有一份商业计划书往往很难满足投资人进一步了解项目信息的需求。准备好必要的文件资料，是获得投资人进一步认可的方式，也是体现创业者个人能力的一个方面。

图 4-15 为对实际接触时必备文件资料内容的分析。

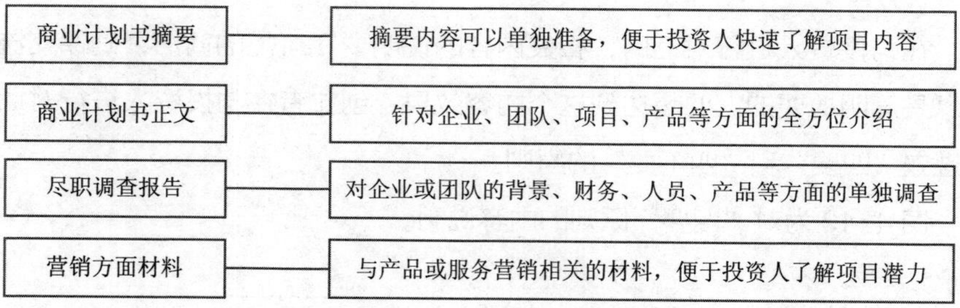

图 4-15　对实际接触时必备的文件资料内容的分析

4.3.4　提供多种可行思路

商业计划书的失败是很常见的，对于创业者而言，只是凭借一个创业项目思路和一份商业计划书就想直接拿到数万、数十万的融资资金，显然不会那么容易。

创业者在与投资人接触时，如果商业计划书的项目内容被否决，那么创业者可以根据投资人否决项目的原因来有针对性地提供多种可行的思路，这种思路可以以现有商业计划书为基础，也可以根据新的项目思路进行。

以与大学生相关的 App 项目为例，如果投资人否决了某个类型的 App，那么创业者还可以推出更符合投资人目标的另一个类型的 App 计划书，来打动投资人。大学生常用的 App 类型包括课程学习、生活效率、学习社交、在校兼职、记账理财、新闻阅读、个人出行、旅游住宿、购物娱乐和视频软件等。

4.3.5 规避常见失败因素

对于创业者而言，无论是创作商业计划书，还是与投资人进行实际接触，都需要规避常见的失败因素。这些失败因素会导致商业计划书的价值流失，最终无法获得投资人的认可。

图 4-16 为常见的失败因素分析。

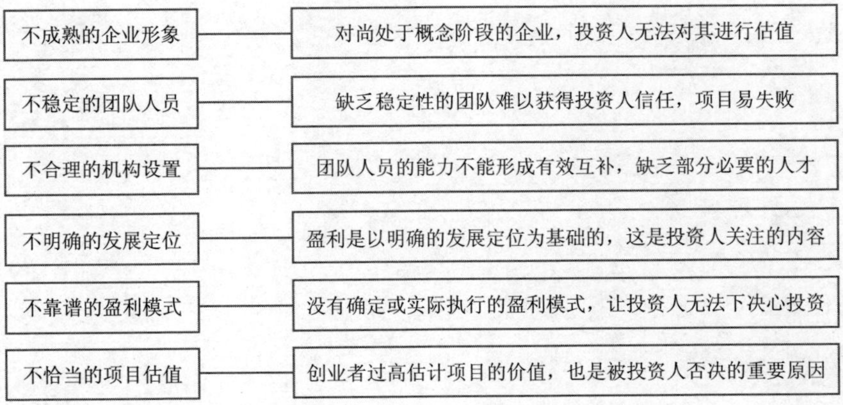

图 4-16　常见的失败因素分析

第5章

前景机会：通过市场调研让投资人一见倾心

市场调研是打动投资人的重要内容，产品或项目是否有市场可以直接由市场调研的内容表现出来。

本章内容围绕市场调研进行，尤其是调研的过程和案例，主要分为4个部分，分别是调研报告的实际意义、市场调研的前期任务、调研报告的完成过程和调研报告的实战案例。

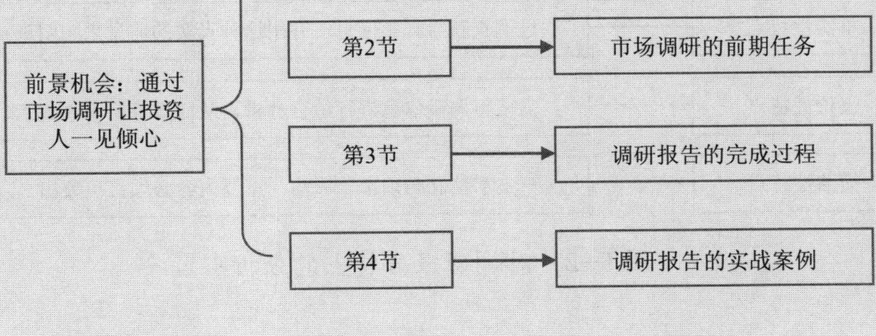

5.1　调研报告的实际意义

调研报告是商业计划书的重要组成部分，也是投资人想要阅读的重要信息，直接影响到整个商业计划书的成败。

为获取即时的市场信息，需要在实地调查研究的基础上，制订出切实可行的计划。这要求在做调研报告的过程中，深入社会市场进行调研。只有这样，写出来的调研报告才是真实、可靠、有价值的。

图 5-1 所示为针对调研报告的实际意义进行分析的三个方面。

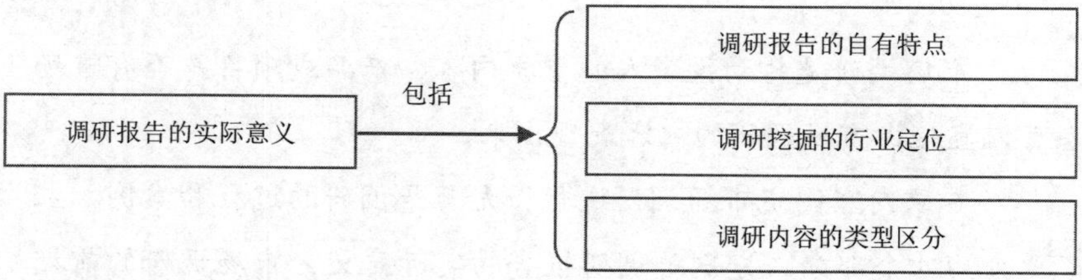

图 5-1　针对调研报告的实际意义进行分析的三个方面

5.1.1　调研报告的自有特点

调研报告主要有三个特点，图 5-2 为对调研报告特点的分析。

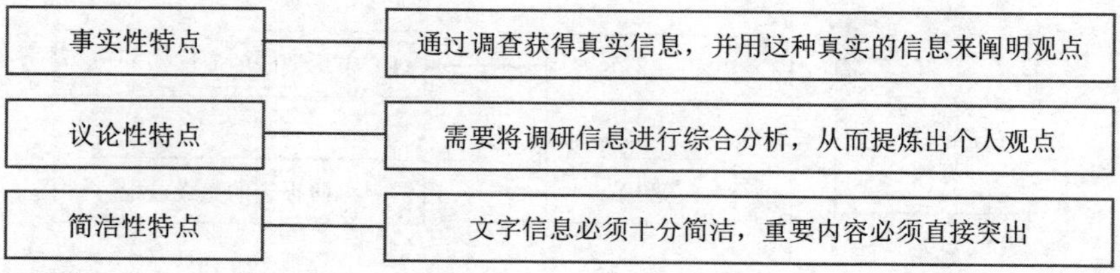

图 5-2　对调研报告特点的分析

调研报告的语言不一定是十分严肃的，也可以是生动活泼的，但是必须是符合群众性的生动而形象的语言，尽量少用网络语言或文字。在写作过程中需要注意使用一些浅显生动的比喻，目的是通过形象生动的方式来说服阅读对象接受道理。

5.1.2　调研挖掘的行业定位

在市场调研中，由调研行为挖掘的行业信息是十分重要的，直接影响到商业计划书的实际可行性。

在调研内容的表现方式中，图表是较为常见的一种方式。图 5-3 为智能终端行业未来发展的调研数据展示。

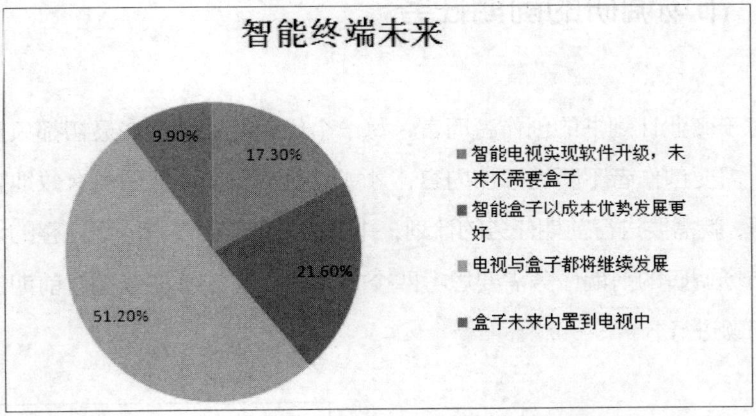

图 5-3　智能终端行业未来发展的调研数据展示

> **专家提醒**：在市场调研中，产品或项目所在行业的发展定位是最需要调研的内容，它能够直接反映出产品或项目是否有发展潜力。比如互联网属于朝阳产业，可预见在未来的发展中依旧会较有潜力，如果产品或项目与互联网有关，自然更容易获得投资人的认可。

5.1.3　调研内容的类型区分

根据产品或项目的不同，商业计划书中调研内容的目标也会不同，从而会产生多种不同类型的调研。

调研的类型根据创作者的需求可以进行改变，比如侧重于产品对象或阅读对象等。图 5-4 为不同调研内容的类型。

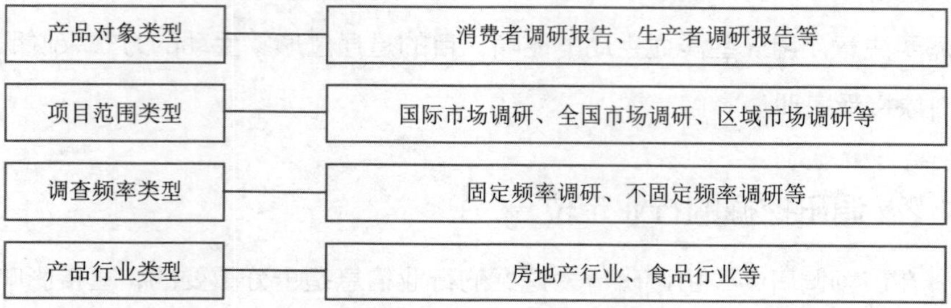

图 5-4　不同调研内容的类型

5.2　市场调研的前期任务

对于商业计划书的创作者而言，每一个优秀的计划书在最初都只是一张白纸，需要创作者不断地添加内容，才能够最终成型。要想更有效地完成市场调研，就需要进行前期任务的计划，并对相关工作内容有一个完整的认识。

市场调研的前期任务需要思考四个方面的问题，图 5-5 为对前期任务的具体问题进行分析。

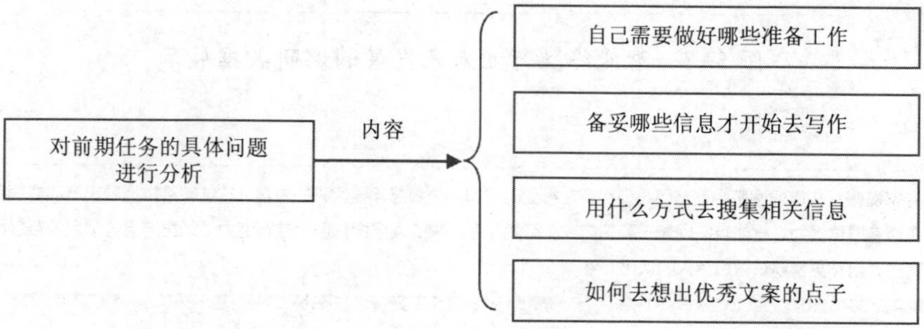

图 5-5　对前期任务的具体问题进行四个方面的分析

在市场调研的前期准备工作中，具体的步骤流程如图 5-6 所示。

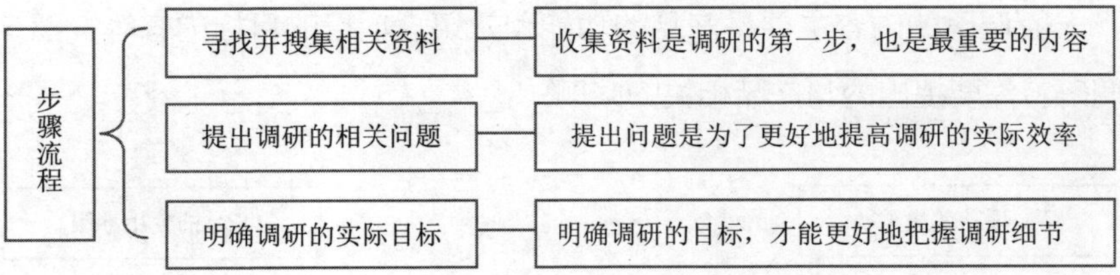

图 5-6　具体的步骤流程

5.2.1　寻找并搜集相关资料

对于商业计划书的编写者而言，需要在调研前期收集的资料类型有很多种，其中较常见的就是其他企业或产品的网络宣传信息。

市场调研所需的相关背景资料，主要有 10 种类型，即相关评论文章、相关广告内容、商品特点记录、宣传册、年度报告、广告企划、技术文件、官方网站、竞争对手资料和使用者反馈。

专家提醒： 在网络时代，从网络上搜索产品信息，并且进行分析整理是最为常见的写作技巧。花费一定的时间去阅读与产品或项目相关的市场信息，能够让调研的内容更真实并且更有效。

5.2.2　提出调研的相关问题

提出调研的相关问题是为了更好地完成调研过程，具体作用如图 5-7 所示。

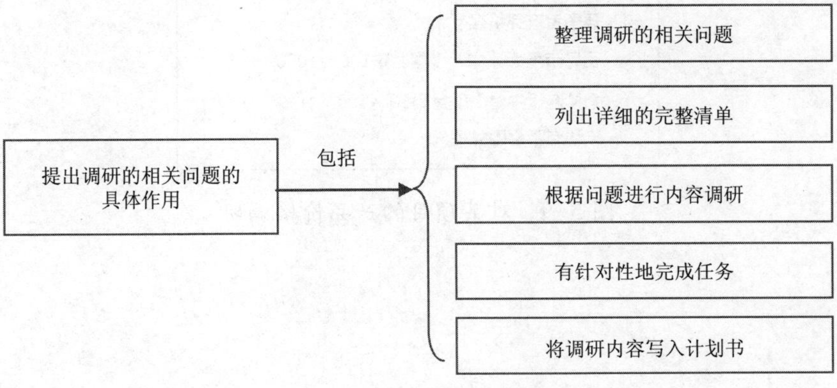

图 5-7　提出调研的相关问题的具体作用

一般调研的内容主要是产品的功能和效果、项目的目标内容等。图 5-8 为调研者需要提出的与产品相关的问题。

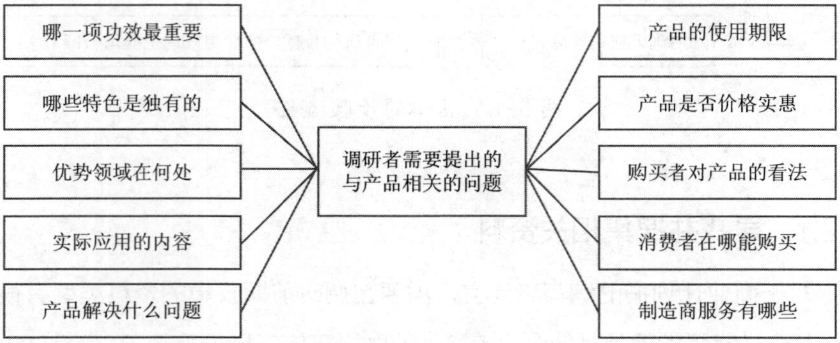

图 5-8 调研者需要提出的与产品相关的问题

5.2.3 明确调研的实际目标

调研内容的写作，根据目标的不同会有不同的创作方式，所以明确调研的实际目标十分重要。通常来说，调研内容主要是围绕项目的商业价值进行分析，希望通过对项目商业价值的展现，来打动投资人的心，从而获得投资金额。

除此之外，产品的价格等因素也是常见的市场调研内容。图 5-9 为对某项目的产品价格调研。

竞争者产品价格(元)

花鸟市场大、中、小型盆景100～1000

个体商贩中、小型盆景50～500

流动商贩小型盆景50～200

图 5-9 对某项目的产品价格调研

5.3 调研报告的完成过程

在前期的准备工作完成之后，实际调研报告的完成过程主要分为 3 个环节，每个环节在实施过程中都需要把握细节，如图 5-10 所示。

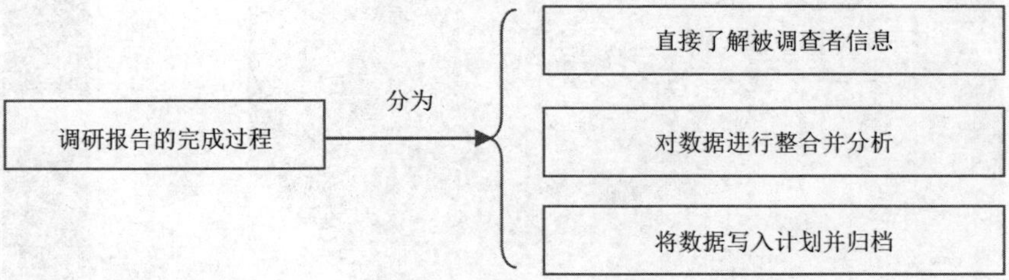

图 5-10　调研报告的完成过程

5.3.1 直接了解被调查者信息

直接了解被调查者的信息是一个分为前期任务、中期任务和后期任务的过程，具体的流程如图 5-11 所示。

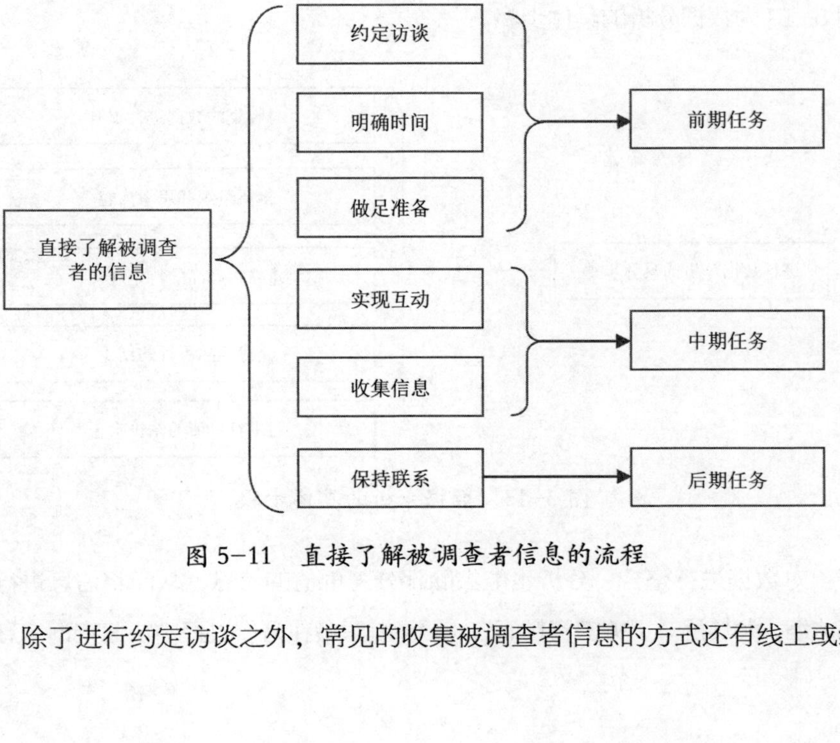

图 5-11　直接了解被调查者信息的流程

除了进行约定访谈之外，常见的收集被调查者信息的方式还有线上或线下的问卷调查等。图 5–12 为问卷星官网的主页，这是免费的问卷调查平台。

图 5–12　问卷星官网主页

5.3.2　对数据进行整合、分析

整合、分析就是在原有数据的基础上，创作者对其整合、分析并总结。图 5–13 为数据分析的具体步骤。

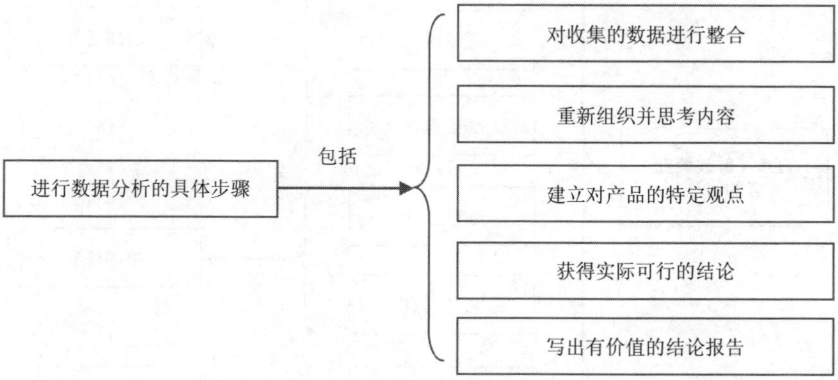

图 5–13　数据分析的具体步骤

对数据进行整合、分析也能去除部分无价值的信息，从而将信息进行高度浓缩，尤其是对于关键资料而言，便于编写者在写作过程中快速查询信息。

5.3.3 将数据写入计划并归档

调研获得的数据往往较为复杂，对于商业计划书的编写者而言，采用的资料需要进行来源建档，以确保内容的清晰性和真实性。

在实际应用中，进行归档的数据主要分为 4 类，如图 5-14 所示。

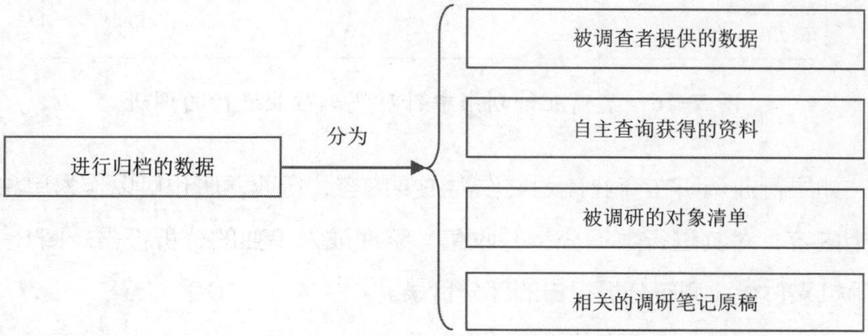

图 5-14 4 类进行归档的数据

5.4 调研的实战案例

下面从行业、产品和环境 3 个方面，对实战案例进行展示和分析，了解调研的具体运作方式。

5.4.1 行业调研案例

行业调研的核心内容主要集中在 6 个方面，如图 5-15 所示。

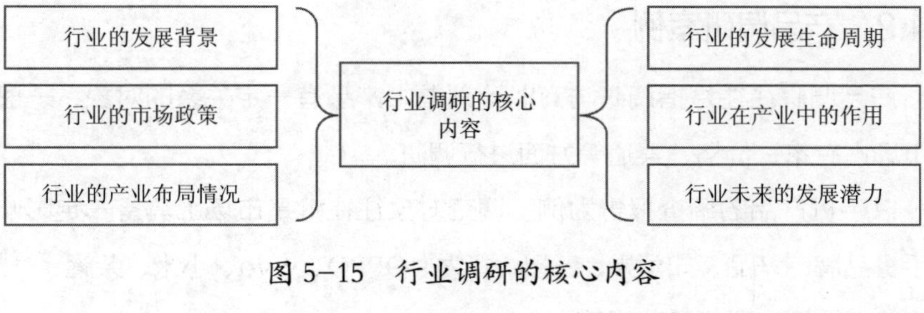

图 5-15 行业调研的核心内容

图 5-16 为某商业计划书中针对汽车行业进行的调研。

随着经济社会持续快速发展，群众购车刚性需求旺盛，我国汽车保有量继续呈快速增长趋势。截至2014年底，我国私家车保有量1.54亿辆，成为全球最大的汽车消费市场。2014年新注册汽车2188万辆，保有量净增1707万辆，两项指标均达历史最高水平。全国有35个城市的汽车保有量超百万辆，北京、成都、深圳、天津、上海、苏州、重庆、广州、杭州、郑州10个城市超过200万辆。全国平均每百户家庭拥有25辆私家车，其中北京每百户家庭拥有63辆，广州、成都等城市每百户家庭拥有超过40辆。汽车保有量的不断攀升，给汽车销售市场带来了巨大的市场想象空间。

图 5-16　某商业计划书中针对汽车行业进行的调研

如果行业调研在商业计划书作为主要内容，行业调研也可以作为单独的一个内容，对其进行数据分析并收集、整理成为单独的分析报告。图 5-17 为手机支付行业调研分析报告的部分目录。

手机支付行业调研分析报告

目　录

1　手机支付发展历程及未来展望

1.1　手机支付的概念与特点

1.2　发展历程

1.2.1　全球手机支付发展先进地区分析

1.2.2　国内手机支付发展分析

1.2.3　国内手机支付现状分析

1.3　未来展望

1.3.1　网上支付行业保持高速增长的态势，手机支付市场前景看好

1.3.2　手机用户数的增加带动手机支付的发展

1.3.3　手机支付将成为 2012 年十大手机重点应用之一

1.3.4　手机支付发展应注意的问题

图 5-17　手机支付行业调研分析报告的部分目录

5.4.2　产品调研案例

产品调研往往是指调研与商业计划书中产品有一定关系的对象，一般从其市场占有率、价格、渠道等方面进行调研。

以手机产品的调查报告为例，调查对象往往就是市场上具备一定影响力的手机品牌的产品，如苹果、三星、华为、OPPO、vivo、小米、荣耀、一加、魅族、努比亚、联想和美图等。

具体的调研内容可以分为价格、市场、用户喜爱程度等，可以针对每一个调研内容设计一份问卷调查，进行数据收集，也可以针对某一款手机进行多个方面的数据收集。图 5-18 为酷派手机的调研界面。

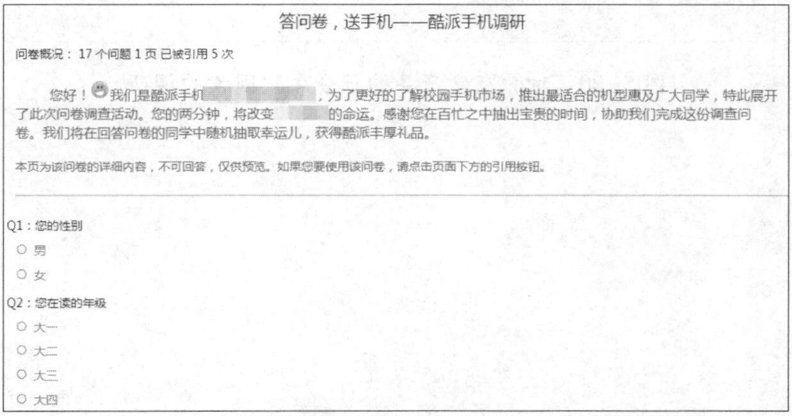

图 5-18　酷派手机的调研界面

5.4.3　环境调研案例

在商业计划书中的市场调研内容中，环境调研内容与行业和产品等内容同等重要。环境调研是指对影响产品或项目发展的外部因素进行的调查。图 5-19 为部分外部因素。

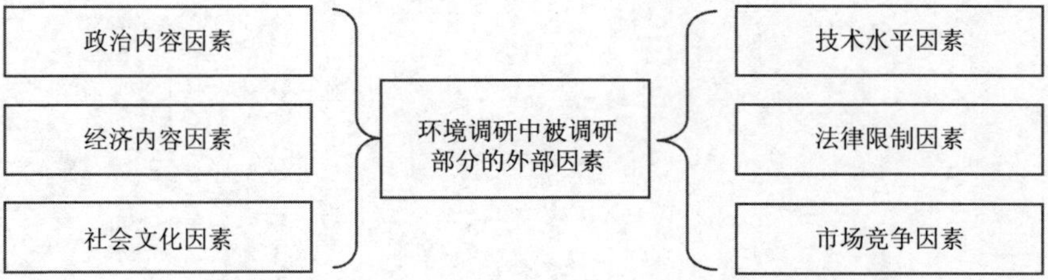

图 5-19　环境调研中被调研部分的外部因素

这些外部因素对产品或项目的发展会产生巨大的影响，所以对其进行深入细致的调查研究是非常有必要的。图 5-20 为对骨灰盒产品的社会文化因素的调研。

安徽专利真空骨灰盒商业计划书

在中国历史和中国文化中，殡葬是一个重要的内容，有非常深厚的文化内涵。中国崇尚孝道，民间传颂的“二十四孝”中就有“卖身葬父”“闻雷泣墓”等很多孝子之丧的故事。中国人一般都希望用土葬的形式安葬遗体，称之为”入土为安”，因此土葬是中国人的主流葬法。改革开放以来，中国的经济及科技有了跨越式发展，在殡葬业方面，科技的应用也有了很大进步。但在人文殡葬方面却显得有些落后。在中国传统民间文化中，逝者就是“神”，骨灰盒是作为逝者最为敬重的归宿。

图 5-20　对骨灰盒产品的社会文化因素的调研

第 6 章

核心竞争：对公司与产品进行完美展示

让投资人对公司和产品进行了解，是说服投资人进行投资的第一步。

本章内容从商业计划书中对公司和产品的介绍出发，同时对如何在计划书中体现竞争力的技巧进行分析，以读者可借鉴的角度全面展示相关内容。

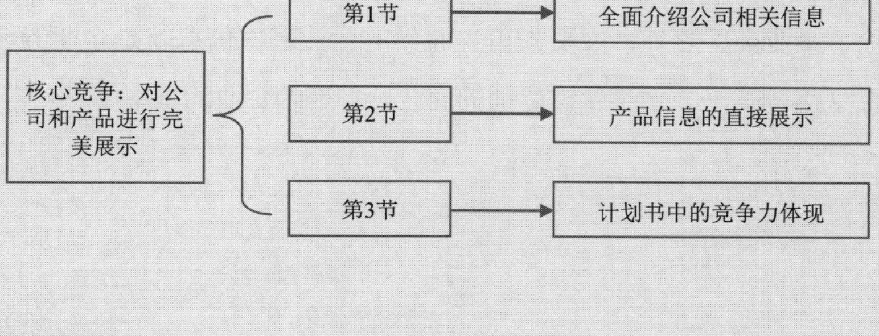

6.1 全面介绍公司相关信息

投资人不可能对一个毫无了解的公司进行投资，所以在商业计划书中的第一部分往往就是介绍公司和产品或者项目的信息。企业的相关信息主要在6个方面进行展示，如图6-1所示。

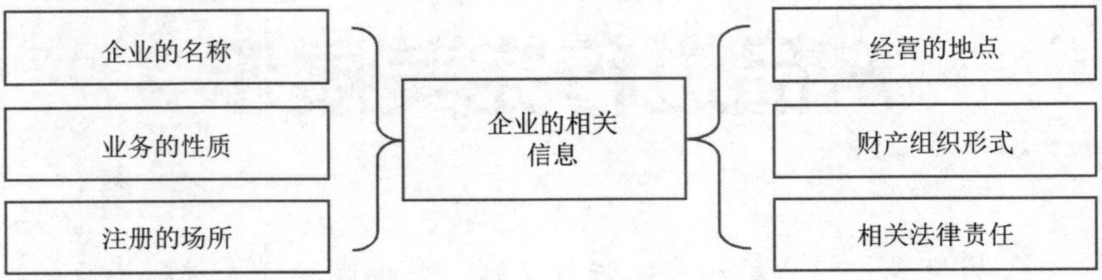

图6-1 企业的相关信息

6.1.1 具体真实的公司信息

对于投资人而言，公司的类型是首先能接触到的信息。目前国内的企业类型是根据经济类型进行划分的。总的来说，国内的企业主要有8种类型，即国有企业、集体企业、私营企业、股份制企业、联营企业、外商投资企业、港、澳、台商投资企业和股份合作企业。

除了企业类型之外，投资人首先看到的企业基本信息就是企业的名称和经营的地点。图6-2为某餐饮店铺的商业计划书中企业的基本信息内容。

1、名头来历：

人间真情——有一户五口之家，母亲是江阴人氏，每逢佳节团聚必不可免的一道主菜，便是妈妈亲手烹饪的肉丝泡蛋。时年，父母年逾古稀，长子身旁伺候，次子闯荡神州，小妹更是飘洋过海。为感知牵挂，感恩养育，三兄妹携手足之情创立柔丝泡蛋连锁餐饮，寄慰人间真情——天涯翘盼，柔丝相聚。肉丝泡蛋原本江浙家常菜，为适应商标注册规范，特将"肉丝"改变成"柔丝"。

2， 现行运营：

初期首家店于2007年1月26日在广州开业，除去春节长假因素，另选址不当，无法达到预期效益，于4月26日进入危机管理程序。

图 6-2　某餐饮店铺的商业计划书中企业的基本信息内容

6.1.2　公司宗旨和目标展示

公司宗旨是每一家公司都必须具备的内容，但是不一定会以文字的形式表现出来。具体而言，公司宗旨就是关于企业存在的目的或应做出的某类型贡献的陈述，属于公司的经营理念。

公司宗旨的描述往往需要用最精练、最清晰的语言来表达，主要涉及 6 个方面的内容，即获利能力、外部追求、产品质量、生产效率、企业氛围和行为规范。

图 6-3 为某公司的宗旨，通过文字的形式激励团队人员努力工作。

图 6-3　某公司的宗旨

公司目标与公司宗旨是一脉相承的，公司目标就是创造价值，实现其宗旨所要达到的预期成果。公司目标往往是以某一段时间为界限的，在某一段时间内要完成一个目标。图 6-4 为某餐饮店铺的商业计划书中企业的目标。

时间：2007年4月下旬选址，5月开业一家;6～8月开业三家

B， 多店铺(一个大城市开三到五店)、

时间：2007年8月下旬在北京或上海选址，10月开业第一家外阜分店;11月～12月开业三家外阜分店

C， 经营管理理顺期：规范出品、科学管理

时间：2008年1月—6月

D，多城市造势，力争每个直辖市、特大城市、省会城市开设直营店，目标总计108家。

时间：2008年初—2011年末

图 6-4 某餐饮店铺的商业计划书中企业的目标

6.1.3 公司过去发展与未来

公司的过去发展并不需要一定是一帆风顺的，只要按照时间顺序进行叙述即可。最简单的模式就是直接根据时间顺序进行展示。图 6-5 为亿欧网的发展历程展示图。

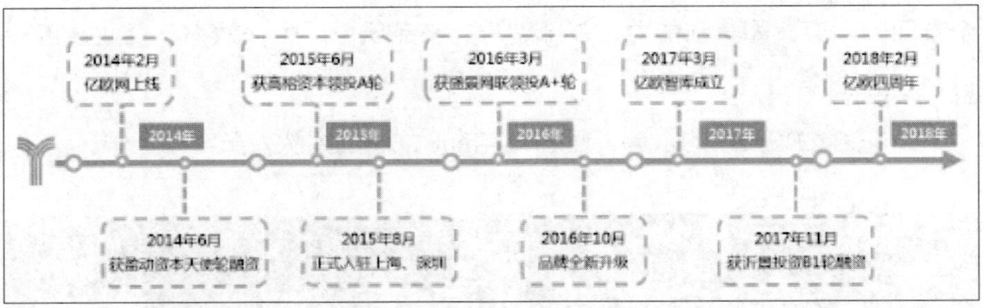

图 6-5 亿欧网的发展历程展示图

在具体的创作中，这部分的内容可以直接以文字方式展示，也可以以图片的方式展示，无论展示的形式如何，其内容主要涉及 5 个方面，即公司创意的来源、公司创意的进化、公司团队的负责人、公司发展的背景和公司发展的过程。

在商业计划书中，还需要有公司对未来的展望内容，以便投资人了解公司的发展潜力。图 6-6 为某房地产行业公司对未来发展前景的展望。

三、未来发展前景展望

21世纪刚刚过去的十几年，对于中国房地产企业而言是伴随着中国经济、社会发展取得快速发展的黄金年代。期间无论是遇到相当力度的楼市调控，还是面临全球性金融危机时的挑战，中国房地产业仍然在这十几年当中取得了快速进步和发展。

面对未来，伴随着中国经济的持续健康发展，城镇化的不断深入，房地产行业的平稳健康发展仍然具有较好的市场预期。首先，从中长期来看，加强城镇化建设、提高城市化率仍是我国未来一段时期的重要发展目标之一，也是维持我国经济活力的重要因素之一。其次，中共十八大提出至2020年国内生产总值（GDP）和城乡居民人均收入比2010年翻一番的目标。实现城乡居民人均收入翻番目标，意味着居民收入年增速要达到7%以上水平。这就意味着，房地产市场的供需矛盾还会在未来持续相当长一段时期。

图 6-6　某房地产行业公司对未来发展前景的展望

6.2　产品信息的直接展示

对于投资人而言，在第一时间除了了解公司的信息之外，还要了解公司能提供什么样的产品与服务，以及这些产品与服务是否能解决消费者的现实生活问题，从而分析产品与服务的潜在价值。

产品信息的直接展示主要分为 4 个方面的内容。如图 6-7 所示。

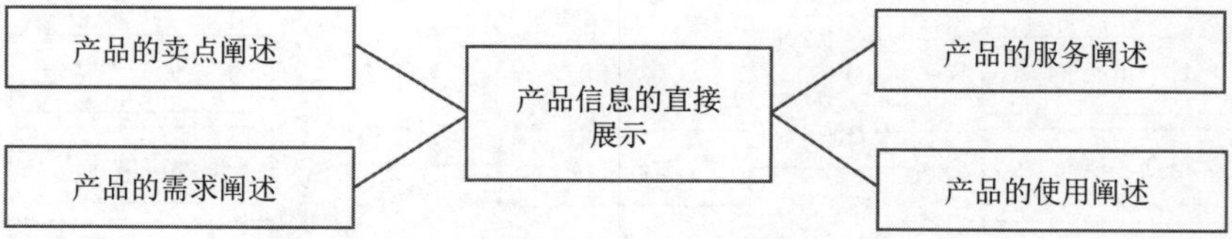

图 6-7　产品信息的直接展示的 4 个方面

6.2.1　产品的卖点阐述

对于商业计划书中的公司产品而言，卖点是产品销售经营的关键要素，也是获得投资人认可的主要因素。只有卖点能把产品变成商品，实现获得利润的根本目标，卖点更是直接决定了产品未来市场的生死。

图 6-8 为云南白药牙膏的卖点展示。

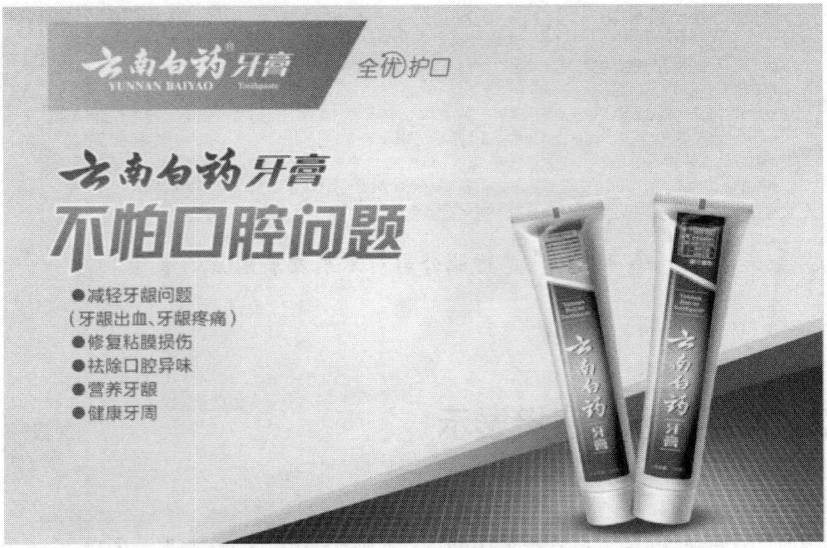

图 6-8　云南白药牙膏的卖点展示

从产品本身而言，卖点的来源主要有两个方面，都是商业计划书的编写者需要在计划书中进行深入分析的，相关内容如图 6-9 所示。

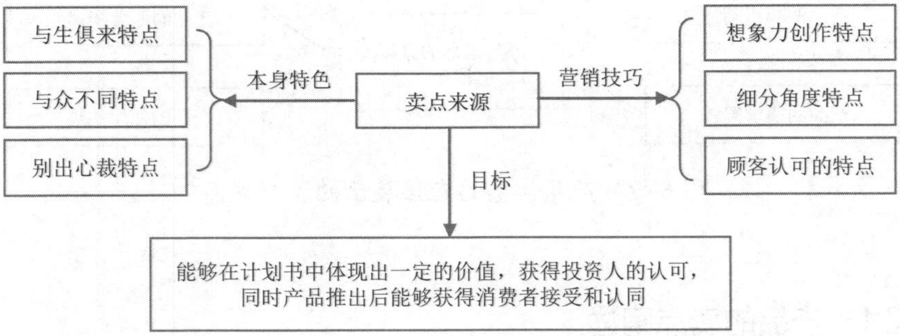

图 6-9　产品卖点来源的相关内容分析

6.2.2　产品的需求阐述

在创作计划书之前，首先要了解产品需求的对象，也就是受众群体。除了对产品的潜在受众有明确的选定之外，还有就是在撰写前，对产品目的、销售等每个环节的含义，都需要有较为准确的定义。

根据不同产品的要求不同，对需求阐述的详细程度会根据团队和产品的实际情况的不同而不同。

比如在互联网产品的需求阐述中会简化需要分析的流程，重点分析目标用户的市场等。这种情况下，产品需求阐述的内容会得到极大的简化。

图 6–10 为产品需求阐述中具体的步骤。

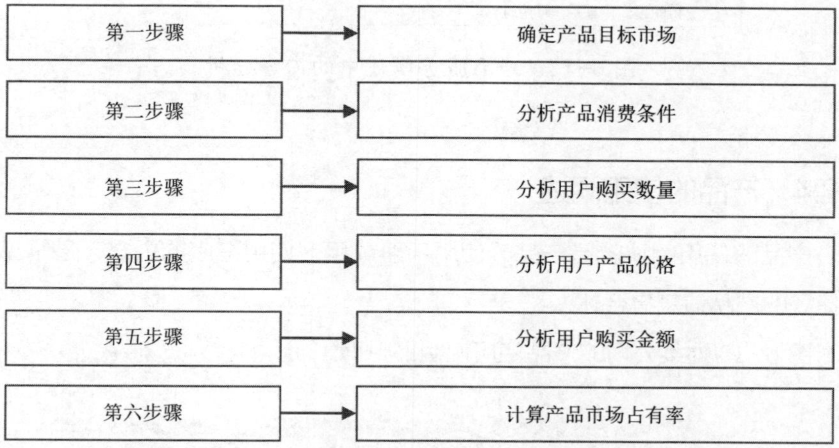

图 6–10　产品需求阐述中具体的步骤

6.2.3　产品的服务阐述

产品的服务阐述内容通常与产品说明内容共同使用的，主要是向商业计划书的阅读者介绍产品的服务。图 6–11 为产品的服务阐述中的 6 个方面。

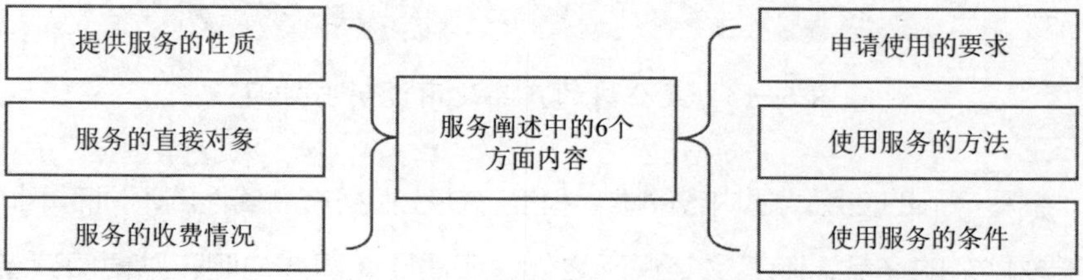

图 6–11　产品的服务阐述中的 6 个方面

图 6–12 为产品服务阐述中的内容分析。

企业产品服务分析

计划方面：明确××企业商业需求、××信息系统实施目标，以使商务行为和信息系统规划融为一体，确保××信息系统进一步促进××企业在运作流程上的优化。

准备方面：侧重于寻求××企业的相关团队建立机制，明确××团队中不同角色的目标、任务和功能，从而进一步确定团队成员所必备的××知识体系。

运行方面：执行可重复的××、××和自定义的支持选项，使××信息系统具有高度可用性和变化性。

在产品服务内容方面，主要是可支持性的咨询服务，重点集中在帮助××了解××的产品和技术，更有效地实现和支持××产品和××技术的运作策略，避免共同的××支持问题，提高系统可用性。

图 6–12　产品服务阐述中的内容分析

6.2.4　产品的使用阐述

产品的使用阐述就是产品的使用手册或用户使用指南的内容，是常见的便捷式的产品信息集合体。

图 6–13 为某公司的产品使用说明书封面。

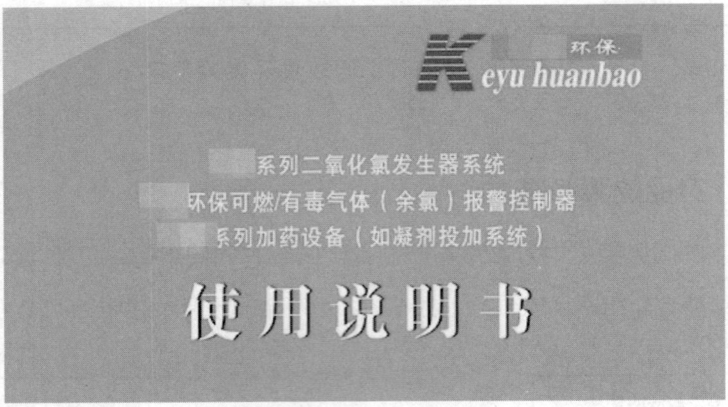

图 6–13　某公司的产品使用说明书封面

编写产品的使用阐述内容的难易程度，往往根据产品属性的不同而不同。对于越复杂的产品，除了文字说明之外，还需要有图片说明，以便阅读者能够理解产品的使用方法。一般情况下，在产品的使用阐述中主要包括了 4 个方面的内容，即特点展示、功能介绍、使用步骤和注意事项。

在产品的使用阐述中，最重要的内容就是使用步骤。图 6–14 为某食品机器的使用步骤。

产品使用步骤

1．××产品应放在稳固平面上，远离有影响的物体；
2．根据产品内部的××刻度，在本体内加入清水；
3．把××盘平稳地放在本体上；
4．将××食物放在蒸笼内；
5．盖好产品的盖子，插上电源。

温馨提示：

为了避免××在蒸煮过程中发生××情况，运作前在××的顶端，敲一个小孔，然后将其平稳放于蒸笼上。根据产品的标准××时间参考表，选择不同程度的××或者其他食物。

图 6-14　某食品机器的使用步骤

6.3　计划书中的竞争力体现

直接展示产品的信息并不一定能够打动投资人，但如果在计划书中能够体现出一定的产品竞争力，那么投资人会更加认可产品。

计划书中的竞争力体现主要从三个方面进行，如图 6-15 所示。

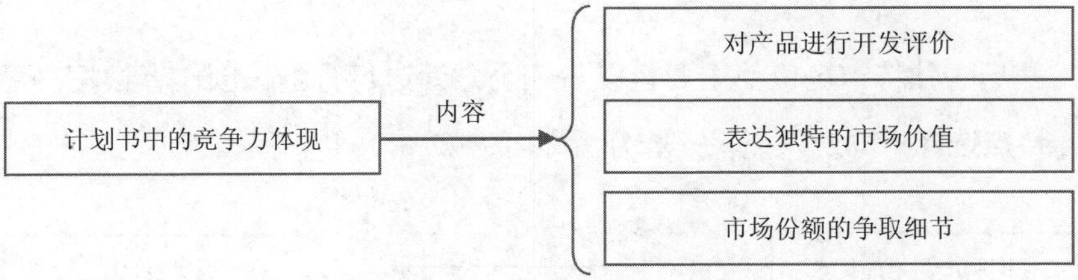

图 6-15　计划书中的竞争力体现的三个方面

6.3.1　对产品进行开发评价

对产品进行开发评价就是将产品的价值突出表现出来，尤其是产品的需求说明、服务说明和使用说明等方面的特色。这种评价能够体现产品在销售时期的情况，便于投资人自主进行分析。

开发评价的内容主要分为三个阶段，即定位评价、性能评价和成本评价，创作者可以以产品为中心，分别对这三个阶段的内容进行逐步分析。

6.3.2 表达独特的市场价值

独特的市场价值就是产品进入市场之后，获得消费者认可的特色或特点。图 6–16 为多功能插座的展示图。这种插座与传统的插座相比，既节省了空间，又提供了更多的插座口，符合用户的需求，这就是产品的独特市场价值。

图 6–16　多功能插座的展示图

产品的独特市场价值主要可以从四个方面进行分析，创作者根据产品的实际特点选择不同切入点来完成分析即可，如图 6–17 所示。

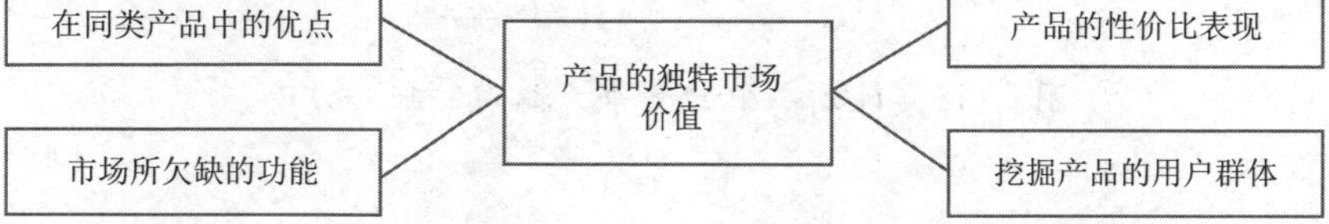

图 6–17　产品的独特市场价值的四个方面

6.3.3 市场份额的争取细节

市场份额的争取细节主要是指通过对市场营销推广等渠道的展示和分析，给投资人以更大的信心，使其相信产品在未来的发展潜力。目前产品的营销方式根据营销需求的不同，分为 4 种不同的方式。图 6–18 为对产品的市场营销模式进行分析的 4 种方式。

价格策略	根据市场因素，提出符合产品长期发展的价格定位策略
产品策略	能够给用户带来深刻印象的内容，比如产品的包装、设计等
渠道策略	产品的流通渠道，比如直销、分销、经销、代理等
促销策略	通过活动的形式推出促销的策略和方式，吸引消费者购买

图 6-18　对产品的市场营销模式进行分析的 4 种方式

除了按照营销模式进行分析之外，还可以根据时间段来推出产品的营销策略。图 6-19 为某公司产品的营销策略。

产品营销策略

从公司实力出发，××产品的营销策略主要分为 3 个阶段，如下所示。

前期营销：根据××产品的前期市场调查和消费需求分析，针对××群体，××公司制订和参与××群体环保清洁的一系列计划，打开产品和品牌的知名度是前期产品营销的重点；

中期营销：通过前期的市场打造，进一步扩大××消费群体，将××产品推向××和××市场，逐步扩大产品的市场占有率；

后期营销：进军××地区的其他××，形成良好的××口碑与××竞争力。需要注意的是，在产品定价和××促销的选择上，营销策略以初期××产品的价格低和促销力度大为主，中期营销阶段主要是进行价格和××促销的相应调整，后期营销主要是进行××产品的持续宣传。

图 6-19　某公司产品的营销策略

6.3.4　与主要竞争对手的对比

多数情况下，创业者很难成为一个行业的开创者。所以，一些类似于前无古人后无来者的话语，很容易让投资人打上问号。其实，有竞争对手并不可怕，可怕的是你不能客观地看待行业发展情况，摆正自己的位置。

兵法有云：知己知彼，百战不殆。我们也应该经常听到另一句话：商场如战场。所以，我们在编写商业计划书时，需要对竞争对手进行客观、深入的分析。这既能获取和学习竞争对手的成功经验，也能够让我们更好地看清自身所处的位置。

另外，从投资人的角度来看，一个企业或项目是否值得投资，除了企业或项目自身的运营情况之外，还与主要竞争对手的发展情况有着很大的关系。所以，投资人会对主要竞争对手的相关分析比较重视。

如果在商业计划书中缺乏对主要竞争对手进行对比分析，投资人就会觉得分析工作做得不到位，进而有可能怀疑商业计划书中相关内容的客观性，甚至会给企业诚信度打上一个问号。

因此，对于竞争对手的相关情况，商业计划书中不仅不应该回避，而应该进行深入、客观的分析，并与自身进行对比，从中找到自身的优势和需要努力的方向。这不仅能帮助投资人更好地看清行业发展情况，更能体现自身强大的自信。

第7章

人才优势：呈现给投资人想要的团队

无论商业计划书做得多么优秀，最终的实践者依旧是团队的人员，团队信息是投资人必须重视的内容。

本章以团队为中心，分析团队的相关信息，包括团队人员的特色展现、团队模式的管理介绍和具体的工作模式分析。

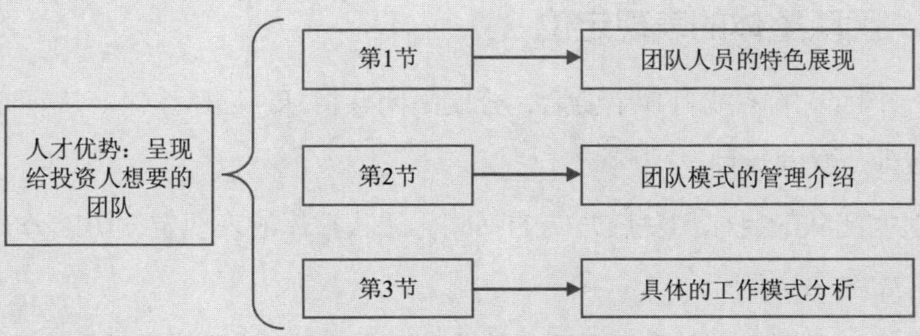

7.1 团队人员的特色展现

团队人员就是商业计划书的提交者，往往是由创业者组成，也有部分团队人员来自成熟的企业。对于投资人而言，团队人员的价值甚至会比商业计划书本身的价值还要高，因为人才始终是投资人最为看重的。

一个优秀的团队是合理利用每一个成员的能力与技能来进行工作的，团队的作用表现在可以协同工作，一起解决问题，从而达到共同的目标。

在团队中，每一个人的特色和作用都是不同的。图 7-1 为关于团队人员的特色展现的 3 个方面内容。

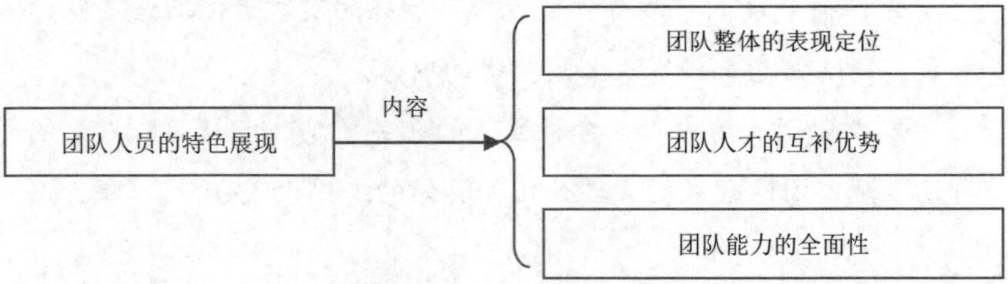

图 7-1　关于团队人员的特色展现的 3 个方面内容

7.1.1 团队整体的表现定位

一个团队的构成有 5 个要素，分别是团队目标、团队人才、表现定位、成员权限、共同计划。

根据团队的目标和发展方向的不同，团队整体的表现定位可以分为 4 种类型，如图 7-2 所示。

在多种类型的团队中，最受投资人看重的是多功能型的团队，其团队人员之间能够形成能力互补，更好地完成工作。

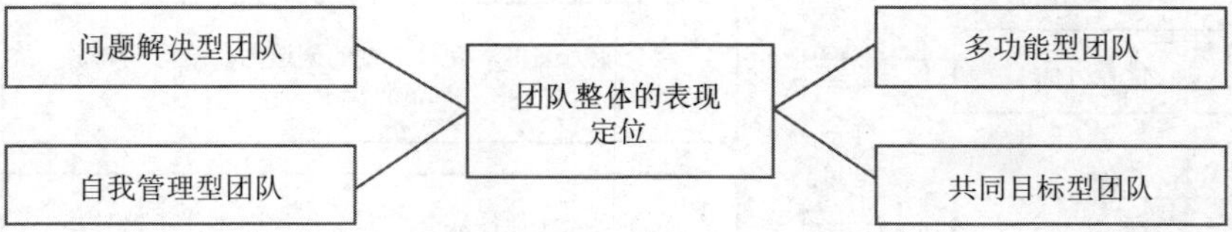

图 7-2　团队整体的表现定位

多功能型团队的运作模式为团队人员能力互补，形成信息的快速交换模式，从而激发出新的观点，更好地解决工作中的相关问题，通过协调让复杂的工作项目变得简单、易行。

图 7-3 为某物流公司的商业计划书中展现的多功能型团队。

> 投资是一项经营人才的业务，我们要以最快的速度组建一支在物流领域具有专业知识的人才队伍，他们在（物流操作、物流营销、物流资讯收集、公共关系、人事管理等各种有影响的岗位上具有直接的技术与丰富的经验。我们要以最少的人数担任公司各类职务，这项工作要立即由人力资源部门着手办理，或先从组建人事部门开始。
> 我公司目前已有的人员从事过社会性物流，企业内部物流，物流的高级化操作，物流理论研究，物流的资本运作，有着丰富的实际经验。

图 7-3　某物流公司的商业计划书中展现的多功能型团队

7.1.2　团队人才的互补优势

在团队中，人才的互补优势直接建立并在不同人才的能力水平和能力方向上。创业团队内需要 8 种类型的人才，即创新型人才、信息型人才、管理型人才、实干型人才、协调型人才、监督型人才、细节型人才、凝聚型人才。

> **专家提醒：**团队内的人员不一定同时具备这 8 种类型，但无论人才的类型属于哪种，人才之间的优点、缺点等方面进行互补促进，共同达成最终目标才是最为重要的。

下面对 8 种类型的人才进行优点与缺点的分析。

1. 创新型人才

图 7-4 为对创新型人才优点与缺点的具体分析。

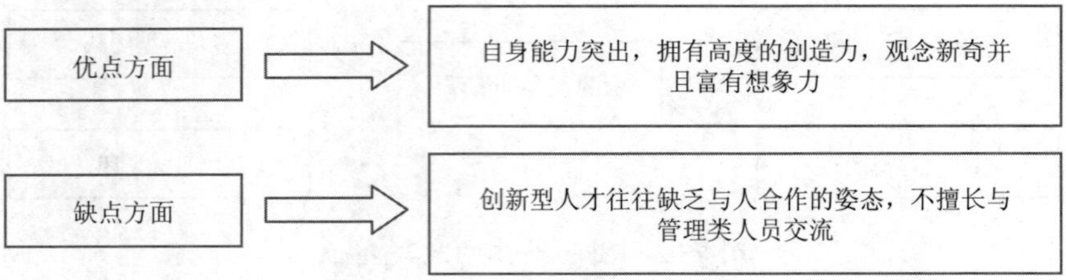

图 7-4　对创新型人才优点与缺点的具体分析

2. 信息型人才

图 7-5 为对信息型人才优点与缺点的具体分析。

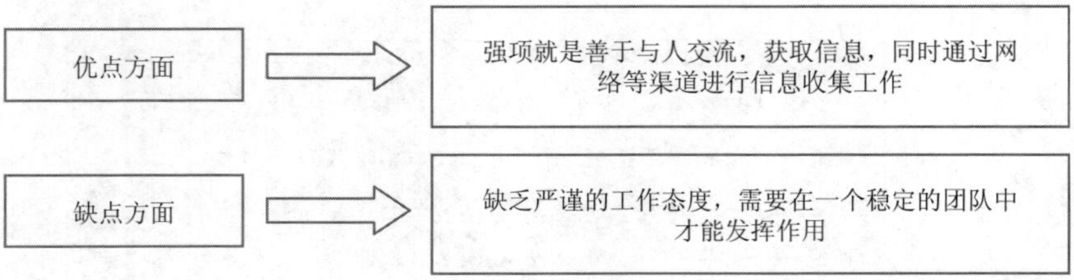

图 7-5　对信息型人才优点与缺点的具体分析

3. 管理型人才

图 7-6 为对管理型人才优点与缺点的具体分析。

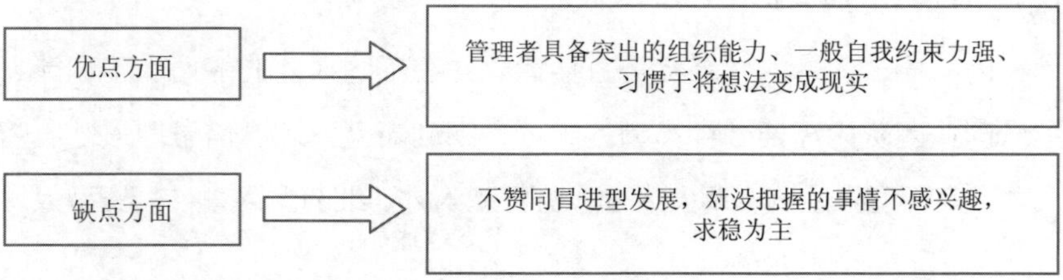

图 7-6　对管理型人才优点与缺点的具体分析

4. 实干型人才

图 7-7 为对实干型人才优点与缺点的具体分析。

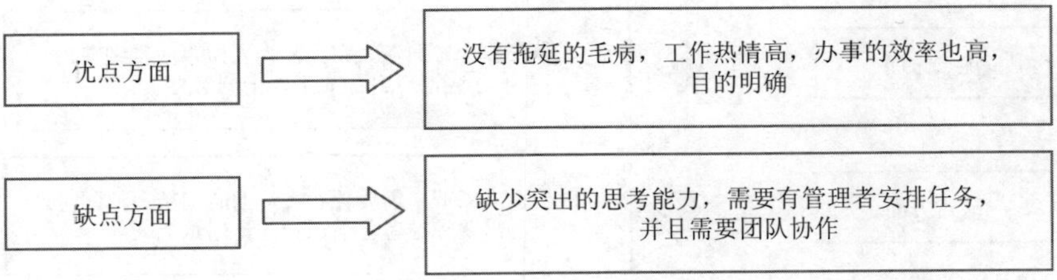

图 7-7　对实干型人才优点与缺点的具体分析

5. 协调型人才

图 7-8 为对协调型人才优点与缺点的具体分析。

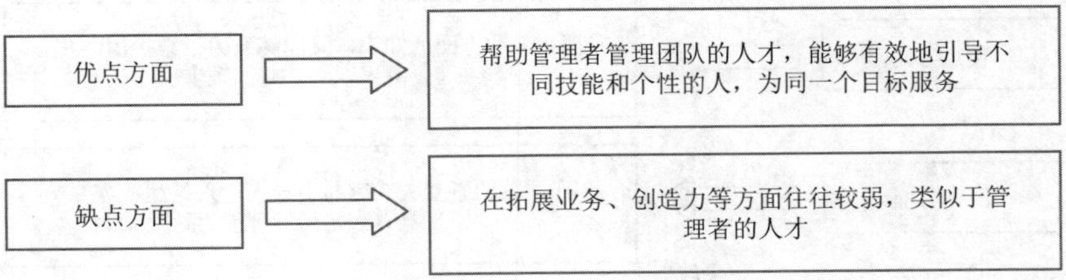

图 7-8　对协调型人才优点与缺点的具体分析

7. 监督型人才

图 7-9 为对监督型人才优点与缺点的具体分析。

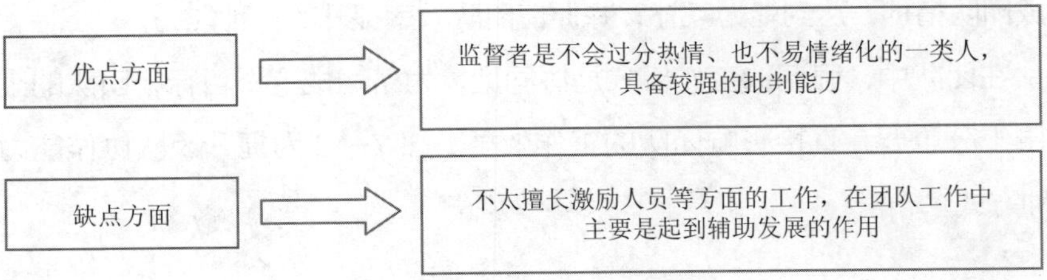

图 7-9　对监督型人才优点与缺点的具体分析

7. 细节型人才

图 7-10 为对细节型人才优点与缺点的具体分析。

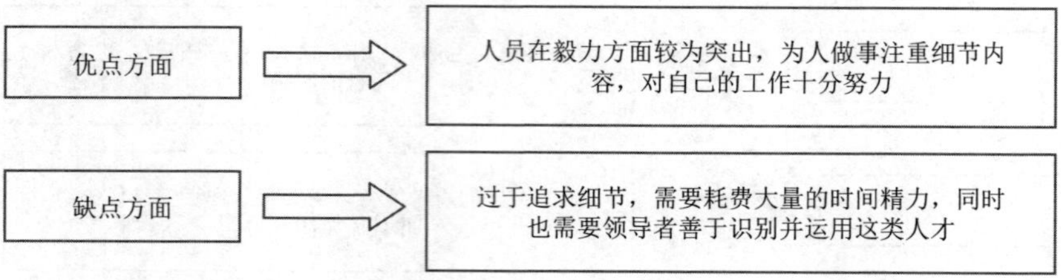

图 7-10　对细节型人才优点与缺点的具体分析

8. 凝聚型人才

图 7-11 为对凝聚型人才优点与缺点的具体分析。

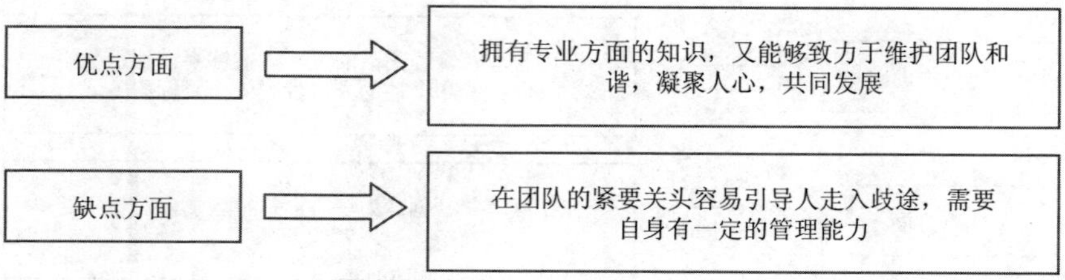

图 7-11　对凝聚型人才优点与缺点的具体分析

7.1.3　团队能力的全面性

团队能力的全面性就是指团队的协作能力，是以团队合作为基础，进而形成团队精神，达到能力互补，并促使团队效率提升的一种能力。

在团队中，强调的工作模式是协同型，为了达成这个目标，团队的工作氛围十分重要，直接影响团队的工作效果。图 7-12 为提升团队协作能力的 4 种方式。

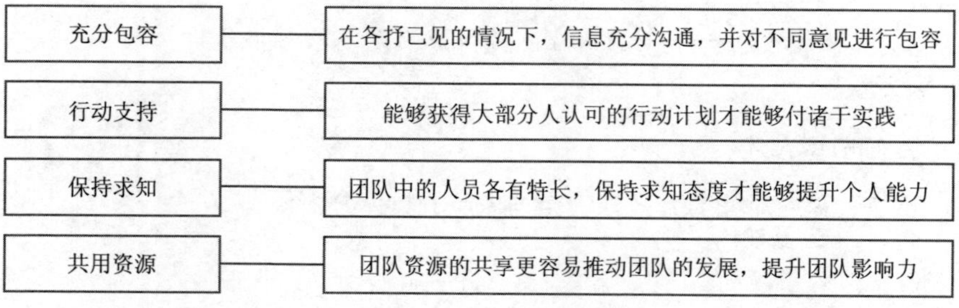

图 7-12　提升团队协作能力的 4 种方式

在团队的共同发展中还需要把握 10 个基本要素，即尊重、欣赏、信任、宽容、平等、诚信、沟通、热心、负责和坚持。

7.2 团队模式的管理介绍

下面根据具体的团队案例来分析商业计划书中的团队模式的管理介绍，介绍的内容主要分为 4 个方面。图 7-13 为管理介绍的实际内容。

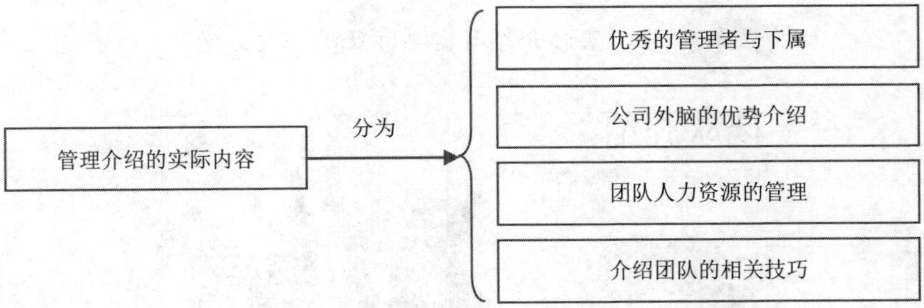

图 7-13 管理介绍的实际内容

7.2.1 优秀的管理者与下属

在介绍管理者和下属时，突出重点是十分有必要的，没有特色的内容是无法吸引投资人的。图 7-14 为商业计划书中对人员进行实际介绍时需要涉及的相关方面。

进行实际介绍时，往往也可以采用图片的方式来起辅助的作用，用于展示信息，通过直观展示的模式来让投资人更轻松地了解团队信息。图 7-15 为商业计划书中简单的团队介绍。

在对团队中的关键性人物进行介绍时，可以采用逐个介绍的方式。通常情况下团队中的关键人物不超过 3 个，大公司中的团队关键人物也不超过 7 个，便于投资人获取有效信息。

图 7-16 为商业计划书中对团队关键人物的介绍。

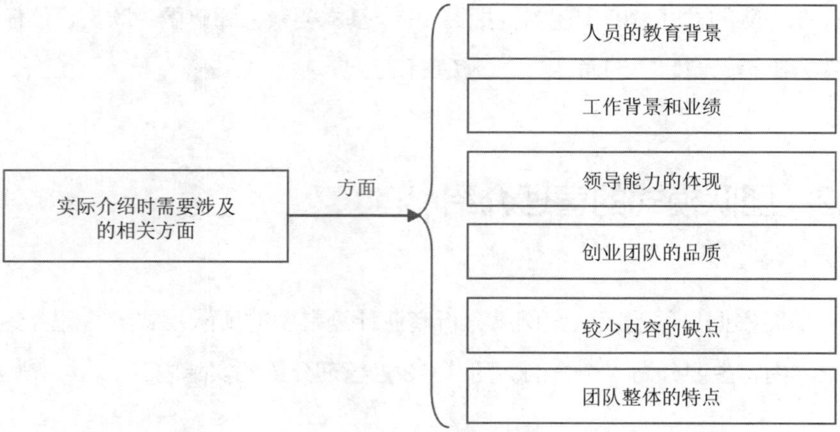

图 7-14　实际介绍时需要涉及的相关方面

图 7-15　商业计划书中简单的团队介绍

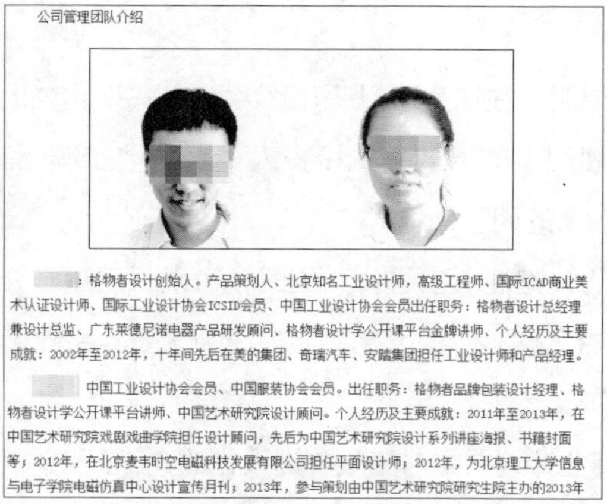

公司管理团队介绍

：格物者设计创始人。产品策划人、北京知名工业设计师，高级工程师、国际ICAD商业美术认证设计师、国际工业设计协会ICSID会员、中国工业设计协会会员出任职务：格物者设计总经理兼设计总监、广东莱德尼诺电器产品研发顾问、格物者设计学公开课平台金牌讲师、个人经历及主要成就：2002年至2012年，十年间先后在美的集团、奇瑞汽车、安踏集团担任工业设计师和产品经理。

中国工业设计协会会员、中国服装协会会员。出任职务：格物者品牌包装设计经理、格物者设计学公开课平台讲师、中国艺术研究院设计顾问。个人经历及主要成就：2011年至2013年，在中国艺术研究院戏剧戏曲学院担任设计顾问，先后为中国艺术研究院设计系列讲座海报、书籍封面等；2012年，在北京麦韦时空电磁科技发展有限公司担任平面设计师；2012年，为北京理工大学信息与电子学院电磁仿真中心设计宣传月刊；2013年，参与策划由中国艺术研究院研究生院主办的2013年

图 7-16　商业计划书中对团队关键人物的介绍

7.2.2 公司外脑的优势介绍

公司外脑是指除了内部人员之外，企业特意寻找的有利于公司发展的智囊人物或者智囊机构。公司外脑能够解决公司的问题，提升公司的竞争力。通过外脑的资源，公司能够拥有优秀的人才队伍，实现长期发展的战略计划。

较为常见的公司外脑主要有 6 种类型。如图 7-17 所示。

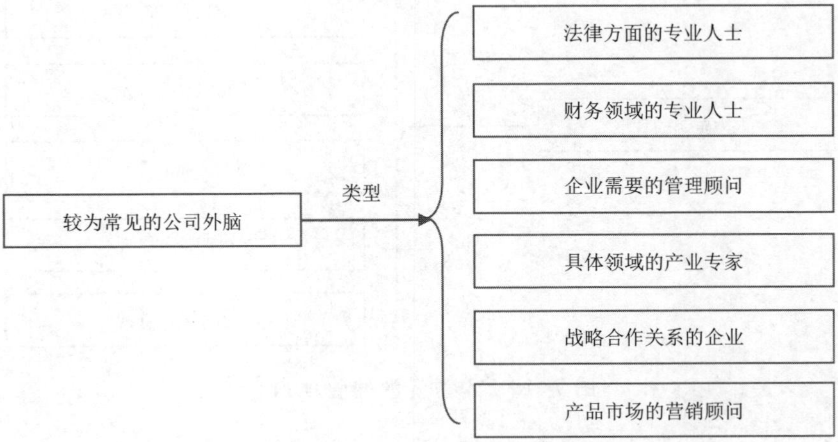

图 7-17 较为常见的公司外脑类型

图 7-18 为远卓管理顾问公司的官方主页，它就属于公司外脑类型中的管理顾问类型。

图 7-18 远卓管理顾问公司的官方主页

7.2.3 团队人力资源的管理

人力资源的管理是介绍团队时必不可少的内容，其内容主要分为 6 个方面，如图 7-19 所示。

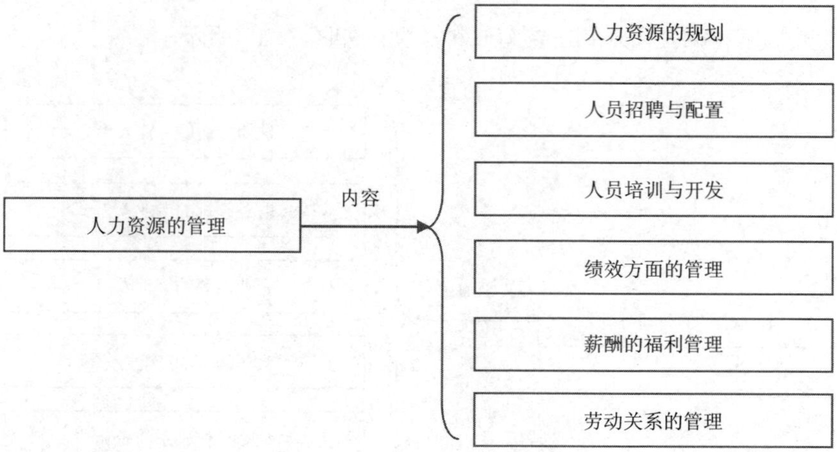

图 7-19 人力资源的管理内容

除了人力资源的管理之外，投资人也十分看重企业对人员的激励机制和约束机制。创作者在编写计划书时就需要将具体的激励和约束机制内容罗列出来，常见的激励与约束机制内容主要包括工资发放规定、职工持股计划、员工培训机会、红利分配要求、提升职业机会、市场规章约束、劳工协议合同、旅游休假激励、企业文化激励和职位要求约束。

7.2.4 介绍团队的相关技巧

在商业计划书中介绍团队时，可以采用 3 种不同的介绍技巧，分别是文字介绍、图文介绍和图解介绍。图 7-20 为商业计划书中的文字介绍模式。

文字介绍的优势就是详细具体，但是文字内容过于烦琐，所以比文字介绍更实用的介绍模式是图文介绍。图 7-21 为商业计划书中的图文介绍模式。

除了文字介绍和图文介绍之后，更简洁的介绍方式就是图解介绍，是以介绍职位的相关设置信息为主。图 7-22 为商业计划书中的图解介绍模式。

总经理：

1. 主持公司的生产经营与日常管理工作，组织实施董事会决议；2. 组织实施公司年度经营计划和投资方案；

3. 拟订公司内部管理设置方案；拟订公司的基本管理制度；4. 制定公司的具体规章；

5. 提请聘任或者解聘公司副经理、财务负责人；6. 公司章程和董事会授予的其他职权。

7. 定期向董事会提供生产计划书，在每个财务年度末向董事会作工作汇报，平衡协调各部门之间的关系。

营销部经理：

1. 负责公司总体的营销活动，决定公司的营销策略和措施，并对营销工作进行评估和监控，包括市场分析、广告、销售等、

2. 组织安排人员深入市场，了解相关企业的市场行情及有关的信息资料，了解公司用户的基本情况，及时反馈用户意见及需求信息。

人力资源部经理：

1. 负责对公司人员的聘用、培训、考核、奖惩等事务。

2. 结合公司的生产与经营目标，依据人力分析预测结果，合理分配各部门的人力；负责劳动合同的签订与解除；

3. 监督公司管理制度的实施；制定考勤制度。

图 7-20　商业计划书中的文字介绍模式

图 7-21　商业计划书中的图文介绍模式

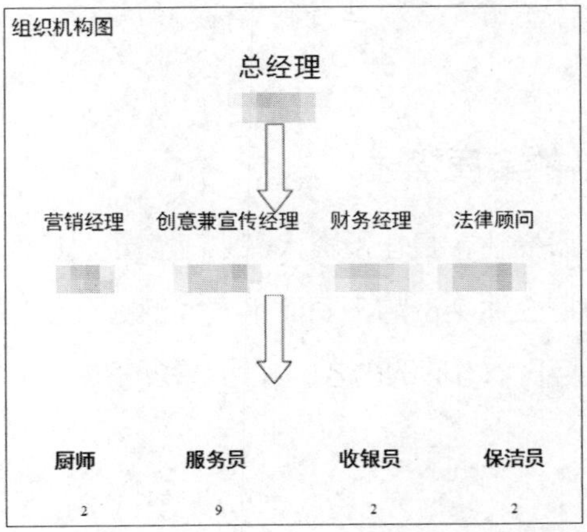

图 7-22　商业计划书中的图解介绍模式

7.3 具体的工作模式分析

在长达数十页的商业计划书中，编写者往往也会对具体的工作模式进行分析，并向投资人展示相关内容。具体的工作模式分析主要包括 3 个方面的内容，即工作内容的相关分析、工作内容的实质描述和工作内容的具体说明。

7.3.1 工作内容的相关分析

撰写工作内容分析除了能够更好地说服投资人之外，也对企业自身的发展有一定帮助。具体的工作内容分析的流程为分析企业生存需要做的事，并根据事务确定所需岗位、选择需要的人才的类型。除此之外，还需要做好早期的计划决策，完成详细的工作分析流程。

工作内容分析类似于一个企业发展的指南书，内容核心围绕 6 个方面进行，如图 7-23 所示。

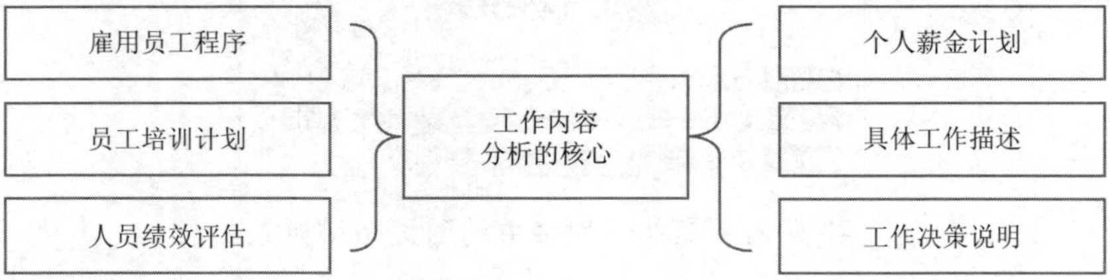

图 7-23 工作内容分析的核心

7.3.2 工作内容的实质描述

工作内容的实质描述，是让投资人深入了解企业运作模式的一个方面。内容的描述往往根据企业定位的不同而不同，但是流程基本一致。工作内容的实质描述主要包括 5 个方面的内容，如图 7-24 所示。

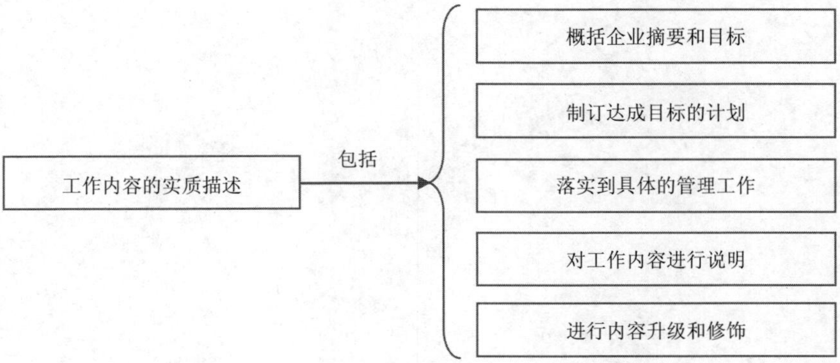

图 7-24　工作内容的实质描述

专家提醒：在工作内容的实质描述中，语言应当清楚、直接、简单，能够让阅读者快速了解企业的具体工作内容情况。为了全面地展现内容，工作内容的实质描述往往由管理者或者专业的顾问来完成。

7.3.3　工作内容的具体说明

工作内容的说明是用来让员工明白具体的工作是什么，也是让投资人了解企业发展的未来潜力。

在工作内容的说明中有多个重点需要展示，如工作所需的技术水平、工作所需的专业能力、工作经验的相关要求和员工的受教育水平等。

专家提醒：根据企业工作内容的不同，对其具体说明的详细程度也不是一样的。比如某个职位的出差要求、报告频率，或者某个渠道的资金投入使用情况等方面的内容在细节上都会有所差别。

第 8 章

盈利模式：打动投资人的中心要点

投资人不能不关心盈利模式，因为盈利模式直接决定了投资人是否能够从项目中获得利润。

本章主要从盈利模式的类型出发，介绍市场中常见的 8 种盈利的中心点，并结合商业计划书的要求，具体展示商业计划书中的盈利模式。

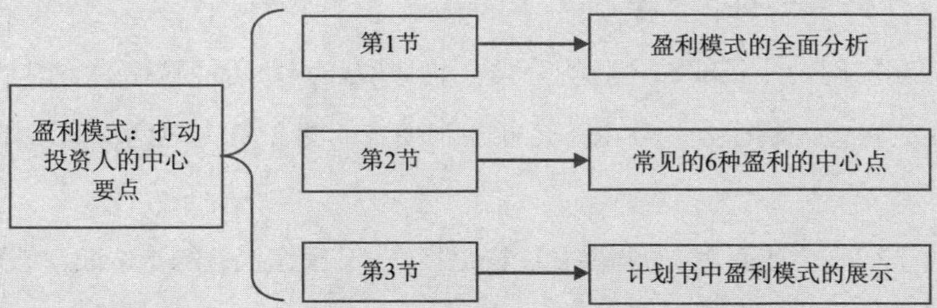

8.1　盈利模式的全面分析

盈利模式就是企业或团队如何获得利润的方式。盈利模式主要与 3 个方面的内容直接相关，如图 8-1 所示。

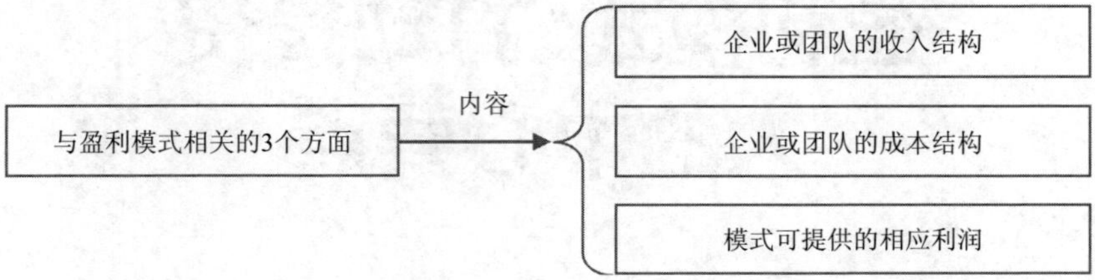

图 8-1　与盈利模式相关的 3 个方面

在市场经济中，盈利模式被普遍认为是企业或团队整合已有资源及合作者的资源，从而打造的一种实现利润、获得利润、分配利润的商业架构。

下面对盈利模式的全面分析主要分为 4 个方面的内容，即盈利模式的类型、传统模式的盈利、电商模式的盈利和团购模式的盈利。

8.1.1　盈利模式的类型

根据初创企业和成熟企业的分类，盈利模式分为两种简单的类型，分别是自发的企业盈利模式和自主的企业盈利模式。图 8-2 为对两种盈利模式的分析。

对于初创企业而言，盈利模式往往是自发的，根据企业的定位而自然形成，而随着企业的发展，盈利模式才会被明确地逐步建立起来。

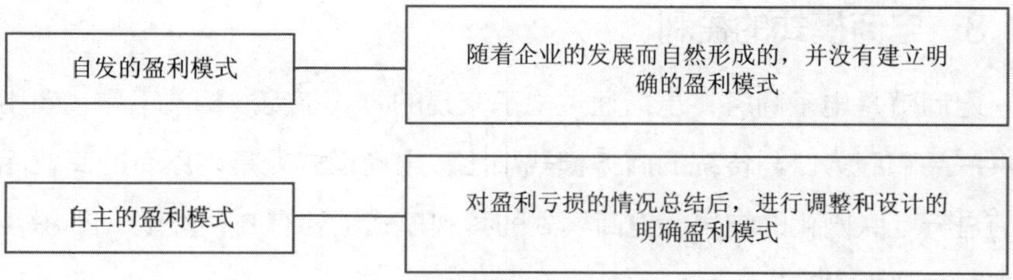

图 8-2　对两种盈利模式的分析

两种盈利模式的特点区分明显，自发的盈利模式的特点主要包括信息隐蔽性、内容模糊性、利润自发性、缺乏灵活性。而自主的盈利模式的特点则主要包括模式清晰性、内容针对性、相对稳定性和盈利灵活性。

8.1.2　传统模式的盈利

在传统模式中，企业盈利的方式大多类似，主要集中于少数的几种模式。

以家乐福零售连锁超市为例。家乐福零售连锁超市的传统盈利模式主要分为 5 种类型，都是以超市为中心。图 8-3 为对传统盈利模式类型的分析。

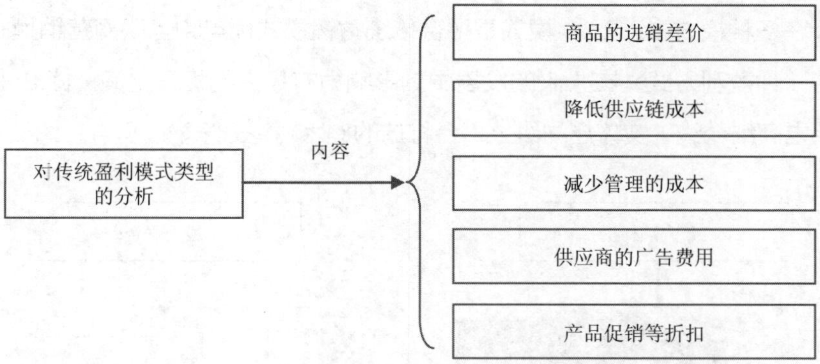

图 8-3　对传统盈利模式类型的分析

专家提醒： 尽管传统盈利模式依旧属于大众生活中常见的盈利模式，但是随着互联网化的发展，传统盈利模式在未来的生活中的影响力会逐渐降低。互联网带来的企业盈利模式将是未来的主流盈利模式。

8.1.3 电商模式的盈利

电商就是电子商务，是指通过电子交易的方式来完成相关工作，向用户提供产品和服务。与传统的商务模式相比，电商模式就是将原有的商业活动环节进行互联网化的结果。电商模式的盈利模式主要有 6 种类型，图 8-4 为对不同盈利模式的分析。

会员制度盈利	无论是对企业还是个人，会员制度都是电商盈利的主要来源
网络广告盈利	网络广告已经深入大众的生活，带来的盈利也是相当可观
竞价模式盈利	部分电商平台上也提供竞价模式，成为电商盈利的来源之一
多方合作盈利	合作共赢在电商中应用较为广泛，多方合作能够提升盈利
增值服务盈利	除了产品和原有服务外，通过提供其他服务的方式获得盈利
O2O模式盈利	结合线上与线下的销售方式，打造O2O模式获得更多盈利

图 8-4　对不同盈利模式的分析

在多种模式中，O2O 模式是融合传统营销模式优点和互联网营销模式优点的一种盈利方式，在未来的发展中其影响力有极大的提升空间。图 8-5 为淘宝电商结合线下实体店与线上平台打造的 O2O 模式概念。

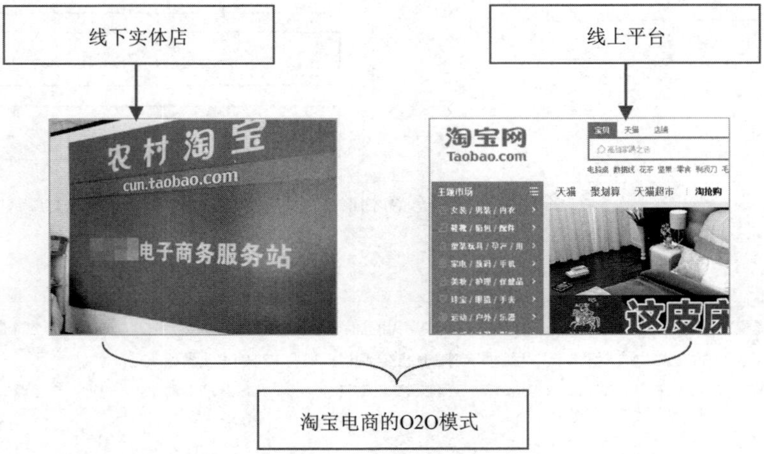

图 8-5　淘宝电商的 O2O 模式概念

8.1.4 团购模式的盈利

在盈利模式中，还有一种较为常见的模式就是团购。团购模式的核心就是薄利多销，当产品或服务的对象达到一定的预订数量时，商家就以低于正常水平的价格将产品或服务提供给消费者。

团购模式的成功，促使了互联网商业模式的改变，目前大部分电商平台上都会有团购模式，并作为产品营销的主要方式之一。

根据线上运作和线下运作的不同，团购模式分为两种模式。图 8-6 为对线上团购和线下团购两种模式的分析。

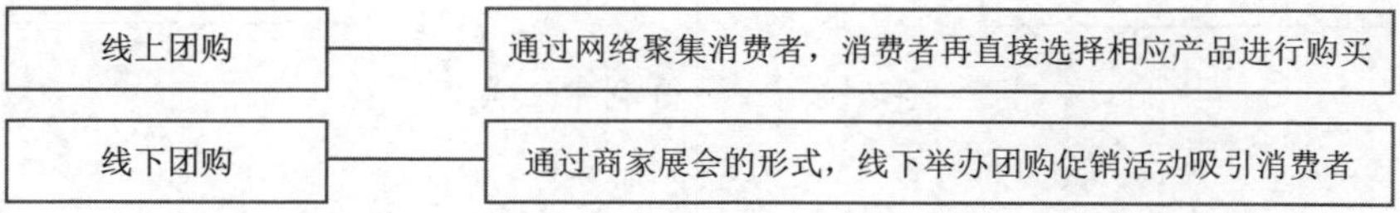

图 8-6　对不同团购模式的分析

图 8-7 为团购领域中较有影响力的美团网的官方主页。

图 8-7　团购领域中较有影响力的美团网的官方主页

8.2 常见的 6 种盈利的中心点

尽管盈利模式的表现形式各有不同，但是对于企业或团队而言，盈利的中心点是固定的，主要有 6 种盈利中心点，如图 8–8 所示。

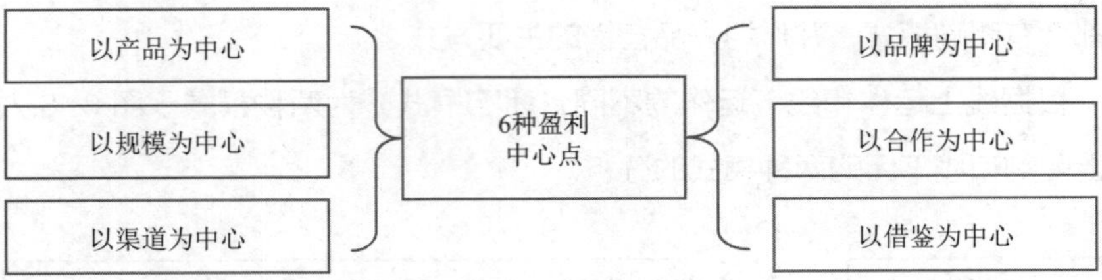

图 8–8 6 种盈利中心点

8.2.1 以产品为中心获得盈利

以产品为中心，就是致力于产品的质量、创新、性价比等方面的改进，通过提供更好的产品满足用户需求，从而获得更多的盈利。

图 8–9 为 iPhone XR 手机的宣传图，该图中重点突出了 iPhone XR 手机屏幕大、色域广等特点。

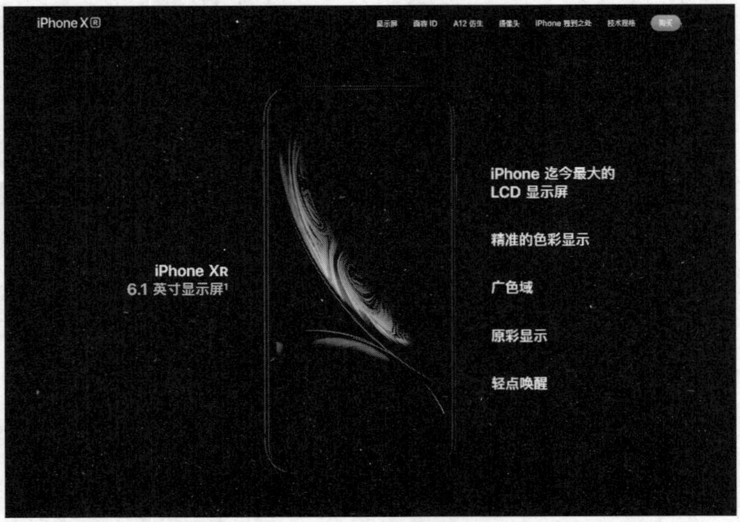

图 8–9 iPhone XR 手机的宣传图

8.2.2 以规模为中心获得盈利

拓展产品的规模，比如线上与线下的结合，同时实现跨行业发展战略，打造更大的产品规模，实现更大的销售利润。

图 8-10 为恰恰和春纪合作推出的“瓜子脸”面膜的相关图片，是双方跨界合作之后推出的产品。

图 8-10 “瓜子脸”面膜的相关图片

8.2.3 以渠道为中心获得盈利

在传统渠道中，多级分销商会减少商家的利润，而互联网打造的新兴网络渠道减少了传统销售的复杂程度，从而提高了盈利水平。

图 8-11 为当当网平台上《三体》书籍的商品搜索界面，其中标注的“当当自营”就是表示此类商品由当当网直接销售给用户，而不是分级销售。通过这种方法，当当网节省了资源和开支，提高了产品盈利。

图 8-11　当当网平台上《三体》书籍的商品搜索界面

8.2.4　以品牌为中心获得盈利

善于利用品牌的影响力，也是提升盈利的一个方法。对于已经形成品牌效应的企业而言，品牌能够使产品的销售变得更容易。

图 8-12 为六个核桃的产品海报，其打造的“经常用脑、多喝六个核桃”的品牌诉求深受大众认可。

图 8-12　六个核桃的产品海报

8.2.5　以合作为中心获得盈利

合作共赢是常见的扩大产品影响力的手段，也是提升产品盈利的重要方式。两个或多个品牌将各自的产品通过某个销售卖点联合起来，达到以原有的销售方式无法达到的盈利效果。

图 8-13 为高露洁与狮王两个品牌的联合营销海报。

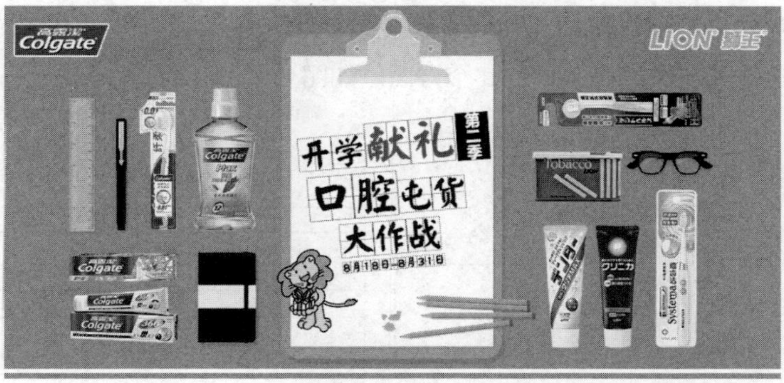

图 8-13　高露洁与狮王两个品牌的联合营销海报

8.2.6　以借鉴为中心获得盈利

借鉴产品设计在互联网时代是较为常见的，尤其是对于初创企业而言，学习其他产品的优点并转化为已有，同样是获得盈利的一种方式。需要注意的是，在借鉴的同时，产品必须有一定的创新。

图 8-14 为某款产品在设计上的借鉴表现。

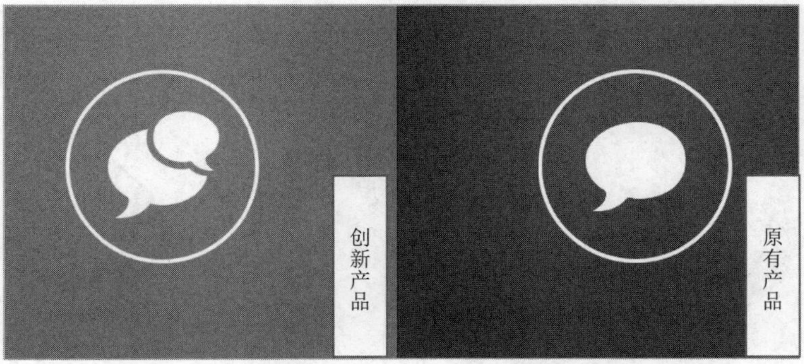

图 8-14　某款产品在设计上的借鉴表现

8.3　计划书中盈利模式的展示

盈利模式必须要直接清楚地展示在商业计划书中，才能够获得投资人的关注，越详细、越真实的盈利模式越容易获得投资人的认可。在商业计划书中盈利模式的写作技巧主要有 3 个方面。如图 8-15 所示。

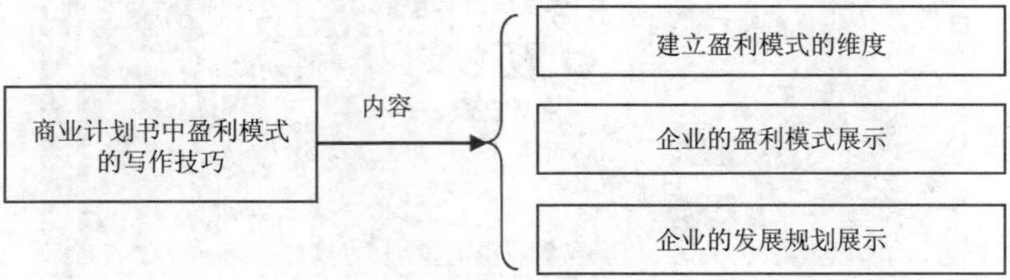

图 8-15　商业计划书中盈利模式的写作技巧

8.3.1　建立盈利模式的维度

对于商业计划书的编写而言，如果对于公司或团队的盈利模式并没有深刻的认识，就可以从建立盈利模式的多个维度方面逐步进行分析，并根据实际情况编写出相关内容。

图 8-16 为建立企业盈利模式的 4 个维度。

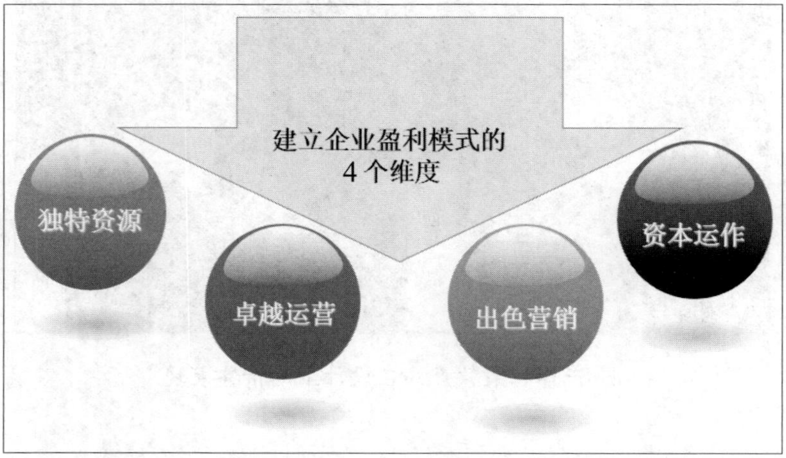

图 8-16　建立企业盈利模式的 4 个维度

8.3.2　企业的发展计划展示

体现企业的发展计划往往是推出企业盈利模式的基础条件，没有长期的发展计划展示，盈利模式就属于空穴来风。

图 8-17 为某商业计划书中的发展计划的相关内容。

第一个阶段：市场调研，分析问卷，了解客户需求；

第二个阶段：确定货源，开发客户；

第三个阶段：进驻淘宝商城，实体店开张；淘宝网开店

第四个阶段：宣传推广；

第五个阶段：网店及实体店进入正轨运营；

第六个阶段：开发自己的网站；

第七个阶段：将网店做大做强。

图 8-17　某商业计划书中的发展计划的相关内容

8.3.3　企业的盈利模式展示

企业的盈利模式以企业的发展计划为基础，具体盈利内容根据企业类型的不同而不同。图 8-18 为某网络店铺的商业计划书中的盈利模式分析。

买一件应季的衣服，采用传统的途径解决问题，需要空出专门的时间，到商业区进行逛，挑，试，买几个动作，当然如果后续不满意还要加上个退的环节，从这个方面来说，要买这件衣服所花的除了标签上标的价格之外，还要花费时间成本，交通成本等等，劳心劳力；而相对于网购，点击鼠标，半个小时完成挑选对比，除了不能试穿，全部搞定，可以安心等待衣服上门，而且价格绝对是要比商城里便宜得多（因为不必支付商城的物业，人员，广告等成本的均摊。）可谓既省时间，又省金钱。

同时令顾客担忧的依然是信誉问题，因此我们的营销模式将采用实体店加网店同时运营，这样我们网店在网上的信誉将得到极大提高。

图 8-18　某网络店铺的商业计划书中的盈利模式分析

第9章

营销计划：尽全力赢得客户的资金支持

在互联网时代，没有营销的助力，企业就无法快速扩大其影响力，也就无法吸引投资人的注意力。

本章从营销的多种策略出发，深入剖析不同策略的重点和内容，围绕营销的形式特点、内容展示和实战案例等方面进行。

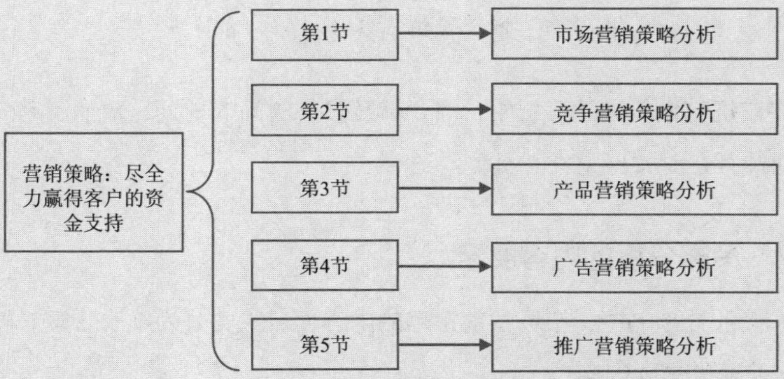

9.1 市场营销策略分析

市场营销策略的重点在于产品上市前期对市场的分析，并根据相关条件推导出适用的营销策略。市场营销策略是企业的管理与运营过程中至关重要的一部分，企业需要在了解市场营销的基础上，提出市场营销的设想、对营销进行整体的规划，并构建市场营销策略，从而实现最终的营销目标。

9.1.1 市场营销的形式特色

市场营销的目标是为了满足消费者或用户的直接需求，从而根据市场条件来提供相应的产品或服务的活动，市场营销策略分析的内容以市场营销为核心，其内容特点主要分为 6 个方面，如图 9-1 所示。

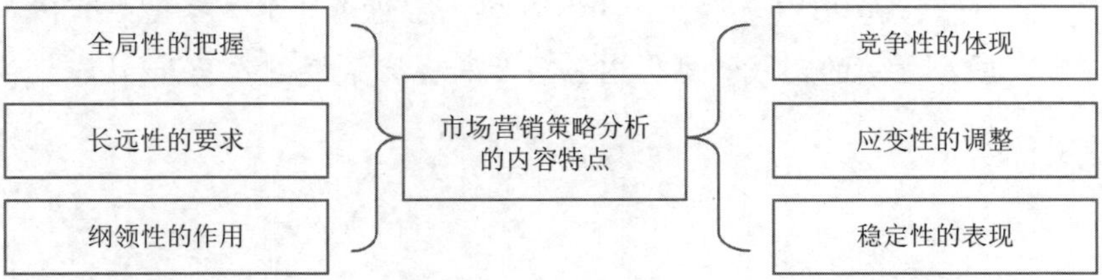

图 9-1　市场营销策略分析的内容特点

在市场营销策略的分析中，需要涉及具体时间的规划、营销策略的调整以及可能存在的激烈竞争等因素。

9.1.2 策略分析的内容展示

在商业计划书中，市场营销策略的内容展示主要分为 3 个步骤。图 9-2 为各个步骤的主要内容。

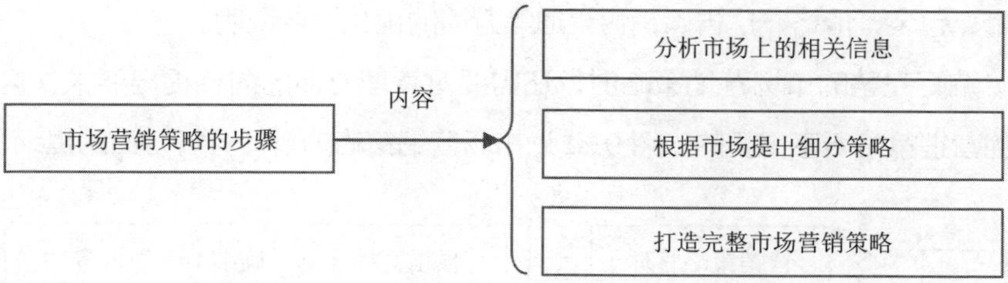

图 9-2　市场营销策略步骤的主要内容

1. 分析市场上的相关信息

分析市场上的市场结构、消费者及竞争者的相关信息，来确定营销的目标和长期计划。在此过程中，我们需要做的就是先收集并分析市场信息、调查市场营销的特点，并对已有的市场资源情况进行评价，从而选择市场营销的突破口，打好市场营销策略的基础。

2. 根据市场提出细分策略

对于需要通过商业计划书进行融资的企业或团队而言，往往没有足够的资本对整个市场进行营销，而是选择细分的产品市场作为突破口进入市场。在市场营销策略分析中，编写者就需要向投资人清晰地展示企业或团队的市场细分策略。

图 9-3 为市场细分策略中常见的重点内容。

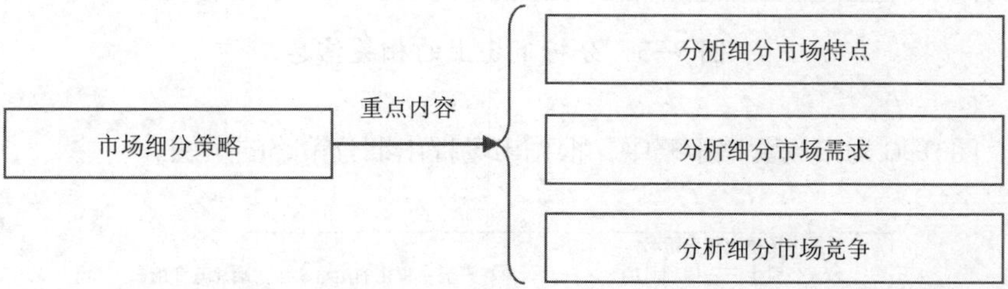

图 9-3　市场细分策略中常见的重点内容

3. 打造完整市场营销策略

在完整的市场营销策略中，往往涉及多个细分的营销策略领域，比如产品策略、价格策略、渠道策略和促销策略等，这些细分的营销策略组成了完整的市场营销策略。在商业计划书的具体内容中，还包括企业或团队对产品质量、包装、价格、广告、销售渠道等方面的优化组合说明。

编写完整的市场营销策略时，还需要对管理方面的内容提出要求，这是其他营销策略所不需要的。图 9-4 为市场营销策略的管理分析方面的提纲。

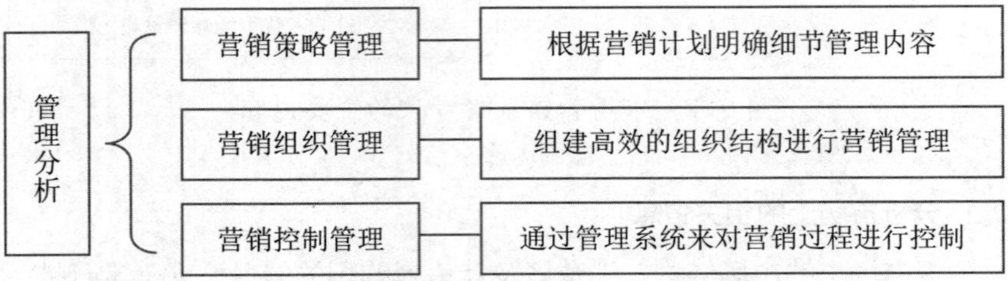

图 9-4　市场营销策略的管理分析方面的提纲

9.1.3　市场营销策略的案例

图 9-5 为市场营销策略中，分析市场上的相关信息的案例。

分析市场上的相关信息

××地区的××产品市场开发程度较低，但随着市场的需求加大，××市场成了社会经济不可分割的重要部分。

××品牌与××品牌竞争的格局下，××地区的××市场中存在的产品较多，比如××、××、××等，品种样样齐全，共有 10 大类主流产品。到 2015 年年末，××地区的产品年产量已达到 1000 万吨，其中××约占总量的 20%左右，××约占 30%左右。

××品牌采用的主要是无差异市场策略，目标客户显得比较广泛。从 2016 年开始，××品牌把产品消费者集中到××群体身上，相关广告文案内容以活力充沛的健康××群体为主。

图 9-5　分析市场上的相关信息

图 9-6 为市场营销策略中，根据市场提出细分策略的案例。

根据市场提出细分策略

××公司生产不同种类的××产品，采取产品多样化的策略来应对瞬息万变的市场，在细分市场的选择上，每种产品都有其特定的消费群体。

某某产品——××公司最畅销的产品，主要成分是××、××、××以及含量不足 2%的神秘配方，目标市场为忠实消费者，年龄层包括儿童、年轻人至中年人。

某某产品——新推出的××型产品，晶莹透明的液体给人××的感觉，目标市场为追求刺激、个性、冒险的××年轻群体，喜欢××味和××味的大众。

某某产品——成功地将××味和××味完美地结合在一起，形成独具一格的××口感，成为××公司进入××市场的生力军，产品的目标市场主要为喜爱新鲜事物的消费族群。

图 9-6　根据市场提出细分策略

图 9-7 为市场营销策略中，打造完整市场营销策略的案例。

打造完整市场营销策略

××公司的定价策略普遍采用××模式定价，将××或××、××等合理搭配，适当调低价格，达到促销产品的目的，同时也使××速度得到大大提高。

××策略较典型的是××套餐，总之就是给消费者一点优惠，用优惠让利吸引消费者，吸引消费者不断地购买，继而提高顾客的××速度，提升产品的营业额，最终目的就是增强竞争力。

××公司的广告定位非常明确，或者是针对××，或者是针对××，广告画面清新明丽，通过表演者的表演传达出××信息。在营销策略上，××运用多种灵活的促销方式来拓展××市场，比如说节日促销，或者在生日宴会上促销等。

图 9-7　打造完整市场营销策略

9.2　竞争营销策略分析

竞争营销策略主要是针对竞争对手的信息进行对比分析，从而提出产品的差异化来获得市场，进而推出适合自身发展的营销策略。

在市场中必然会存在竞争对手，而竞争对手又抢占着大量的市场资源，这势必会影响到我们自身的发展。因此，我们需要对竞争对手的营销细节进行必要的分析，从而推出有潜力的营销策略。

9.2.1　竞争营销的形式特色

在竞争对手的类型方面，行业或团队根据发展定位的不同而存在不同的竞争对手。图 9-8 为竞争对手的 4 个主要来源。

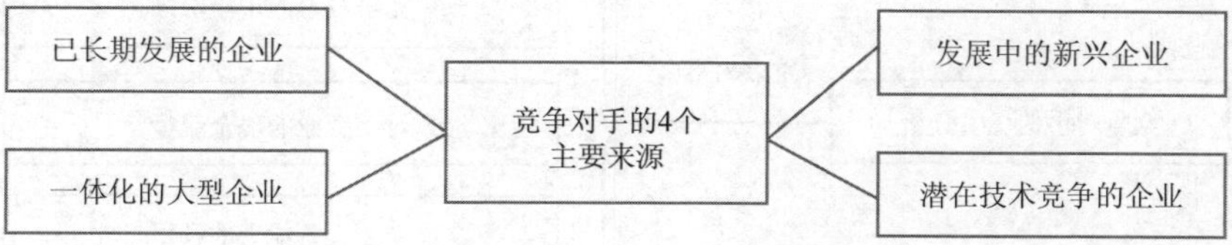

图 9-8　竞争对手的 4 个主要来源

竞争营销策略的内容核心在于对对手的营销方式进行分析、了解对手的策略，从而制定符合自身企业或产品的发展之路。图 9-9 为竞争营销策略分析的内容的特点。

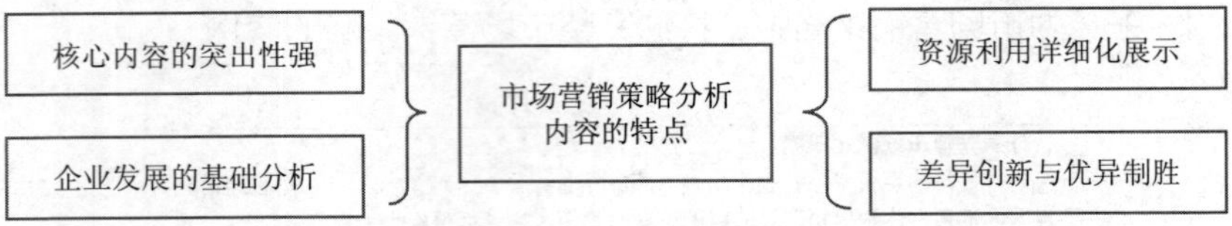

图 9-9　竞争营销策略分析内容的特点

9.2.2　策略分析的内容展示

在商业计划书中，竞争营销策略的内容展示主要由 3 个步骤来完成，下面笔者将进行具体的解读。

1. 信息收集与整理分析

竞争营销策略中主要的内容来源就是收集信息，通过信息再进行具体分析。收集竞争对手的相关信息主要有 10 个来源，即对手的广告、年度报告书、公司的历史、季度报告书、产品说明书、销售员反馈、行业出版物、供应商评价、管理者演讲和专家的意见。

2. 对竞争对手的优劣分析

对竞争对手的优劣分析就是将对手的产品进行分解分析，提炼出其优势和劣势，从而更好地指导自身企业的发展。

图 9-10 为对竞争对手的优劣分析的重点内容。

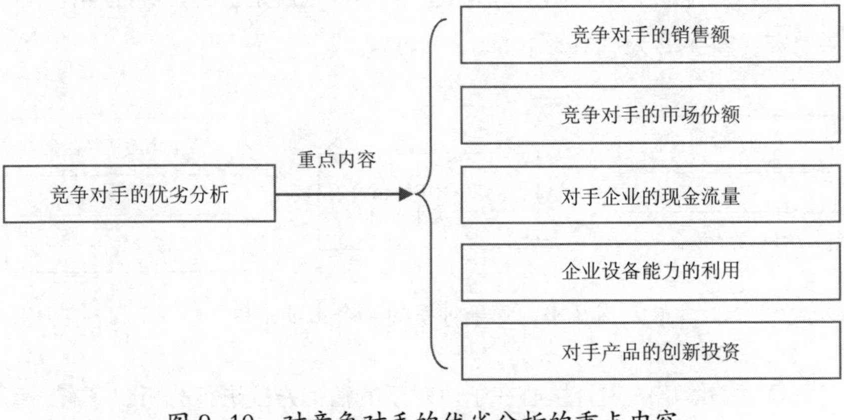

图 9-10　对竞争对手的优劣分析的重点内容

3. 对竞争对手的发展分析

预测竞争对手的发展，能够让自身企业的发展占据制高点，从而有效地把握产品市场的发展趋势，实现产品先发制人的效果。对竞争对手的发展分析往往是商业计划书中不被重视的内容，但是其直接影响企业或团队的未来发展的实际效果。

图 9-11 为对竞争对手的发展分析中的核心内容。

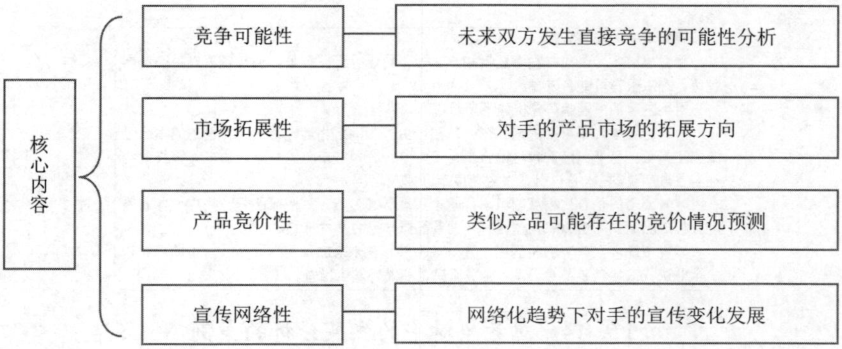

图 9-11　对竞争对手的发展分析中的核心内容

9.2.3　竞争营销策略的案例

图 9-12 为竞争营销策略中，信息收集与整理分析的案例。

> **信息收集与整理分析**
>
> 为了更全面地了解和分析对手的竞争战略，××企业根据××行业的自身实际，选定了竞争规模、技术创新、市场开拓、人力资源、持续盈利、偿债能力、资产运营、持续发展八个方面的内容进行比较分析，重点搜集相关信息，并通过数值的方式表现，直接判断目前状况。
>
> 在主要的八个方面内容分析中，每个方面又分为了 3 至 6 个不同的指标，通过这些细化的最重要的比较内容，能够全面涵盖各个领域的竞争力对比点，最终实现的数据搜集目标明确。
>
> 通过对竞争对手半年的数据信息搜集，比较的结果显示，八个指标中××能力与××能力的分值，都是 25 分，同时××能力与××能力相对较弱，只维持在较低的分数水平上。

图 9-12　信息收集与整理分析的案例

图 9-13 为竞争营销策略中，对竞争对手的优劣分析的案例。

> **竞争对手的优劣分析**
>
> 从相关数据的反馈进行具体分析，××公司与××公司的差距主要体现在××与××管理上。
>
> 除此之外，××方面的不足更体现在××业务方面，直接影响产品利润。目前，××地区几乎 50%的高端××品种都被××公司所垄断。××公司生产的××系列品牌，仅在××地区的中、低端市场有一定的销售额。此外，在××产品方面，××企业与××公司的实力差距相当明显。

图 9-13　对竞争对手的优劣分析的案例

图 9-14 为竞争营销策略中，对竞争对手的发展分析的案例。

> **竞争对手的发展分析**
>
> 尽管目前××公司并没有直接和××等公司进行正面竞争，但是随着对手的发展趋势，未来很有可能会碰撞。
>
> 对手主要的发展趋势分析如下所示：
>
> ××企业中几乎所有的成品××站都已由××网络相连，其××方面的成本已经降到了最低。另外，随着科技的进步，三大××公司在未来的每年中，××销售量会达到各自产量的 1.5 倍以上，发展速度十分惊人。
>
> ××公司的信息化程度相当高，基本实现了××与××便捷服务，其中××业务的直接成品利润高达 80%，同时××业务等概念已经基本成熟。
>
> 随着市场发展趋势的明显化，竞争对手必将在未来的几年内开拓××市场，和××企业进行直接竞争，对于××企业而言，要做好防御准备。

图 9-14　对竞争对手的发展分析的案例

9.3　产品促销策略分析

产品促销策略的核心在于促销活动的形式，促销是为了达成促进某种商品或服务的销售目标，因而进行降价等活动。根据促销策略的不同，促销活动又可分为多种不同的模式。关于促销活动的模式，笔者将在下面进行具体的解读。

随着市场竞争环境的加剧，要想提高商品和服务的销售量，企业和商家提升自身的影响力，并推出产品促销策略，从而吸引更多目标消费者，达到实现最终营销目标的目的。

9.3.1　产品促销的模式特色

促销活动的模式多种多样，常见的产品促销模式主要分为 4 种，下面，笔者将进行具体说明。

（1）价格促销。如提价打折、限时抢购、一元促销、临时调价、阶段价格、降价打折、店庆打折、套餐打折等。

（2）节日促销。如春节促销、清明促销、端午促销、中秋促销、圣诞促销、妇女节促销、情人节促销、教师节促销等。

（3）奖品促销。如中奖折扣、中奖返现、满额减免、满额送礼、开盖有奖、活动送礼、抽奖送礼、入店有奖。

（4）广告促销。如现场广告、暗示效应、品牌广告、对比广告、名人广告、用户作证、借力广告、联合广告等。

并不是所有的企业都会采用产品促销的方式来推动企业的影响力，但是在一些行业中采用产品促销的方式是非常常见的，如手机数码、食品、办公用品、服装、家居、服务、娱乐、旅游、医药和零售等行业。在商业计划书中，创作者可以根据行业的特点来确定是否提出产品促销的策略。

9.3.2 策略分析的内容展示

根据产品的特性，在商业计划书中的产品促销策略可以进行详细表述也可以一笔带过。如果是详细表述，那么从全面性的要求出发，还需要对产品的促销活动具体细节进行简单说明。

促销活动内容应包含 5 个方面的信息，即活动的时间地点、活动的相关对象、活动的主题意义、活动的目的效果、活动的流程安排。

9.3.3 产品促销策略的案例

图 9-15 为产品促销策略中，活动的流程安排的案例。

> **活动的流程安排**
>
> 1．××购物可参加此次幸运顾客免单抽奖活动，幸运者能够成为××商城的免单者，享受商城购物不花钱的幸运之旅。请您在当天活动结束之后，登录商城网站或关注商城微信公众号，查询是否中奖；
>
> 2．凡在活动期间在××超市及××超市购物金额满 38 元以上（含 38 元）的用户均可参加。消费金额每增加 50 元可以增加一次抽奖机会，获得送出的礼物，最多限抽三次；
>
> 3．凡在××百货及××超市参加本次活动，在专柜购买满 500 元以上（含 500 元），均可以立减 200 元，满 1000 元立减 500 元，以此类推，多买多减。单张收银小票不能累计，只可在同一专柜累积消费金额。

图 9-15　活动的流程安排的案例

图 9–16 为某公司的促销广告宣传海报。

图 9–16　某公司的促销广告宣传海报

9.4　广告营销策略分析

通过广告对企业或产品进行宣传，是较为常见的一种营销策略。因为消费者可以接触到的产品信息比较有限，所以，很多产品难以获得足够多的消费者。因此，企业和商家需要通过必要的广告宣传，提升产品的影响力和知名度，扩大产品的受众基础，从而达到促销的目的。

9.4.1　广告营销的形式特色

企业或产品的广告营销根据广告目标的不同，而分为了多种不同类型的广告。图 9–17 为与企业或产品相关的营销广告类型。

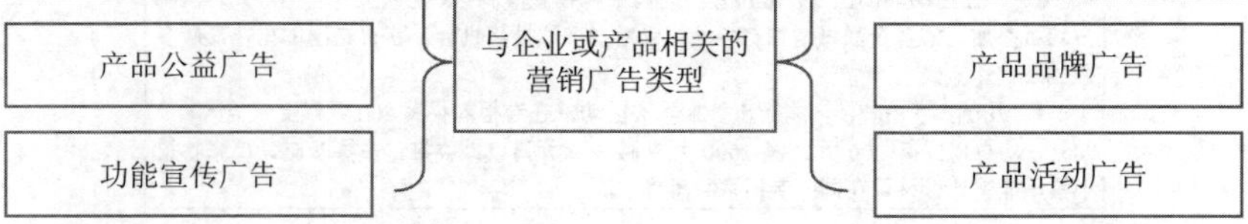

图 9–17　与企业或产品相关的营销广告类型

在商业计划书中，广告营销策略的内容主要围绕 3 个中心点进行，即产品信息、服务信息和相关的广告预算。

9.4.2 策略分析的内容展示

在广告营销策略的内容中包含的 5 个方面信息，即分析产品的信息、分析产品的受众、分析广告的内容、分析广告的形式和分析广告的效果。

在具体的营销广告中，为了符合用户的需求和阅读习惯，还需要注意 4 个写作要求，如图 9–18 所示。

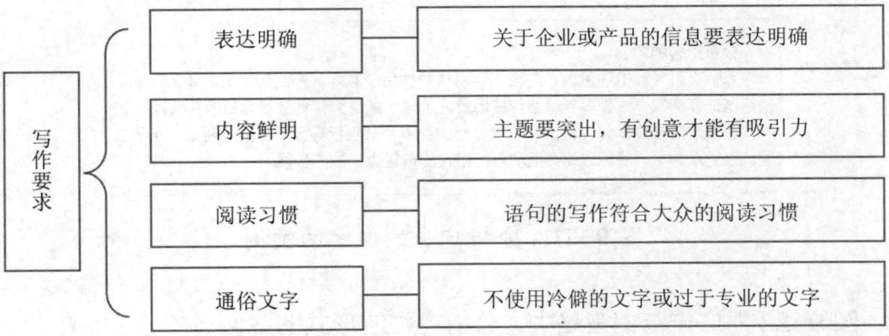

图 9–18　营销广告的 4 个写作要求

9.4.3 广告营销策略的案例

图 9–19 为广告营销策略中，分析产品的信息的案例。

分析产品的信息

产品信息分析上，××集团的产品主要有六大特色，如下所示。

1. 为××用户提供无限的创造空间；
2. 适合不同性别的孩子；
3. 产品没有时间限制；
4. 容易吸引孩子的注意力；
5. 无数种游戏方式；
6. 提升孩子的创造能力。

图 9–19　分析产品信息的案例

图 9–20 为广告营销策略中，分析产品的受众的案例内容。

分析产品的受众

××产品的消费者和使用者很多情况下分离的，特别是适合 15 岁以下儿童的××产品，主要由家长购买，由孩子使用。目标受众定位为购买力较强的 30 岁左右，受过良好教育、有稳定工作、收入较高的人群。

重点分析消费群体，其生活独立、自主，可以支配自己的收入，疼爱孩子，关爱孩子的成长和未来，愿意为孩子投入金钱和时间。这些人是××产品消费的主要对象，其作用主要是作为礼物，××公司的产品符合礼物的相关需求。

从综合出发，××产品既要投孩子们所好，也要赢得其父母的心。

图 9-20　分析产品的受众的案例

图 9-21 为广告营销策略中，分析广告的内容的案例。

分析广告的内容

为了吸引××的注意力，广告内容可以根据每一款××产品的附加故事入手，比如西游记有洞穴、沙丘等各种各样的场景；星球大战系列有星战基地和战斗机等。

在××广告的具体内容上，可以推出的故事系列包括寻宝、探险、科幻、王子公主，也能以赛车、基地、球类活动等策略性的布置为主的广告展示。

图 9-21　分析广告的内容的案例

图 9-22 为广告营销策略中，分析广告的形式的案例。

分析广告的形式

××公司的广告创意主要分为三个方面的内容：第一是根据季节的不同，推出每一季的不同系列，直接将产品特性展现在广告中；第二可以和一些儿童节目联手开展比赛；第三开发符合当地特色的××产品，减少代入感。

图 9-22　分析广告的形式的案例

图 9-23 为广告营销策略中，分析广告的效果的案例。

分析广告的效果

广告效果预测主要是检验广告活动是否取得了预期效果，根据相关反馈信息可以进行以后的广告策划。在具体的内容上，主要设定以下标准：

1、广告是否开发了新的受众需求市场，对原有市场进行了扩容；

2、广告是否激发潜在用户的购买欲望，有效地引导购买行为；

3、广告是否提升了自身企业在销售市场中的直接占有率。

图 9-23　分析广告的效果的案例

9.5 推广营销策略分析

产品的营销与推广是一个整体，在商业计划书中，如果没有体现推广的渠道分析信息，那么在实际中的营销计划就无法获得有效地实现，这样的商业计划书也就不可能获得投资人的认可。

推广营销策略中常见的渠道推广方式主要有 3 种，即分销渠道推广、媒体渠道推广和 App 渠道推广。

9.5.1 分销渠道推广

分销渠道是指产品在销售的过程中，需要直接或间接经过的途径。产品进入销售时期之后，产品被提供给中间的代理商，而产品也由此进入了分销渠道的起点。而产品要真正到达终端消费者手中，还得流经多层次的分销渠道。

在商业计划书中，确定和选择分销的渠道推广模式是核心内容。在分销渠道推广的内容中，需要充分考虑到产品本身的特点、市场容量的大小和需求面的宽窄等问题。常见的分销渠道推广主要有 3 种类型，即本地多层次合作分销、异地多层次合作分销和与其他公司合作分销。

图 9-24 为推广营销策略中，分销渠道推广的案例。

本地多层次合作分销

作为依托××资源的××市场，本地××是项目成功的关键。从实际情况而言，本地××的购买热情不高，出现观望情绪。选择本地分销方案的模式，在接下来的××过程中，要加大对××的优惠力度，要从××价格、××位置、××宣传等多方面给予资源支持，强化本地××的信心。

异地多层次合作分销

在××阶段，××项目的××宣传基本都以××地区为主，包括下辖的××客户。根据分销的需求，在接下来的××过程中，开始采用××的模式，即由××部派出××团队，在××地区设立接待处，并执行分销推广。

与其他公司合作分销

在××部门进行××销售的基础上，通过引进××公司合作销售，首先选择××、××等地区销售，在合作分销的过程中，要注意避免中间环节，并由××部进行统一的管理协调。

图 9-24　分销渠道推广的案例

9.5.2 媒体渠道推广

媒体渠道推广的方式是最为常见的推广，因为媒体信息能够直接影响受众，所以，媒体往往存在于大众的聚集地。而媒体传播信息要想获得更好的效果，实现媒体推广的价值，还要重点提高媒体的覆盖率和影响力。

在目前的媒体渠道中，可用于推广的渠道主要分为传统媒体渠道和互联网媒体渠道 2 种类型，其中互联网媒体渠道是未来的主流推广方式。

常见的互联网渠道推广方式主要有 10 种，即博客推广、问答平台推广、门户网站推广、百度贴吧推广、交友社区推广、微信宣传推广、软文推广、搜索引擎推广、事件热点推广、网络口碑推广。

媒体渠道推广如果按照承载信息的介质进行分类，可以分为 6 种，即电视媒体推广、电台媒体推广、报纸媒体推广、杂志媒体推广、网络媒体推广和户外广告牌推广。

图 9–25 为推广营销策略中，媒体渠道推广的案例。

媒体渠道推广

1. 网络推广媒体

优点：互联网与三大传统媒体不同之处显而易见，在形式上集三大传统媒体的诸多优势为一体，属于新时期的数字化媒体。效果上具有全球性、时效长、开放性、互动性、即时性等优势。

2. 电视广告媒体

优点：媒体信息传速比较迅速，广告信息的覆盖面较广，内容的普及性强，易于受众接受。

3. 杂志广告媒体

优点：广告的对象较为明确，大众的选择性强，形式印刷精美，内容信息比较有稳定性，同时在受众方面，使于阅读和保存。

4. 报纸广告媒体

优点：报纸在版面上往往篇幅较多，信息的承载量也较大，文字功能方面的解释能力比较突出，对于大众而言，其可信任程度高，具有权威性。

图 9–25　媒体渠道推广的案例

9.5.3 App 渠道推广

在企业或产品的渠道推广中，越来越明显的一个趋势就是利用 App 应用程序进行精准化的信息推广。用户在访问 App 时，广告信息就直接展示出来，这种方式不容易激起用户的反感。

图 9–26 为农产品销售领域的企业 App 的相关界面。

图 9–26　农产品销售领域的企业 App 的相关界面

第 10 章

财务计划：用严谨思维呈现真实情况

财务计划中的资金问题直接关系到投资人的未来收益情况，所以财务是投资人最关注的核心问题。

本章内容以商业计划书中财务信息的撰写和注意事项为核心，了解如何打造一份优质的财务计划，提升商业计划书对投资人的影响力。

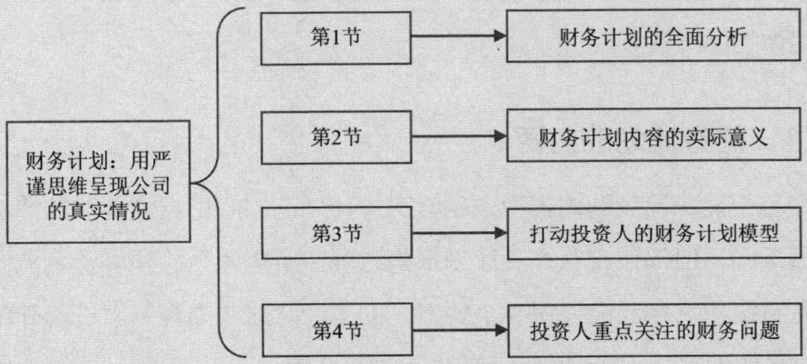

10.1　财务计划的全面分析

财务计划是企业或团队在对相关资金的使用、经营的收支及财务的成果等方面信息进行整合后，提出企业或团队追求的目标以及相应的行动方案的书面文件。

财务计划并不是无中生有的，必须根据已有的条件基础来完成。商业计划书的编写者在完成财务计划之前，需要对相关的企业或团队信息有一定的了解。图 10-1 所示为财务计划创作前需知的 6 个方面内容。

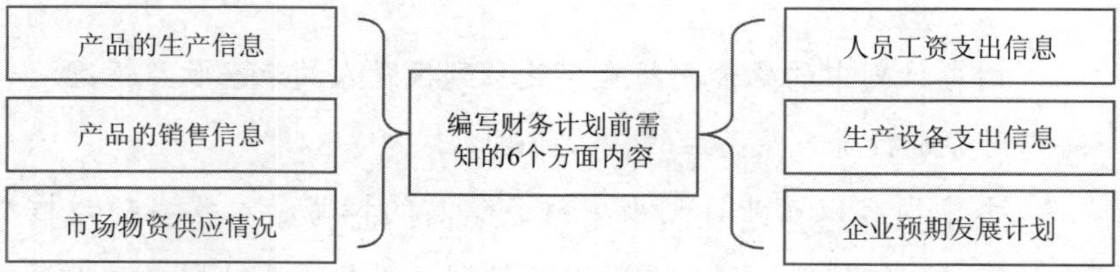

图 10-1　编写财务计划前需知的 6 个方面内容

财务计划对于企业或团队的发展是有一定指导作用的，获得足够的利润是团队发展的目标之一。而要想获得足够的利润，需要通过财务计划管理利润信息，打造内部的经济责任制，从而在促使生产活动在正常进行的基础上，提高整体的经济效益。

10.1.1　财务计划的内容

在整个财务计划的内容中，尽管财务计划的核心重点依企业的情况不同而有所不同，但都包含有编制计划报表、确认所需资金、预测资金流向、建立财务系统和信息反馈设置 5 个要素。下面针对这些内容要素进行简单的分析，对各要素在财务计划中所起的作用进行介绍。

1. 编制计划报表

图 10-2 为对编制计划报表相关内容的具体分析。

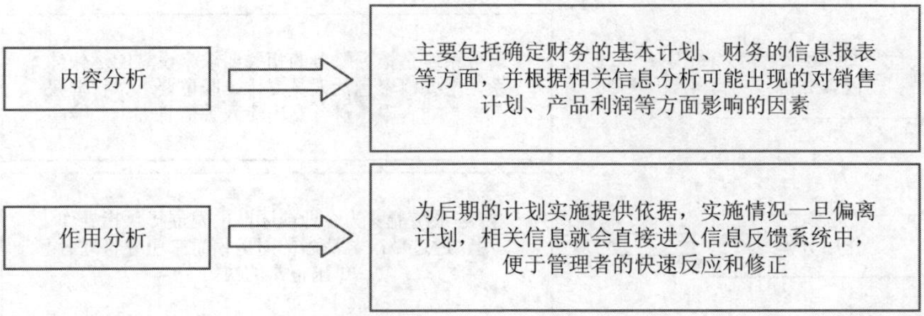

图 10-2　对编制计划报表相关内容的具体分析

2. 确认所需资金

图 10-3 为对确认所需资金相关内容的具体分析。

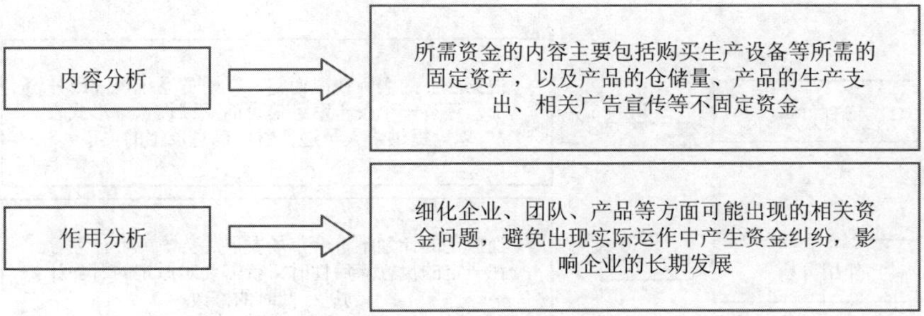

图 10-3　对确认所需资金相关内容的具体分析

3. 预测资金流向

图 10-4 为对预测资金流向相关内容的具体分析。

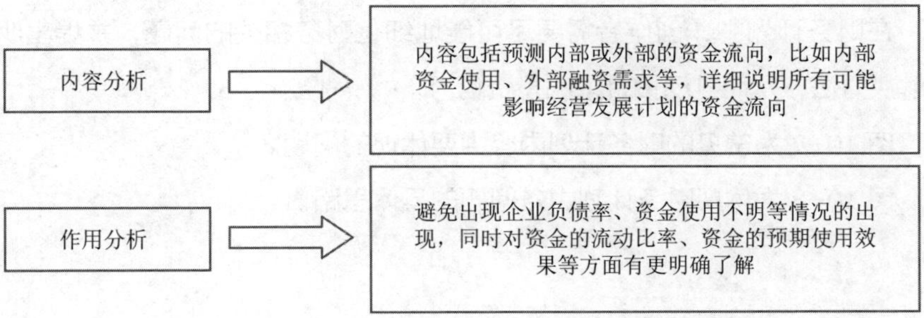

图 10-4　对预测资金流向相关内容的具体分析

4. 建立财务系统

图 10-5 为对建立财务系统相关内容的具体分析。

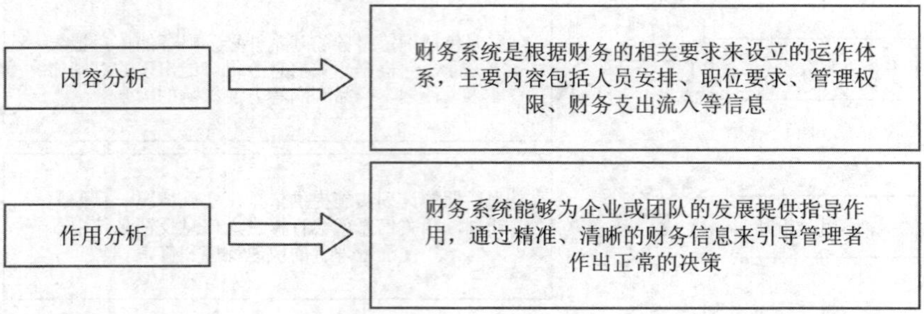

图 10-5　对建立财务系统相关内容的具体分析

5. 信息反馈设置

图 10-6 为对信息反馈设置相关内容的具体分析。

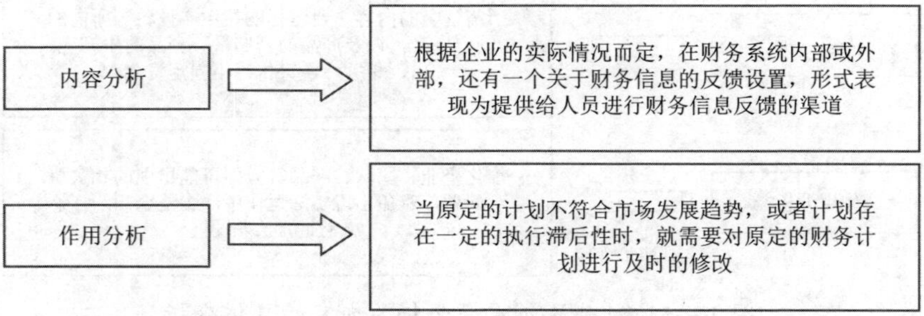

图 10-6　对信息反馈设置相关内容的具体分析

10.1.2　内容中要体现的问题

在财务计划中，创作者需要尽可能地细化财务相关的问题，并提出明确的解决方法，从而打动投资人的投资信心。

图 10-7 为常见的财务计划内容中要体现的问题。

图 10-8 为体现财务计划中各问题的具体思路。

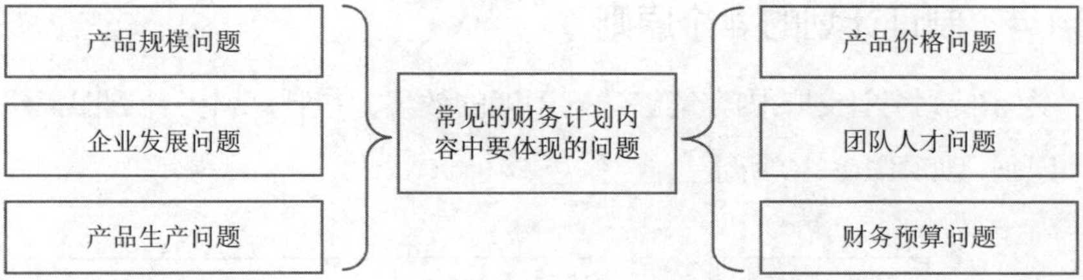

图 10-7　常见的财务计划内容中要体现的问题

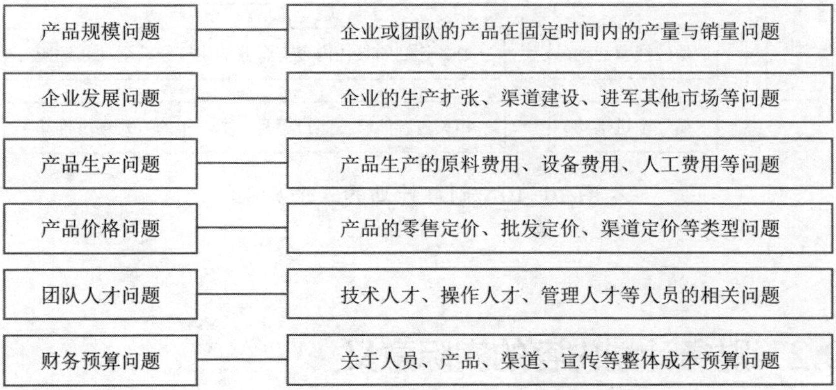

图 10-8　体现财务计划中各问题的具体思路

10.1.3　编制计划的 4 种方式

编制具体的财务计划要根据企业的实际需求而定。比如不同规模、不同发展时期的企业所需要的财务计划，在形式上就会存在明显的不同。常见的编制方式主要有 4 种。

图 10-9 为常见的编制计划的 4 种方式。

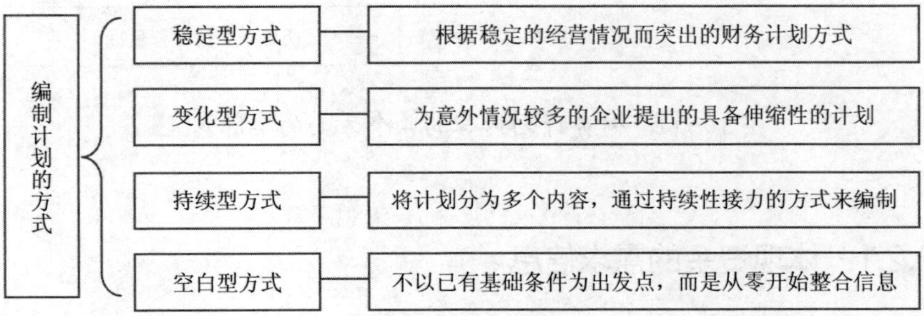

图 10-9　常见的编制计划的 4 种方式

10.1.4　制订计划的 4 个原则

为了使财务计划的内容能够达到预期的效果，在制订财务计划时需掌握 4 个原则，如图 10-10 所示。

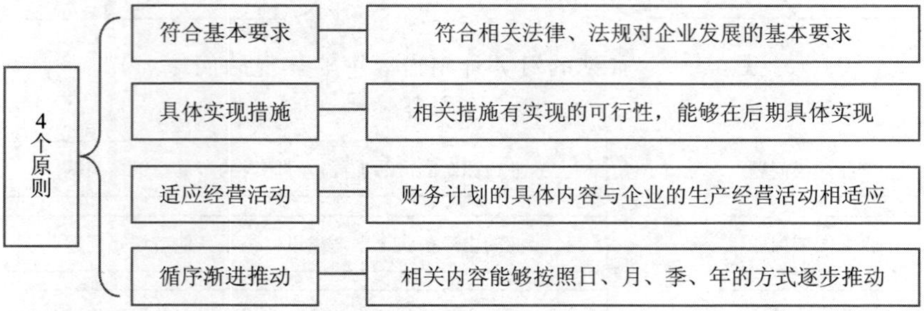

图 10-10　制订计划的 4 个原则

10.2　财务计划内容的实际意义

财务计划是商业计划书中的重要内容，也是投资人最关注的内容之一。图 10-11 为财务计划内容的 4 个方面的实际意义。

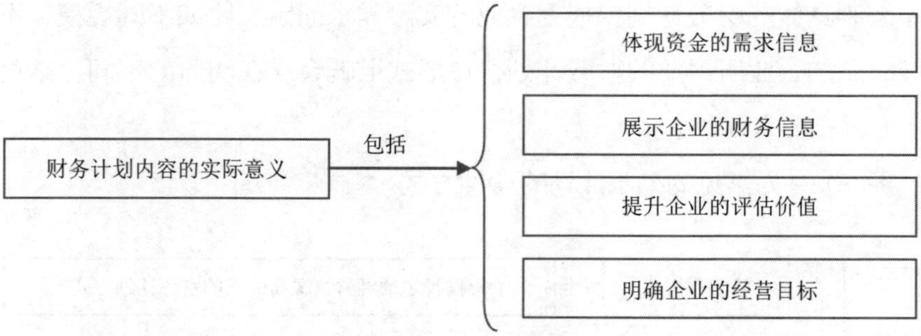

图 10-11　财务计划内容的 4 个方面的实际意义

10.2.1　体现资金的需求信息

为什么要在商业计划书中体现资金的需求信息？主要是因为在商业计划

书中如果能明确资金的需求总量，展示各阶段的资金需求情况，投资者就能更加直观地了解资金的需求量。

如果资金需求情况合理，投资者就更容易认可你的财务计划，从而更好地作出投资决策。

专家提醒：对于初创企业的商业计划书而言，在商业计划书中将资金的需求信息进行分阶段展示是很有必要的。因为投资人更希望能逐渐地投入资金，以便更好地了解资金投入效果，而不是在一开始就将资金全部融入。

10.2.2 展示企业的财务信息

财务信息能够为投资人提供多角度的参考价值。如企业的经营情况现状、进行投资的财务风险、企业的资本结构组成、企业的资金流动情况、企业目前收入和支出情况等，为投资人全面了解财务信息提供便利。

专家提醒：投资人需要从多个方面的信息入手，通过整合信息来全面认识企业或团队的情况，并直接了解和预测投资所带来的相关价值，同时也为了规避投资之后产生的财务风险问题。

10.2.3 提升企业的评估价值

企业的评估价值是指对企业的价值进行分析和评估。在具体的运作上是将企业作为单独的个体，根据企业已拥有的资源条件以及盈利水平等方面，结合其他影响因素，来进行的综合性评估。

优秀的财务计划书能够为企业的评估价值加分，当投资人认可财务计划书时，就会更加认可企业的财务管理能力，能更好地建立企业的良好形象。在这种情况下，企业的评估价值得到提升，融资的难度也将有所降低。

10.2.4 明确企业的经营目标

商业计划书中的财务计划也为企业的发展明确了方向和重点，所以财务计划往往也是企业的经营计划任务书中的重要内容。图 10-12 为某企业的经营计划任务书封面内容。

图 10-12　某企业的经营计划任务书封面内容

财务计划能更好地促进了企业的长期经营发展。图 10-13 为明确企业发展的方向和重点所带来的相关优势的分析。

对于团队或员工而言	明确共同的发展目标，提升团队或员工的集体凝聚力
对于渠道销售商而言	了解企业的经营状况和目标之后，能更好地和企业进行合作
对于潜在投资人而言	展示企业的发展潜力，吸引投资人为企业的发展进行投资

图 10-13　明确企业发展的方向和重点所带来的相关优势的分析

10.3　打动投资人的财务计划模型

要想打动投资人，一份合格的财务计划一定是少不了的。那么，如何让财务计划加分呢？笔者认为，可以重点做好 3 个方面的计划，打造一个更具说服力的财务计划模型。

10.3.1　产品销售计划

许多企业的收益主要都是来自产品销售，所以，在投资人看来，产品销售计划的制订直接与自身的投资收益相关。如果在商业计划书中给出一份能够打动投资人的产品销售计划，获得投资的成功率自然会更高一些。

那么，怎样让产品销售计划对投资人更具说服力呢？笔者认为，可以从两个方面重点突破。一是在调查分析的基础上，严谨的制订产品销售计划，让计划内容更加真实、可靠；二是在产品销售计划中配备对应的数据，让投资人更好地把握计划中的相关内容。

10.3.2 人才招聘计划

一个企业获得发展的动力是什么？有的人可能会说是产品、技术、品牌形象等。其实，无论是产品生产，还是技术发展，抑或是品牌形象打造，都需要靠企业员工来实现。

企业在获得投资之后，势必要扩大经营规模。而随着经营规模的扩大，制订人才招聘计划，招收高素质的人才就变成了必然要面对的一个问题。

那么，如何来制订人才招聘计划呢？笔者认为除了根据经营规模的扩展情况，确定人才招聘的数量之外，更关键的还在于根据企业的发展情况，招聘对应岗位和素质的人才，让企业的扩张计划能够更顺利的实施。

10.3.3 运营成本计划

一个企业是否能够盈利，除了有好的项目之外，运营成本的控制也非常关键。这也是许多企业，特别是大企业，一直将运营成本的控制作为重点内容的重要原因。另外，在投资人看来，企业对运营成本的控制，也是其运营能力的一种反映。因此，做好商业计划书中对运营成本的计划就显得尤为重要了。

在制订运营成本计划时，制订者一方面要对成本进行必要的控制，让投资人觉得你把钱用到了实处；另一方面也必须立足实际情况，而不能为了让数据好看就人为的降低运营成本，因为投资人都有自己的判断力，如果投资人觉得你的数据不真实，很可能会对你产生不信任感。

10.4 投资人重点关注的财务问题

在查看商业计划书时，投资人会重点关注企业的财务问题。在编写商业计划书的过程中，要把投资人重点关注的财务问题进行必要的说明，消除投资人的投资疑虑。

10.4.1 资金使用是否合理

与财务直接相关的就是资金，所以，在看财务计划时，投资人实际上看的就是资金，特别是资金使用的相关信息。资金使用情况，不仅是对企业运营情况的一种客观反映，更是对企业运营能力的一种呈现。

对于投资人来说，企业资金使用是否合理，是对企业运营能力作出判断的重要依据之一，也是决定是否对企业投资的重要因素。在投资人看来，如果企业的资金使用情况是比较合理的，说明企业运营情况相对正常，该企业比较能够信赖。反之，如果企业的资金使用情况不合理，则说明企业运营异常，企业可能出现了一些问题，投资该企业的风险相对较大。

10.4.2 是否已经负债沉重

部分企业因为自身实力比较有限，再加上盈利水平不高，或者运营出现了一些问题，会背负一定的债务。其实，一个企业背负一定的债务不可怕，毕竟很多大企业都存在负债的情况，甚至负债的数额还比较大。真正可怕的是，背负的债务太过沉重，以致按照企业当前的发展情况，在短期内难以还清。

对于投资人来说，被投资企业的负债情况会对被投资企业的未来扩张造成一定的阻碍，进而给投资带来更大的不确定，增加投资的风险。因此，如果企业负债情况比较沉重，大多数投资人可能是不会考虑进行投资的。

专家提醒：虽然投资人对企业的负债情况会比较看重，甚至对负债比较沉重的企业，基本不太放心进行投资。但是，在编写商业计划书的过程中也不能隐瞒企业的负债情况，即使不说投资人会对企业的情况进行调查，企业的负债情况很难瞒得过去。要树立一个诚信的企业形象，不应该对负债情况进行刻意隐瞒。

10.4.3 是否存在法律隐患

虽然资金使用不合理、负债沉重都是比较严重的财务问题，但是，相比之下，部分投资人会认为财务存在法律隐患的企业情节更加严重。毕竟，前者只是资金方面出现了问题，而后者则已经涉嫌到了违法。

企业财务方面的常见法律隐患主要包括：由于不能及时还贷造成的信用危机；因为不合理的民间借贷造成的“非法吸收公众存款”“集资诈骗”“票据诈骗”隐患；未能按照相关规定及时缴税造成的偷税漏税。

企业对于财务方面可能存在的法律隐患一定要引起足够的兴趣，如果不存在隐患，自然可以在商业计划书中进行必要的说明；而如果真的发现了法律隐患，就应该静下心来解决隐患。毕竟一味地隐瞒是解决不了任何问题的。

第 11 章

规避风险：详述风险问题与解决方法

风险问题是计划书中务必详细说明的部分，这也是为了防止计划落实后因为风险问题而使双方产生纠纷。

本章内容以对风险问题的全面分析、风险问题的多角度分类和风险问题的防范措施为主，让读者充分了解计划实施中可能存在的风险问题。

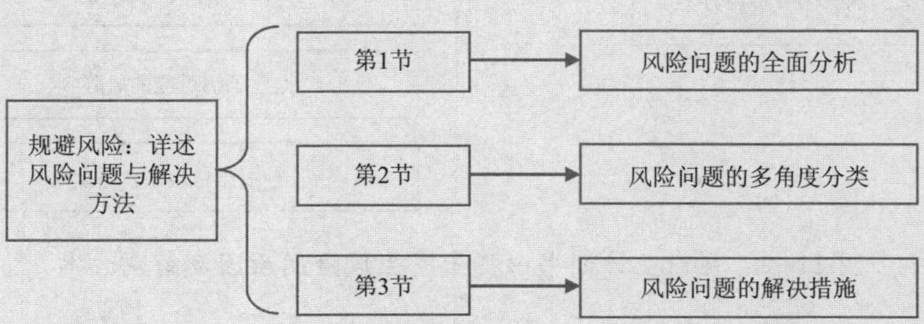

11.1　风险问题的全面分析

在商业计划书中，风险问题主要是指因为多种不确定因素而导致的可能出现的资金损失。图 11-1 为 3 种主要的不确定因素的类型。

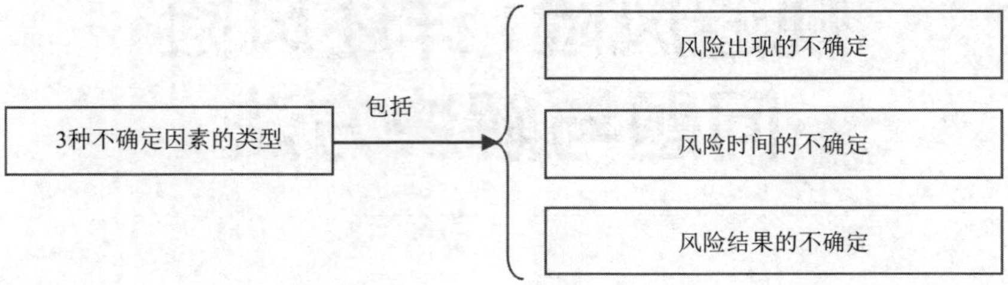

图 11-1　3 种主要的不确定因素的类型

图 11-2 为在商业计划书中提出发生风险的原因及解决方案。

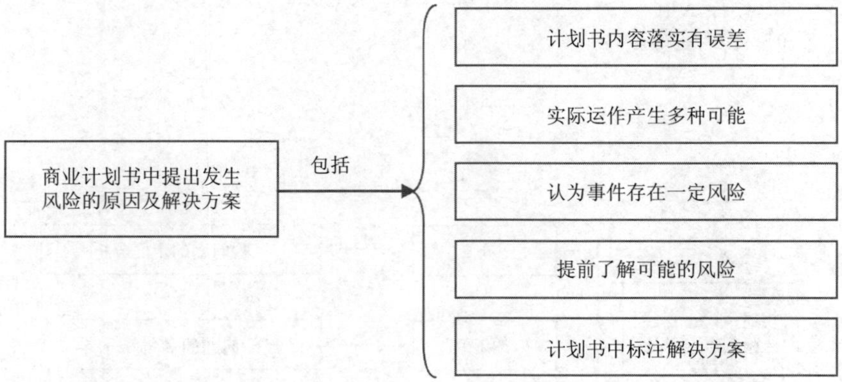

图 11-2　在商业计划书中提出发生风险的原因及解决方案

在商业计划书中，风险问题主要涉及 5 个方面的因素，即风险因素、风险事件、风险损失、风险管理和管理目标。

11.1.1 风险因素

风险因素是指能够使项目或计划产生意外风险损失的因素，往往是造成财产损失的直接或间接原因。风险因素越多，产生损失的可能性越大，同时导致的后果也会越严重。

风险因素根据性质内容的不同，主要是分为有形的因素和无形的因素，具体分析如下所示。

1. 有形的因素

由项目本身发展或项目内容直接导致的因素，这种因素是有实质内容体现的，能够直接引起计划落实时风险事故的发生或增加风险后果程度的因素。以工程项目计划的执行为例，工程项目在计划落实时的诸多有形风险因素大致可以分为 4 种类别，具体如下。

（1）环境因素。如政治因素、法律因素、经济因素、自然条件因素、社会环境因素和市场环境因素等。

（2）主体因素。如承建业主因素、投资方面因素、管理人员因素、施工人员因素、后勤人员因素和竞争对手因素等。

（3）系统因素。如工期延误因素、费用争议因素、质量安全因素、信誉风险因素、安全施工因素和法律责任因素等。

（4）管理因素。如战略执行因素、决策管理因素、项目策划因素、技术设计因素、施工控制因素和程序设计因素等。

2. 无形的因素

无形的因素主要是指人的道德和心理因素，具体体现为人的行为所导致的项目风险问题。以工程项目计划的执行为例，工程项目在计划落实时的诸多无形风险因素大致可分为两种类别，具体如下。

（1）行为因素。如个人诚实因素、不轨企图因素、自身信念因素、责任感因素、意志力因素和判断力因素等。

（2）过失因素。如轻视问题因素、轻信他人因素、管理过失因素、细节过失因素、行为过失因素和规划过失因素等。

11.1.2 风险事件

风险事件是指在落实计划的过程中不可预期的意外事件，与风险因素的内容不同，但是造成的损失后果是类似的。常见的风险事件类型包括 10 种，即火灾、地震、龙卷风、洪水、雷电、盗窃、抢劫、通货紧缩、通货膨胀和金融危机。

风险事件往往是财产损失的直接媒介物或直接原因，正因为有风险事件的存在，风险才能从可能性的存在变成现实中的存在。

11.1.3 风险损失

风险损失是指与计划相关的经济价值的减少，一般通过失去数量不等的货币来衡量损失的大小。

对于企业而言，根据风险损失的对象不同，可以将风险损失分为两种形态，分别是直接的企业损失和间接的企业损失。

图 11-3 为地震导致的企业厂房内建筑损失，这种特殊情况属于直接的企业损失。

图 11-3　地震导致的企业厂房内建筑损失

间接的企业损失与直接损失有关，是指因为直接损失而引起的其他方面的损失。图 11-4 为常见的企业间接损失。

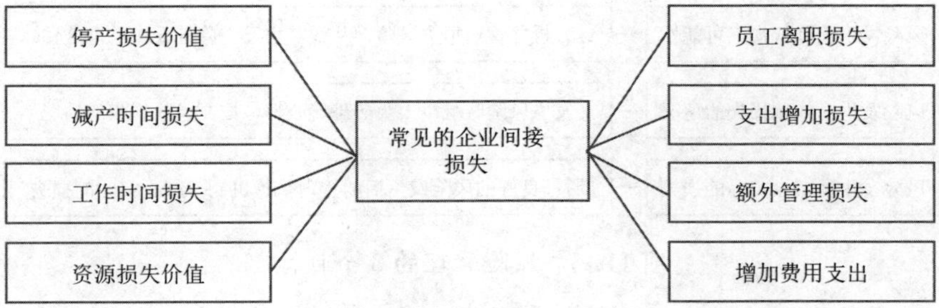

图 11-4 常见的企业间接损失

11.1.4 风险管理

风险管理是对风险情况预测和管理的过程。图 11-5 为对风险管理流程的图解。

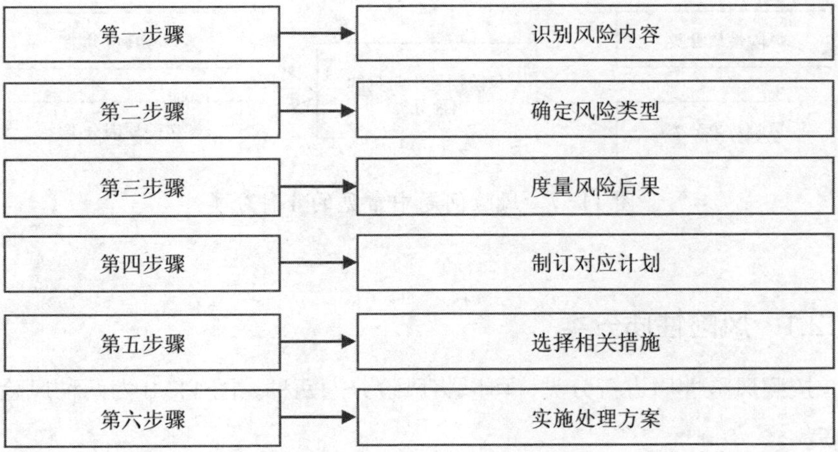

图 11-5 对风险管理流程的图解

在风险管理中，风险损失是被重点关注的内容，商业计划书中将风险损失分为 3 个类别，即实质资源损失、额外费用损失和直接收入损失。

11.1.5 管理目标

在风险管理中，其目标主要有 3 个方面。图 11-6 为风险管理的 3 个目标。

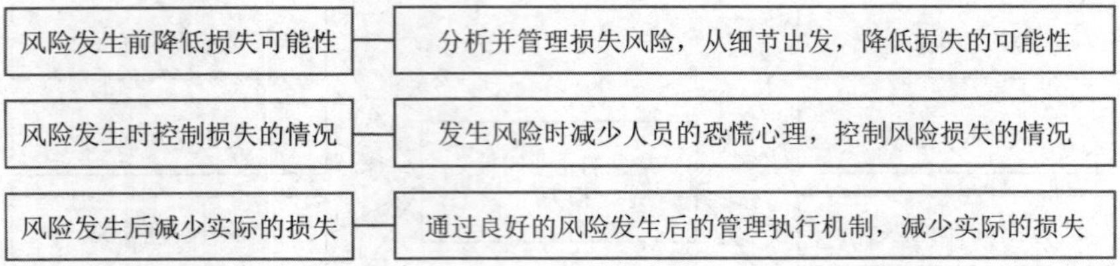

图 11-6　风险管理的 3 个目标

11.2　风险问题的多角度分类

在商业计划书中，风险问题根据角度的不同可以进行多种分类。图 11-7 为风险问题中常见的 4 种分类。

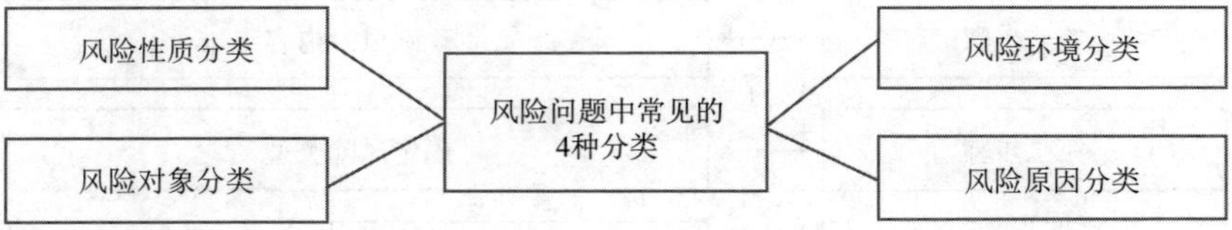

图 11-7　风险问题中常见的 4 种分类

11.2.1　风险性质分类

按照风险性质进行分类，可以将风险分为两种。图 11-8 为两种风险的性质。

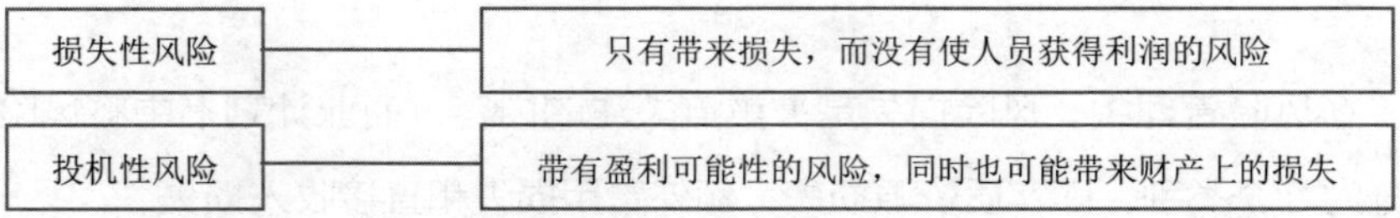

图 11-8　两种风险的性质

专家提醒：在投机性风险中，最典型的代表就是个人买卖股票过程中存在的风险问题。股票带来的风险包括赔本、不赔不赚两种情况，因为风险后果的不确定性较突出，所以这种就属于投机性风险。

11.2.2 风险对象分类

按照风险对象进行分类，可以将风险分为 4 类。图 11-9 为 4 类风险的具体情况。

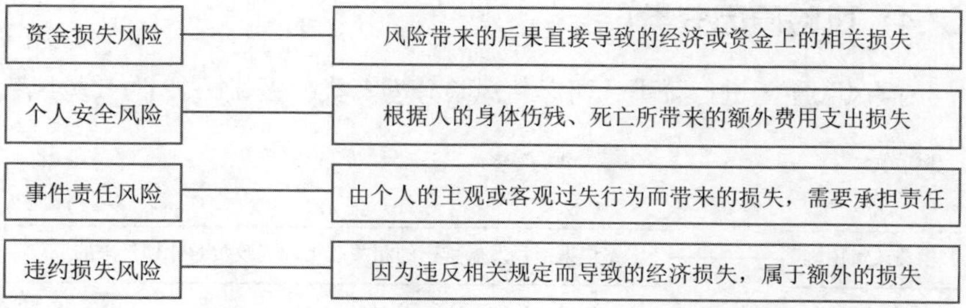

图 11-9 对 4 类风险的具体情况

11.2.3 风险环境分类

按照风险环境进行分类，可以将风险分为两类，分别是自然环境风险和社会环境风险。图 11-10 为自然环境风险的 3 种体现。

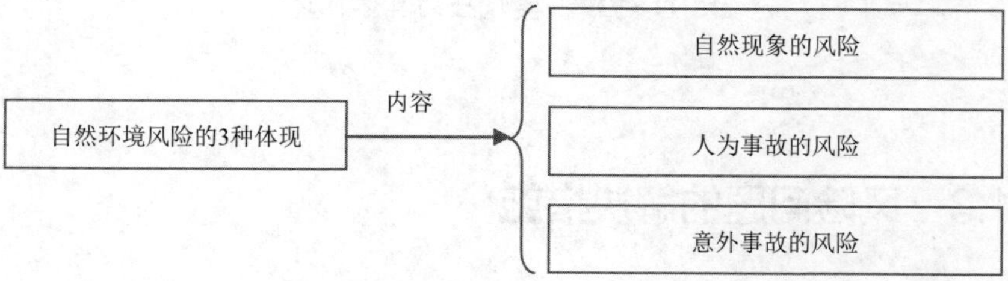

图 11-10 自然环境风险的 3 种体现

图 11-11 为社会环境风险的 3 种体现。

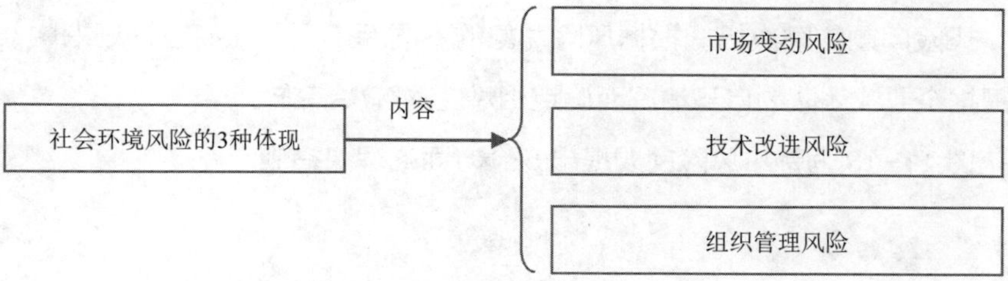

图 11-11 社会环境风险的 3 种体现

风险环境的分类是最常见的分类方式。比如社会环境风险中的市场变动风险，其包括的消费者市场规模、消费者爱好、消费者购买能力等方面的变动，都直接影响商业计划书的实际执行，所以是投资人最为关注的。

11.2.4　风险原因分类

按照风险原因进行分类，可以将风险分为 5 类。图 11-12 为 5 类风险的具体体现。

相关政策原因	国家根据市场发展推出的相关政策，其政策对计划带来的风险
市场角度原因	市场中的供求关系、交易条件等的变化带来的风险影响
社会因素原因	由个人或团队的行为使企业或团队遭受风险损失的情况
自然领域原因	因为地震、流行疾病等因素的出现，而带来的风险损失
计划措施原因	计划书中计划执行、管理措施的实施过程中出现的风险问题

图 11-12　5 类风险的具体体现

11.3　风险问题的解决措施

对于投资人而言，风险问题的解决措施与内容同等重要。如果在商业计划书在每一条风险后都提供相对应的解决措施，那么既体现了团队的管理能力和控制能力，也进一步让投资人更有投资的兴趣和信心。

风险问题的解决措施根据风险对象的不同而不同，在商业计划书中，需要根据企业或团队的自身情况而确定相对应的解决措施。

图 11-13 为针对风险问题提出 5 个方面的解决措施。

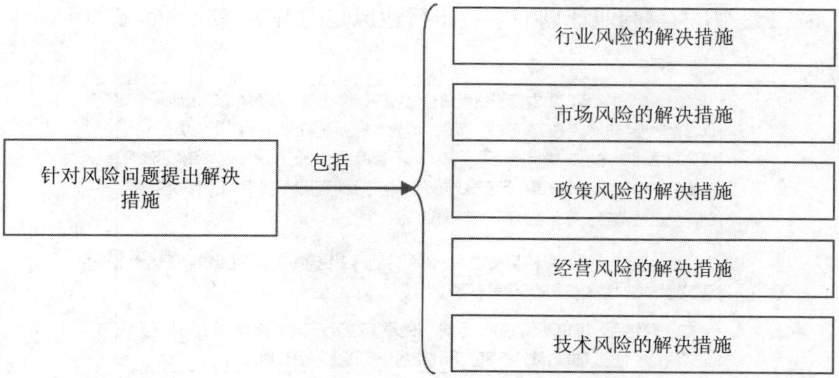

图 11-13　针对风险问题提出 5 个方面的解决措施

11.3.1　行业风险的解决措施

行业风险的解决措施主要从 3 个方面入手，具体如下。

（1）企业方面：提升技术水平、审核产品质量、提高管理水平、推崇产品创新、加快产品研制、适当进行市场扩张。

（2）产品方面：制定质优价廉方针、增强竞争力、提高占有率、进行适当的宣传、拓展销售渠道、建立产品品牌。

（3）服务方面：提供优质性、及时性、全面性、安全性、人性化以及多功能的服务。

针对行业中的相关风险问题，商业计划书的创作者根据实际情况向投资人展示直接的解决措施，通过企业、产品和服务等方面的信息来说服投资人认可企业或团队，从而实现吸引投资人进行投资的目标。

图 11-14 为某商业计划书中的行业风险信息的展示。

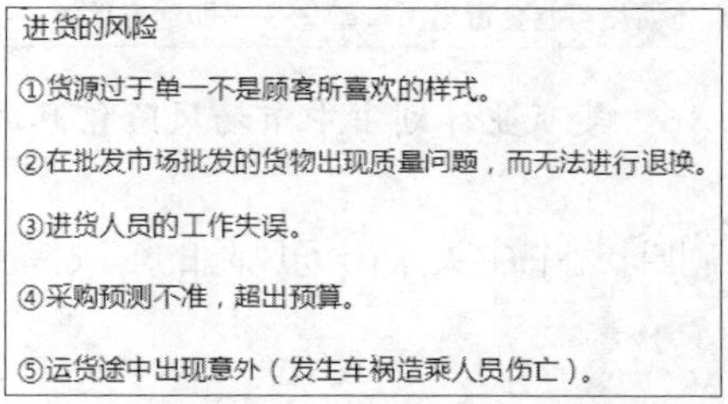
进货的风险

①货源过于单一不是顾客所喜欢的样式。

②在批发市场批发的货物出现质量问题，而无法进行退换。

③进货人员的工作失误。

④采购预测不准，超出预算。

⑤运货途中出现意外（发生车祸造乘人员伤亡）。

图 11-14　某商业计划书中的行业风险信息的展示

图 11-15 为某商业计划书中关于行业风险的解决措施的信息展示。

1、向一些大型的批发商进货需要有强大的议价能力，力争将批发价压到最低，同时要与批发商建立好关系，在关于调换货的问题上要与批发商说清楚，以免日后起纠纷；并找一些网下不常见或不曾流通市场的产品，以找到最廉价、质量好、稳定的货源渠道，不仅找唯一的一家，我们可以寻找相关的相对独特的产品进行销售，并自己创新一些新的产品。

2、可以用一个极低的价格吃下，然而转到网上销售，利用网上销售的优势，利用地域或时空差价获得足够的利润。

3、购物后，通知双方的联系方式，根据约定的方式进行交易，可以选择见面交易，也可以通过汇款、邮寄的方式交易，在路上物品时时监控。

图 11-15　某商业计划书中关于行业风险的解决措施的信息展示

11.3.2　市场风险的解决措施

要解决市场风险，需要企业或团队建立一套实用性强的市场信息反馈机制。那么，如何建立市场信息反馈机制呢？这需要企业或团队及时收集市场信息，根据市场信息提出策略，并制定合理的销售价格。从而及时解决市场的风险问题，提高产品的盈利能力。

具体的解决措施还需要根据市场的实际情况而定。图 11-16 为某商业计划书中市场风险信息的展示。

市场风险

市场价格波动。随着潜在进入者与行业内现有竞争对手两种竞争力量的逐步加剧，各公司会采取“价格战“策略打击竞争对手，因而引起公司产品价格波动，进而影响公司收益。

销售不足。公司客户主要是各地区交通主管部门、交通运输公司，在市场进入方面很可能会遭遇区域壁垒——即地方保护主义的限制。

图 11-16　某商业计划书中市场风险信息的展示

图 11-17 为某商业计划书中关于市场风险的解决措施的信息展示。

市场风险对策

进一步提高产品质量，降低产品成本，提高产品综合竞争力，增强产品适应市场变化的能力；

加快对新产品的开发进度和加强对交通行业信息化领域前沿技术的探索与研究，增强市场应变能力，丰富产品结构；

建立一套完善的市场信息网络体系，制定合理的销售价格，增强公司盈利能力；

寻求各地交通管理部门及有关信息技术公司的支持；

实施品牌战略。

图 11-17　某商业计划书中关于市场风险的解决措施的信息展示

11.3.3　政策风险的解决措施

政策风险的解决措施往往是针对相应的政策，提出适应政策的企业发展方式，确保企业发展的方向正确性。

国家政策是为了保障市场行业的正确发展而推出的规定，是企业在发展过程中不能违背的原则。在商业计划书中，必须对企业或产品可能涉及的政策进行全面展示和分析，如果是为了获得投资而隐瞒信息，最终企业会被法律所制裁。

图 11-18 为某商业计划书中政策风险信息的展示。

政策风险

在 21 世纪的今天，电子商务的发展已成为信息时代经济活动的技术手段和方法，并进入 Internet 最广阔的应用领域。经济危机也会给我们带来风险，市场变幻莫测，政府也会做出决策来应对市场的风起云涌，预测政府的宏观和微观政策。

图 11-18　某商业计划书中政策风险信息的展示

图 11-19 为某商业计划书中对关于政策风险的解决措施的信息展示。

针对政策风险

作为在中国境内设立的脱敏药品生产和销售企业，中法合资公司的经营运作将严格遵守中国的法律、法规和政策，并根据国家相关政策、法规的最新动态，及时调整公司发展目标和经营战略。公司将加快过敏原疫苗生产技术转让和产业化速度，缩短将科技转化为国产药品的周期，减少政策变化所带来的风险。

图 11-19　某商业计划书中关于政策风险的解决措施的信息展示

11.3.4 经营风险的解决措施

经营风险涉及企业或团队在经营过程中的所有方面，范围较为广泛，同样需要根据企业和实际运营中的具体问题来分析相对应的解决措施。

图 11-20 为某商业计划书中经营风险信息的展示。

经营风险
人力成本上升和高素质人才不足。
公司为稳定技术人员和吸引外部优秀人才，必将采取一系列的奖励措施，因此人力成本的投入必然会逐步增加。同时，由于公司处于创业阶段，工作环境、福利待遇在开始时同其他公司相比可能会存在一定差距，从而增加了引进高素质人才的难度。

图 11-20　某商业计划书中经营风险信息的展示

图 11-21 为某商业计划书中关于经营风险的解决措施的信息展示。

经营风险及对策
推行目标成本管理，加强成本控制。
采取内部培训、外部培训等多种措施，提高管理团队的整体素质；
倡导组织创新、思想创新，以适应不断变化的外部环境。

图 11-21　某商业计划书中关于经营风险的解决措施的信息展示

11.3.5 技术风险的解决措施

技术风险的内容包括科学技术发展带来的普遍风险，和企业技术方面的单独风险两个主要内容。技术风险根据类型的不同，又分为了多种方式。常见的 6 种技术风险包括技术保护风险、技术开发风险、技术不足风险、技术使用风险、技术获取风险和技术转让风险。

从企业的角度出发，针对技术风险的问题，主要防范措施分为 5 个步骤。图 11-22 为各步骤的具体内容。

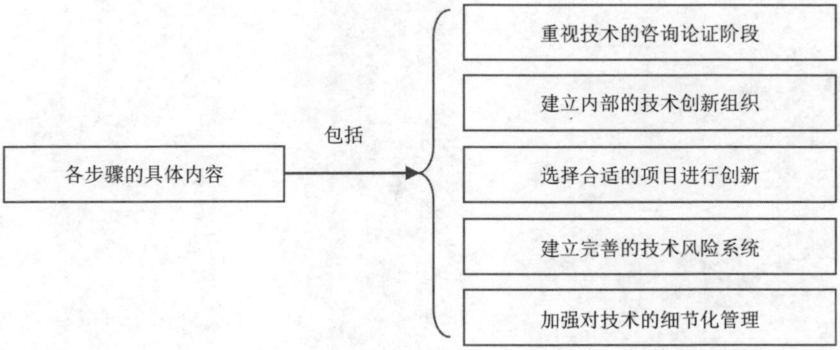

图 11-22　各步骤的具体内容

图 11-23 为某商业计划书中技术风险信息的展示。

技术风险

IT 行业本身是一个风险很大的公司，技术更新日新月异，一项技术今天本来可能还很先进，但是明天就有可能另一项更先进的技术取代前者。EPOST 挑战 EMAIL，Linux 挑战 Window，该等事例比比皆是，如果公司不能够居安思危，抢占技术的制高点，直接后果就是公司衰退倒闭，王安公司、贺氏公司等就是最好的案例。公司能否始终保持领先的技术水平，将直接影响其未来的兴衰成败。

另一方面，国内的软件业迄今为止，还没有比较成熟的核心技术，操作系统和数据库核心技术绝大部分都掌握在西方巨头手中。迅速建立自己独具特色的核心竞争力和核心产品，将是联桥公司急需解决的战略性问题。

图 11-23　某商业计划书中技术风险信息的展示

图 11-24 为某商业计划书中关于技术风险的解决措施的信息展示。

技术风险对策

奉行“以人为本“的公司文化，以实现员工价值和公司价值的共同增长。

坚持“您有多大能耐，就给您搭建多大的舞台”的人才理念。

采取多种激励措施，如员工持股、股票期权等，尽可能地吸引并留住人才。

聘请数名交通行业的专家对公司的研究开发给予业务上的指导。

图 11-24　某商业计划书中关于技术风险的解决措施的信息展示

第 12 章

退出途径：确保项目后期的资金盈利性

对于投资人而言，通过投资获得利润是其主要的目标，而商业计划书中完善确保其能盈利的退出途径，是促使投资人投资的重要原因。

本章以风险投资的资金退出途径为中心，分析风险投资的形式、风险资金退出的方式以及风投资金的退出措施。

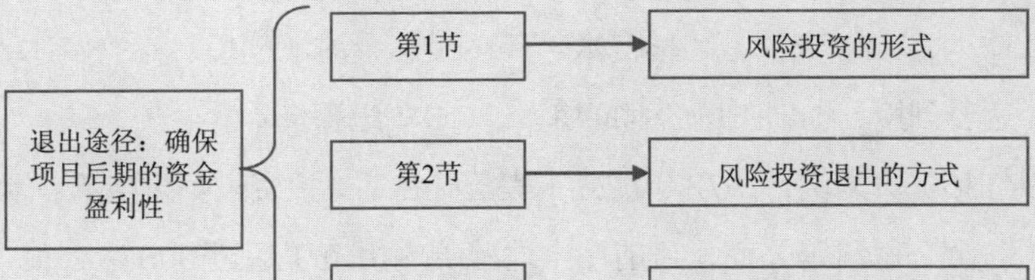

12.1 风险投资的形式

风险投资就是投资人或公司根据商业计划书为某企业投入的资金，广义上指一切具有高风险和高潜在收益的投资。

进行风险投资的投资人或公司类型众多，主要分为 4 种类型。图 12-1 为 4 种投资人或公司的类型。

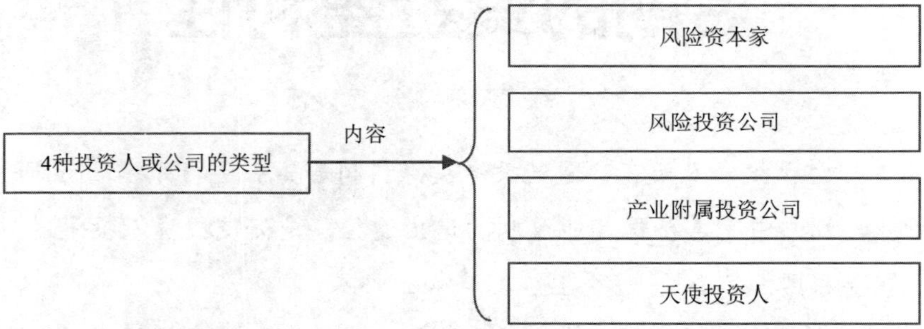

图 12-1　4 种投资人或公司的类型

在风险投资行业中，风险投资公司的影响力是最为广泛的，能够获得其风险投资的企业大部分都会在其帮助下成长为行业巨头。2018 年 12 月 13 日，界面联合亿安保险经纪推出“中国顶级风险投资机构”榜单，榜单前十强依次为：IDG 资本、红杉资本、深创投、金沙江创投、晨兴资本、高瓴资本、达晨创投、创新工场、君联资本、GGV 纪源资本。

以红杉资本为例，1972 年成立于美国硅谷，其投资过苹果电脑、甲骨文、雅虎、谷歌、思科等公司，目前在全球范围内投资了超过 500 家公司，其中有 200 多家公司成功上市，红杉资本是目前全球范围内影响较为广泛的风险投资公司。

红杉资本中国基金在国内投资的公司包括阿里巴巴集团、聚美优品、新浪网、唯品会、大众点评、京东商城、高德地图和万达影院等。

12.1.1　风险投资的 4 种类型

随着互联网的发展和企业具体需求的多样性变化，风险投资的类型也在不断变化中，但较为常见的分类方法中主要将风险投资分为 4 类。图 12-2 为风险投资的 4 种类型。

种子资本	投资时间最早、收益最大的风险投资，往往出现在企业发展早期
前期资本	在企业发展的前期出现，能够成为企业的直接发展动力
发展资本	提升企业影响力，帮助企业拓展渠道、市场、进行宣传等
并购资本	针对无法独立发展的有潜力的企业，通过并购方式推动其发展

图 12-2　风险投资的 4 种类型

图 12-3 为以种子资本投资为主的投融界交易平台主页。

图 12-3　以种子资本投资为主的投融界交易平台主页

12.1.2　风险投资的运作过程

风险投资的运作有 4 个阶段。图 12-4 为风险投资的 4 个阶段。

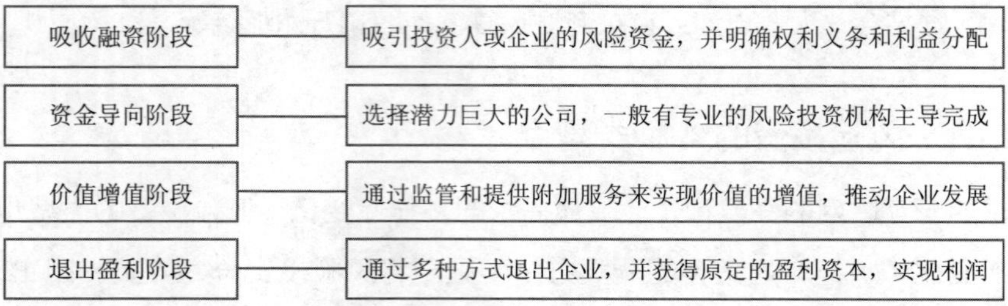

图 12-4　风险投资的 4 个阶段

在具体的运作中，最为重要的阶段是资金导向，这是投资人或团队将资金导向至被投资企业的过程，也是投资人或团队通过商业计划书直接选择被投资企业的过程。

图 12-5 为资金导向阶段的具体流程。

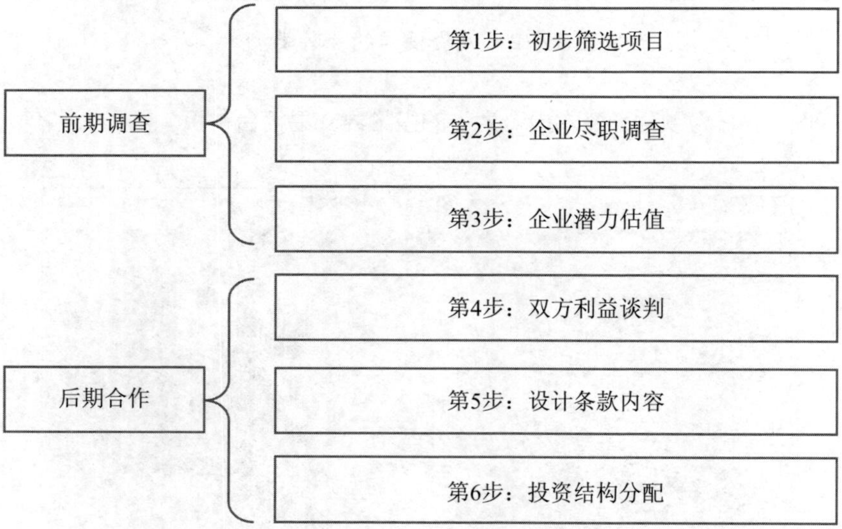

图 12-5　资金导向阶段的具体流程

12.1.3　风险投资的投资准则

投资准则是投资人在进行风险投资时依赖的评估方式，符合投资准则的商业计划书会更加符合投资人的需求。所以在商业计划书中，创作者必须完整地展示相应的投资准则，才能够获得投资人的青睐。图 12-6 为风险投资的 5 个投资准则。

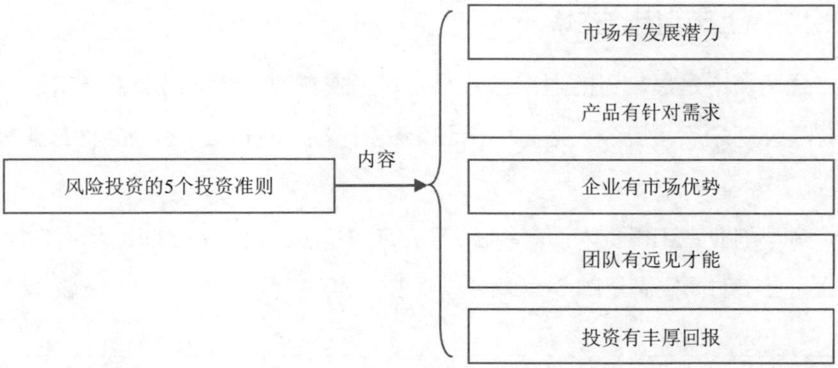

图 12-6　风险投资的 5 个投资准则

在目前金融市场的发展趋势下，科技和互联网行业成为投资人最热衷投资的行业。因为科技和互联网的市场最具发展潜力，拥有充分的潜力资源，同时相关企业推出的产品往往较有针对性。

图 12-7 为互联网金融平台投之家的官方主页，其在 2018 年 6 月 15 号获得了 4.09 亿元人民币的 B 轮融资。

图 12-7　互联网金融平台投之家的官方主页

12.2　风险投资退出的方式

在投资领域，风险投资退出的方式主要有 4 种，即上市退出、并购退出、回购退出和清算退出。下面笔者将对这 4 种退出方式分别进行说明。

12.2.1　上市退出方式

公司上市是最常见的退出方式，公司正式成为证券交易所上市交易的股份有限公司之后，投资人通过卖出股票获得资金的方式退出对企业的管理和投资。

对于创业者和投资人而言，让公司上市并不是一件容易的事情。图 12-8 为公司上市时需要满足的 5 个最基本要求。

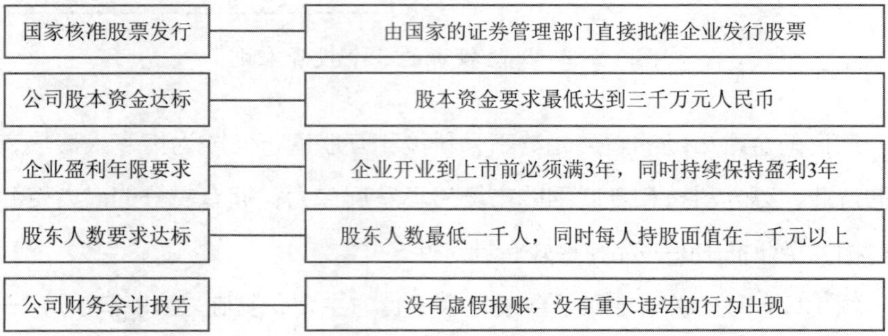

图 12-8　公司上市时需要满足的 5 个最基本要求

公司上市的时间与公司的已有发展情况有关，当公司处于稳定成长期时就会选择上市发行股票。很多创业公司的投资人为了获得回报，往往让创业公司在短期内快速发展，从而完成上市前的准备过程。

快速上市的创业公司包括迅雷、聚美优品、智联招聘、完美时空、途牛网和空中网等。

12.2.2　并购退出方式

企业并购退出方式分为兼并和收购两种。图 12-9 为兼并方式与收购方式。

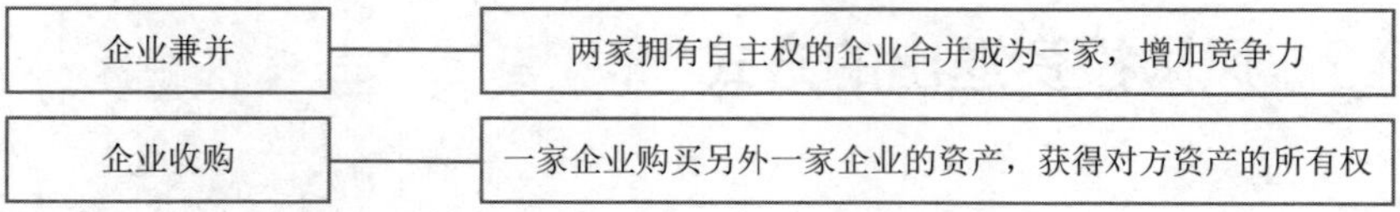

图 12-9　兼并方式与收购方式

两种退出方式中，投资人通过企业收购达成退出目标的方式较为常见。投资人通过股权转让的方式退出对企业的投资，同时获得收益，但并购收益的利润往往不及上市退出方式高。

2018 年著名的企业并购案例包括：陌陌并购探探、阿里并购饿了么、美团并购摩拜、快手并购 AcFun 视频网站等。

12.2.3 回购退出方式

回购退出的方式主要是对于创业公司本身更为有利，在具体的运作中，就是由创业公司的管理层回购投资人手中的股份，从而让投资人退出企业投资的行为。当市场上股票出现下跌，企业为了确保股票的价值，也会推出回购计划，来确保股票的市场价值地位。

回购方式的优点在于购买者属于公司内部人员，更利于企业的长期发展，同时也让公司的管理者拥有更多的主动权和决策权。

需要注意的是，这种情况往往出现于已经进入成熟期的企业，不会出现于还在成长期的企业，因为处于成长期的企业的管理者很难有足够的资金，从投资人手中回购股票。

12.2.4 清算退出方式

清算退出方式与其他退出方式有着本质不同，清算退出方式出现在企业面临倒闭，项目投资失败的情况下。清算退出主要有两种方式，图 12-10 为清算退出的两种的方式。

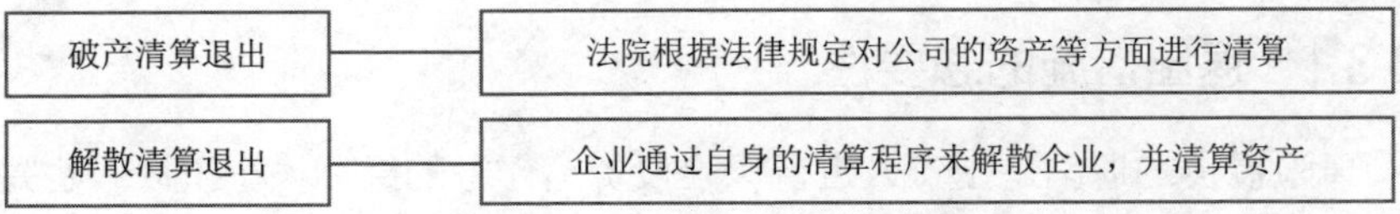

图 12-10 清算退出的两种方式

清算退出不会给投资人带来任何收益，清算的资产往往低于投资人投入的资金，一般为总投资额的 64% 左右。

在清算退出报告中，清算的项目主要包括 6 项。图 12-11 为清算的项目。

图 12-11　清算的项目

12.3　风险投资金退出措施

在商业计划书中，必须对风投资金的使用和后期资金的退出措施进行详细说明，以便投资人能够快速、清晰地了解自身的收益情况。

下面对商业计划书中风投资金的退出措施进行深入分析，主要从 3 个方面进行详细说明。图 12-12 为编写退出措施的内容提要。

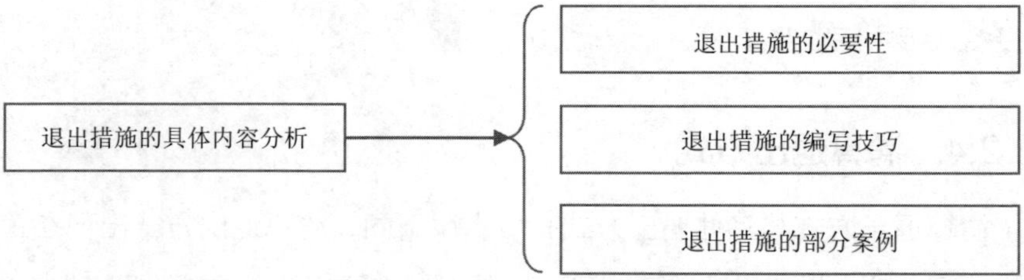

图 12-12　编写退出措施的内容提要

12.3.1　退出措施的必要性

风险投资的退出是投资人进行风险投资运作中的最后一个阶段，也是正常投资的最终目标。

投资人往往会在创业公司发展到一定阶段后，就选择资本退出。之所以出现这种情况，主要有 4 个方面的原因，这也是商业计划书中为什么必须有退出措施说明的根本原因。

图 12-13 为风险投资退出的原因。

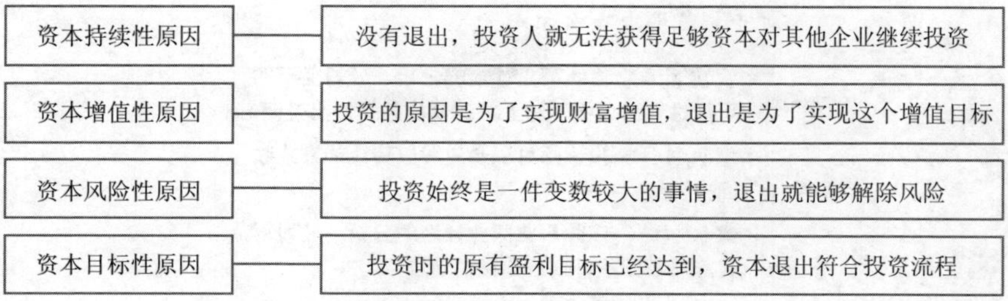

图 12-13　风险投资退出的原因

12.3.2　退出措施的编写技巧

在商业计划书中，退出措施的内容主要包括两个方面，分别是从企业的自身条件出发，展示项目失败时的退出机制和项目成功时的退出机制。

图 12-14 为两种退出措施的编写技巧。

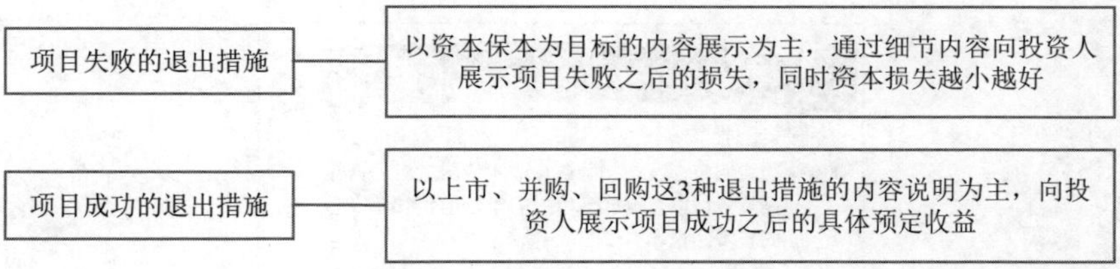

图 12-14　两种退出措施的编写技巧分析

12.3.3　退出措施的部分案例

图 12-15 为方式较为简单的退出措施方案，常见于大学生创业计划书。

资金退出机制

1）上市

如果企业发展到一定规模，可以考虑ＩＰＯ上市，从而资金可以撤离。

2）并购

如果企业发展暂时不能达到期望的要求，那么可以考虑被别的公司并购。

3）管理层收购

如果公司运营一段时间以后，公司管理层能够将公司收购，那么其他投资资本也可以及时退出。

图 12-15　方式较为简单的退出措施方案

图 12-16 为某商业计划书中投资者退出方式的方案。

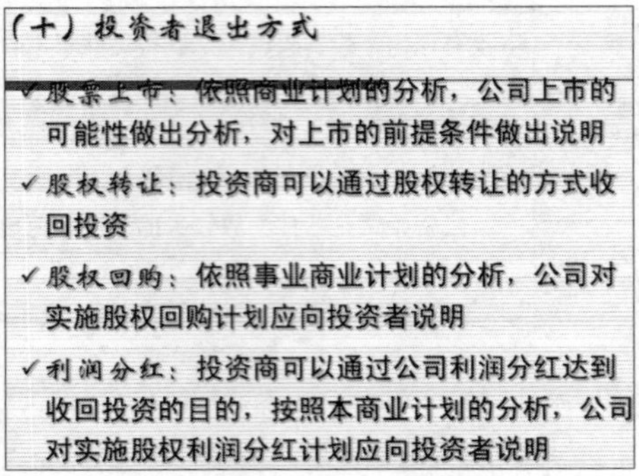

图 12-16　某商业计划书中投资者退出方式的方案

除了按照条款顺序对退出方式进行说明之外，商业计划书的编写者还可以结合公司的实际情况，通过回报率和回报方式分别进行说明。图 12-17 为某商业计划书中对回报率和回报方式的说明。

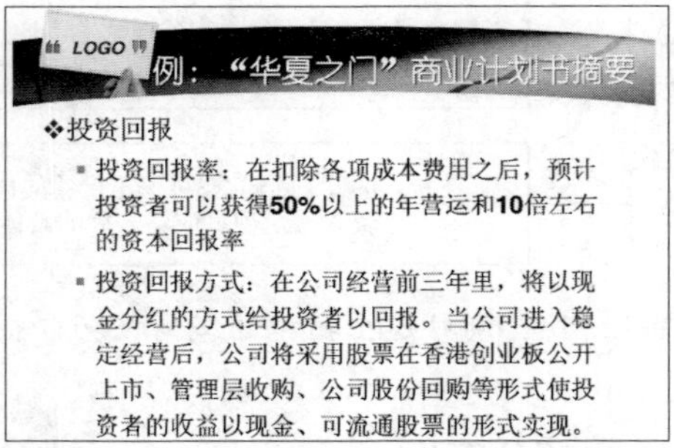

图 12-17　某商业计划书中对回报率和回报方式的说明

专家提醒： 在具体的退出措施的说明中，编写者必须对企业的发展现状和发展规模进行分析，可以选择简单的描述方式或者是详细的描述方式。对于有巨大发展潜力的创业公司，商业计划书中最好是有详细、具体的退出措施说明。

第13章

内容归纳：商业计划书重点信息的摘要

在商业计划书中，完成了相关内容的编写之后，还需要对所有内容进行精简，将信息归纳作为摘要部分。

本章主要分析摘要部分的内容形式、作用以及具体的内容流程，了解商业计划书中信息摘要的必要性以及部分实际案例。

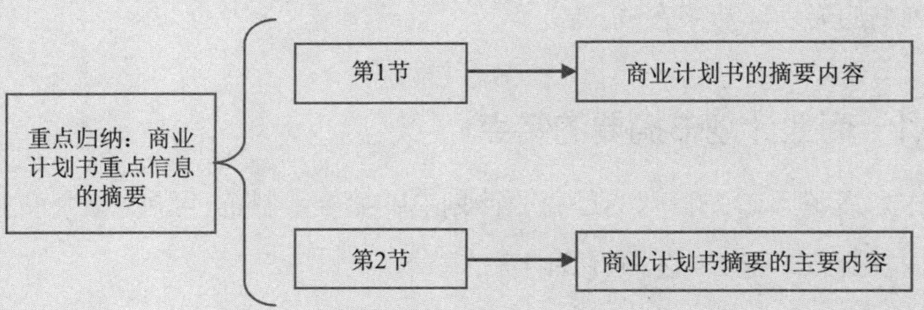

13.1　商业计划书的摘要

在商业计划书中，投资人首先看到的是计划书的扉页。图 13-1 为常见的商业计划书扉页。

商　业　计　划　书

项目名称 ____________________

项目单位 ____________________

地　　址 ____________________

电　　话 ____________________

传　　真 ____________________

电子邮件 ____________________

联 系 人 ____________________

图 13-1　常见的商业计划书扉页

在具体的商业计划书中，计划书的摘要往往放在最前面，是整个商业计划书内容的精华。为了确保计划书摘要的准确性，一般在创作时将其作为商业计划书的最后环节来完成。

13.1.1　商业计划书摘要的特点

作为投资人首先看到的是商业计划书的摘要，其需要涵盖整个商业计划书的内容要点。图 13-2 为摘要内容的基本信息。

商业计划书摘要的特点主要体现在 3 个方面，即内容重要性、简明生动性、篇幅有限性。

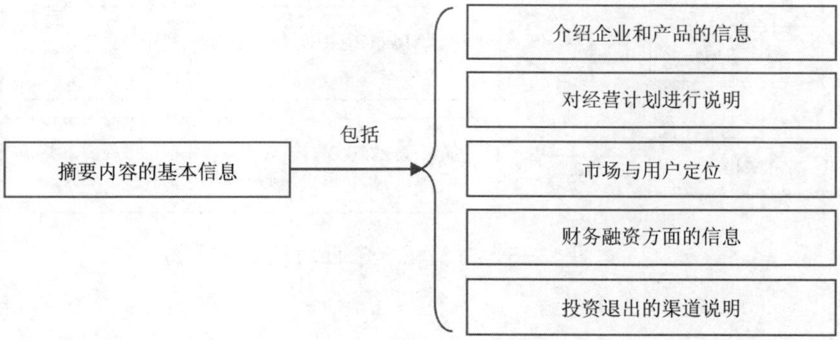

图 13-2　摘要内容的基本信息

1. 内容重要性

图 13-3 为对内容重要性的说明。

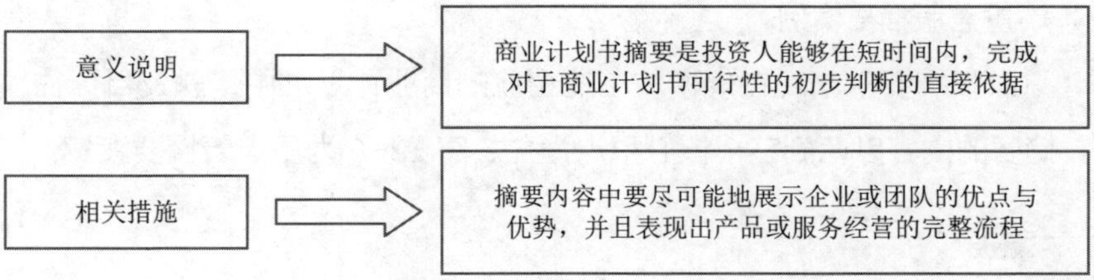

图 13-3　对内容重要性的说明

2. 简明生动性

图 13-4 为对简明生动性的说明。

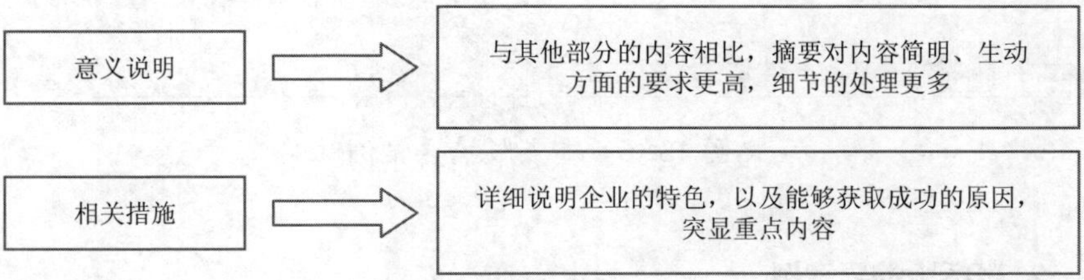

图 13-4　对简明生动性的说明

3. 篇幅有限性

图 13-5 为对篇幅有限性的说明。

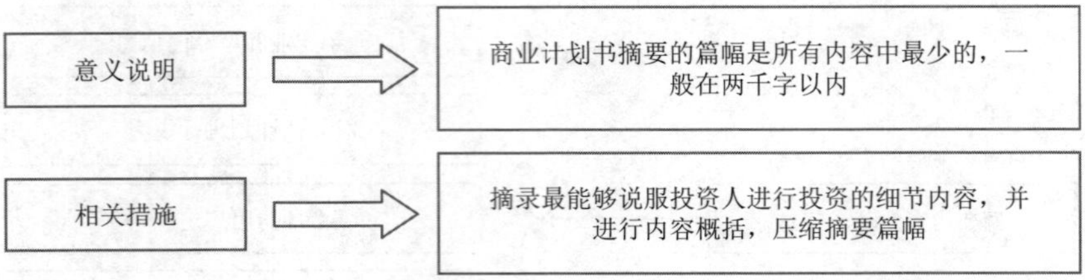

图 13-5　对篇幅有限性的说明

13.1.2　摘要内容的 3 种形式

大部分摘要的基本形式是一致的，但是根据行业、市场、企业和团队具体情况的不同而分为了多种不同的具体摘要形式。下面介绍常见的 3 种摘要内容形式案例，分别是重点版摘要案例、概括版摘要案例和细节版摘要案例。

1. 重点版摘要案例

重点版摘要常出现在规模较小的企业的商业计划书中，融资目标往往较低，摘要的内容以两到三个核心重点为主。图 13-6 为重点版摘要案例。

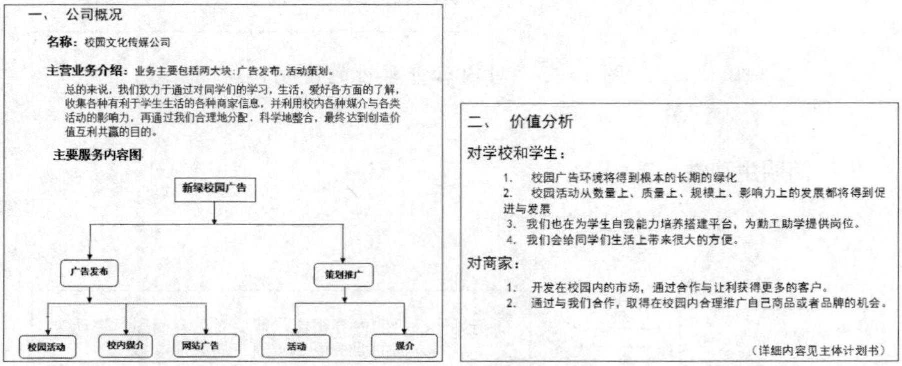
一、　公司概况

名称：校园文化传媒公司

主营业务介绍：业务主要包括两大块:广告发布、活动策划。

总的来说，我们致力于通过对同学们的学习，生活，爱好各方面的了解，收集各种有利于学生生活的各种商家信息，并利用校内各种媒介与各类活动的影响力，再通过我们合理地分配、科学地整合，最终达到创造价值互利共赢的目的。

主要服务内容图

二、　价值分析

对学校和学生：

1. 校园广告环境将得到根本的长期的绿化
2. 校园活动从数量上、质量上、规模上、影响力上的发展都将得到促进与发展
3. 我们也在为学生自我能力培养搭建平台，为勤工助学提供岗位。
4. 我们会给同学们生活上带来很大的方便。

对商家：

1. 开发在校园内的市场，通过合作与让利获得更多的客户。
2. 通过与我们合作，取得在校园内合理推广自己商品或者品牌的机会。

（详细内容见主体计划书）

图 13-6　重点版摘要案例

2. 概括版摘要案例

概括版摘要常见于初创企业自主完成的商业计划书，通过对全部内容的概括性说明来展示计划书的基本内容。图 13-7 为概括版摘要案例。

1. 公司基本情况（公司名称、成立时间、注册地区、注册资本，主要股东、股份比例，主营业务，过去三年的销售收入、毛利润、纯利润，公司地点、电话、传真、联系人。）（如无成立公司，则不用填写）

2. 主要管理者情况（姓名、性别、年龄、籍贯，学历/学位、毕业院校，政治面目，行业从业年限，主要经历和经营业绩。）

3. 产品/服务描述（产品/服务介绍，产品技术水平，产品的新颖性、先进性和独特性，产品的竞争优势。）

4. 研究与开发（已有的技术成果及技术水平，研发队伍技术水平、竞争力及对外合作情况，已经投入的研发经费及今后投入计划，对研发人员的激励机制。）

5. 行业及市场（行业历史与前景，市场规模及增长趋势，行业竞争对手及本公司竞争优势，未来 3 年市场销售预测。）

6. 营销策略（在价格、促销、建立销售网络等各方面拟采取的策略及其可操作性和有效性，对销售人员的激励机制。）

7. 产品制造（生产方式，生产设备，质量保证，成本控制。）

8. 管理（机构设置，员工持股，劳动合同，知识产权管理，人事计划。）

9. 融资说明（资金需求量、用途、使用计划，拟出让股份，投资者权利，退出方式。）

10.财务预测（前三年及未来 3 年或 5 年的销售收入、利润、资产回报率等。）

11.风险控制（项目实施可能出现的风险及拟采取的控制措施。）

图 13-7　概括版摘要案例

3. 细节版摘要案例

细节版摘要主要是由专业的商业创作团队完成，其中摘要部分的内容目录与正文的内容目录基本类似。图 13-8 为细节版摘要案例。

摘要

1. 执行总结
- 1.1 项目背景
- 1.2 目标规划
- 1.3 市场前景

2. 市场分析
- 2.1 客户分析
- 2.2 需求分析
- 2.3 竞争分析
  - 2.3.1 竞争优势
  - 2.3.2 竞争对手

3. 公司概述
- 3.1 公司
- 3.2 总体战略
- 3.3 发展战略
  - 3.3.1 初期战略
  - 3.3.2 中期战略
  - 3.3.3 终极战略
- 3.4 人力资源组织
- 3.5 财务管理制度

4. 组织管理体系
- 4.1 组织机构
- 4.2 部门职责
- 4.3 管理模式

5. 投资策略
- 5.1 股份募资
- 5.2 项目融资

6. 营销战略
- 6.1 营销目标
- 6.2 营销模式
- 6.3 产品流动模式

7. 财务分析
- 7.1 营业费用预算
- 7.2 销售预算
- 7.3 现金流量表
- 7.4 盈亏分析

8. 风险分析
- 8.1 机遇
- 8.2 风险及策略

9. 退出策略

图 13-8　细节版摘要案例

13.1.3 摘要内容的问题回答

在商业计划书中，摘要内容的直接作用就是向投资人展示重点信息，为了达成这个目标，编写者在摘要中需要尽可能地回答下列的 19 个问题，如表 13-1 所示。

表 13-1 编写者在摘要中需要尽可能地回答 19 个问题

问题	问题描述
团队问题	在整体上团队属于哪种类型的潜力股？突出特色是什么？
	现有的团队中是否拥有已有成功经验的团队成员？
	团队成立的根本原因和目标是什么？
	投资人一定要给你融资的理由有哪些？
市场问题	产品或服务进入市场有什么初步计划？
	企业所在行业的基本要求、成功要素有哪些？
	通过哪些渠道来获得市场份额并能逐步稳定发展？
产品问题	项目、产品或服务成功的依据有哪些？
	产品或服务的生产、使用、销售具体周期有多长？
	产品的营销中，会遇到哪些瓶颈问题，如何解决这些瓶颈问题？
企业问题	同类型公司中，自身的最突出特色有哪些？
	有哪些事实来证明自身企业的长期发展潜力？
	你是否了解你的竞争对手的优势和劣势？
	自身企业在市场竞争中的优势和劣势有哪些？
	有哪些方法来确保企业能长期发展以及获得稳定的盈利率？
	企业或产品的营销计划中，核心重点是什么？
	企业进入稳定发展期之后，策略的改变有哪些？
	财务计划的具体流程细节有哪些？是否符合事实？
	投资人在后期可选择的退出方式分为哪几种，具体如何操作？

13.2 商业计划书摘要的主要内容

以专业性较强的商业计划书摘要为例，对流程中的各环节内容进行说明和分析。具体来说，商业计划书摘要的主要内容包括 10 个方面，下面笔者将分别进行解读。

13.2.1 行业市场内容

行业市场内容主要包括 10 个方面，即行业发展背景、行业市场政策、行业发展周期、行业产业布局、目标市场分析、社会环境因素、供需现状分析、市场容量分析、供需情况预测和行业未来前景。

图 13-9 为某商业计划书摘要中行业市场内容的案例。

XXX 香薰灯行业国内市场情况

国内目前每年对香薰灯的需求不断增加。随着社会经济的发展，人们生活水平的提高，人们对物质生活的追求逐渐转化为对精神生活的追求。再加上各大厂商对 XXX 香薰灯市场不断进行开拓，XXX 香薰灯的需求会不断的增加，人们使用 XXX 香薰灯时自然要满足自己在精神方面的需求。

XXX 香薰灯作为一款时尚的生活小商品，在欧美等发达国家几乎是每间卧室都能看到。XXX 香薰灯因其具备照明、芳香安神、装饰等诸多功能，迅速在全世界流传开来，成为人们生活中一道亮丽的风景线，在它进入中国市场后，就迅速在北京、上海、广州等大城市火暴热销起来，市场反映非常激烈。

图 13-9　某商业计划书摘要中行业市场内容的案例

在摘要中，行业市场内容往往不是描述的重点，商业计划书的编写者可以选择行业市场内容中的某一个重点，结合企业的实际情况进行分析说明即可。如图 13-10 所示，为某医疗器械公司的商业计划书摘要中的行业市场内容，其围绕国家层次的市场发展情况进行分析。

市场机会：

2009 年中国医疗器械市场已成为继美国和日本之后世界第三大市场，医疗器械年销售额达到 400 亿元。预计未来 5 年内，中国将超过日本，成为全球第二大医疗设备市场。到 2050 年，中国在世界医疗器械市场上的份额将占到 25%。中国医疗机构的整体医疗装备水平还很低，大量的设备需要更新换代，中国政府每年对医疗设备的投入也以 13% 的速度增长。同时，中国医疗器械与药品的销售额比例为 1:8，而这一数字在发达国家的比例接近 1:1，可见中国医疗器械市场的增长潜力是巨大的。我们的家用呼吸健康产品面对的是国内超过 5000 万的睡眠呼吸障碍患者和超过 1 亿的心脑血管疾病患者，到 2012 年市场规模可达 200 亿元。

图 13-10　某医疗器械公司的商业计划书摘要中的行业市场内容

13.2.2 公司情况内容

图 13-11 为公司情况内容中的主要 6 个方面。

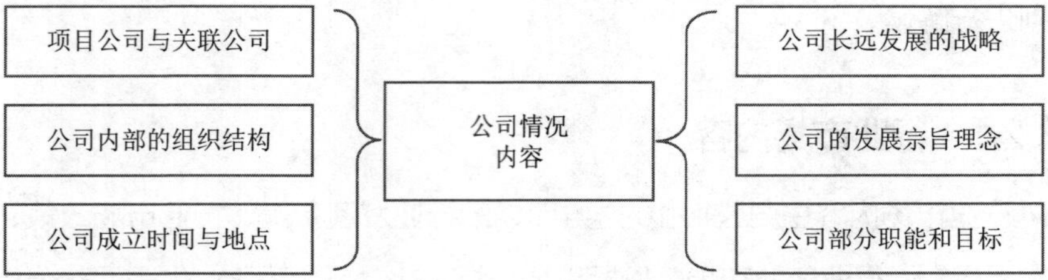

图 13-11　公司情况内容中的主要 6 个方面

图 13-12 为某商业计划书摘要中公司情况内容的案例。

我公司为国内首家生产 **PDT** 半导体激光肿瘤治疗仪，由在校学生创办的高新技术企业。我们公司以研制和生产半导体激光治疗系统为主要任务，兼营其他厂家的医疗仪器。之所以成立这家以生产 **PDT** 半导体激光肿瘤治疗仪为主的公司，是因为我们看到：肿瘤是医学界的一个难点，它一直困扰着许多的患者。而现在被国内各大医院广泛应用的放疗、化疗等手段有很大的副作用，对患者的身体损害比较大，并且有一定的危险性。而近十几年来，激光医学工作者采用光动力疗法（**PDT**）治疗肿瘤，发现 **PDT** 治疗肿瘤有很多优点，提高了肿瘤的治疗水平。

图 13-12　某商业计划书摘要中公司情况内容的案例

为了减少摘要的篇幅以及节省投资人的阅读时间，公司情况内容的说明也可以采用称述的方式完成。图 13-13 为某医疗器械公司的商业计划书摘要中的公司情况内容，直接向投资人展示企业的信息。

公司背景：
公司是集研发、生产、销售、服务为一体的医疗产品/家用健康产品提供商。公司成立于 2007 年，于 2008 年进入手术室用医疗器械产品的自主研发和生产，在 2009 年获得 A 投资公司和 B 投资公司 N 万美元投资后，开始进入家用呼吸健康产品研发和生产。公司为了今后在海外市场上市，已搭建完成海外红筹法律架构。公司目前有员工约 2,000 人，其中研发人员 300 人。公司在北京拥有 10,000 平米的研发基地和在河北拥有 100,000 平米的生产基地。公司在全国所有省份及直辖市拥有分公司或办事处，与全国 1,000 多家医疗器械代理商保持业务合作关系，公司产品已经进入 5,000 多家医院和 10 万多家庭。

图 13-13　某医疗器械公司的商业计划书摘要中的公司情况内容

13.2.3　团队情况内容

图 13-14 为团队情况内容中主要的 6 个方面。

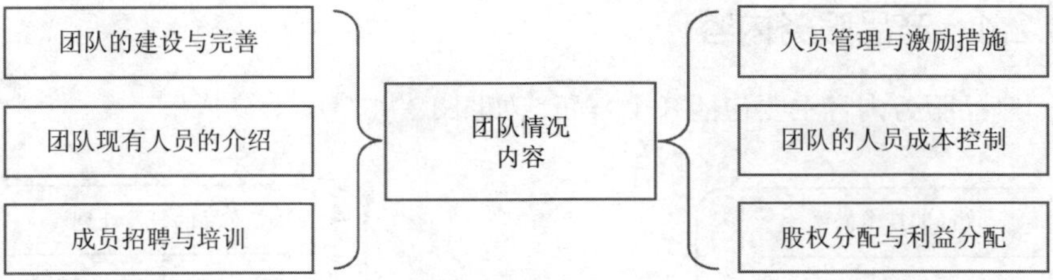

图 13-14　团队情况内容中主要的 6 个方面

图 13-15 为某商业计划书摘要中团队情况内容的案例，与正文中团队介绍不同，为了缩短篇幅，摘要中一般不放团队的图片。

序号	职　　务	姓　　名	工　作　单　位	联系电话
1	董事长			
2	副董事长			
3	董　　事			
4	董　　事			
5	董　　事			
6	董　　事			
7	董　　事			
8	董　　事			
9	董　　事			

图 13-15　某商业计划书摘要中团队情况内容的案例

在商业计划书的摘要中，团队情况内容主要涉及人员的姓名、职务、工作情况、联系方式等，如有需要，也可以在摘要中体现出人员的部门、职责等信息。图 13-16 为某商业计划书摘要中对人员的部门和职责等信息的说明案例。

部门/岗位	负责人	职责
总经理	[illegible]	总监督管理全面业务，进行公司重大方案的决策
行政部	[illegible]	人事调动，人员考察以及管理监督
市场部	[illegible]	市场开发以及对外联络

图 13-16　某商业计划书摘要中对人员的部门和职责等信息的说明案例

13.2.4 产品服务内容

产品服务内容主要包括 8 个方面，如图 13-17 所示。

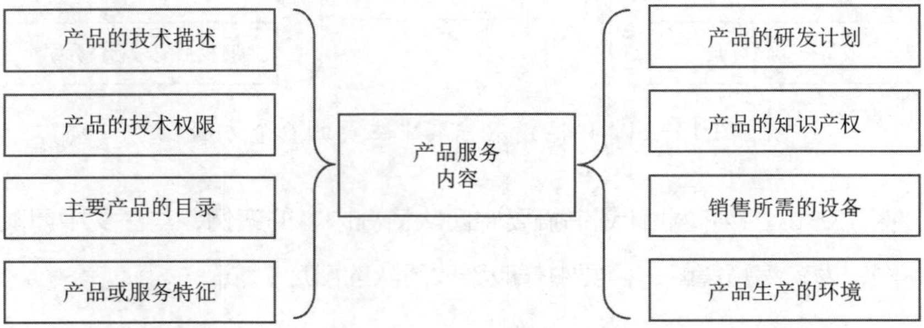

图 13-17　产品服务内容的 8 个方面

图 13-18 为某商业计划书摘要中产品服务内容的案例。

产品：

公司的产品可以分为医疗产品和家用健康产品，如下表：

医疗器械	家用呼吸产品
✓ X 光机	✓ 家用/便携式制氧机
✓ 麻醉机	✓ 呼吸治疗仪
✓ 彩超	✓ 睡眠呼吸疾病诊断仪
✓ 监护仪	

我们所有产品均已在国内注册，并获得了 CE 认证，可以在欧盟销售。其中家用便携式制氧机、呼吸治疗仪产品已获得美国 FDA 认证，可以在美国销售。

图 13-18　某商业计划书摘要中产品服务内容的案例

在摘要中介绍产品服务内容时，采用表格的方式往往让内容的表现简单明了，投资方阅读的效果也较好。同时，如果产品的特色较为突出，那么在摘要中也可以将产品的细节信息进行部分展示。图 13-19 为某款香薰灯对细节信息的说明。

创新型 XXX 艺术香薰灯

	产品类型	类型细分	备注
1	（陶罐类型）XXX 香薰灯	1）小尺寸陶罐类型香薰灯	约 8cm* 9.5cm(D*H)
		2）中尺寸陶罐类型香薰灯	约 9cm*13cm(D*H)
		3）大尺寸陶罐类型香薰灯	尺寸较大，产品较精美，观赏性强
2	（夜灯类型）XXX 香薰夜灯		（直接插入插座）
3	（台灯类型）XXX 香薰台灯	1）卧室、客厅用艺术香薰台灯	需使用灯泡
		2）书房用艺术香薰台灯	需使用灯泡
		3）银行用艺术香薰台灯	需使用灯泡

图 13-19　某款香薰灯对细节信息的说明

13.2.5　产品制造内容

产品制造内容主要包括 6 个方面，如图 13-20 所示。

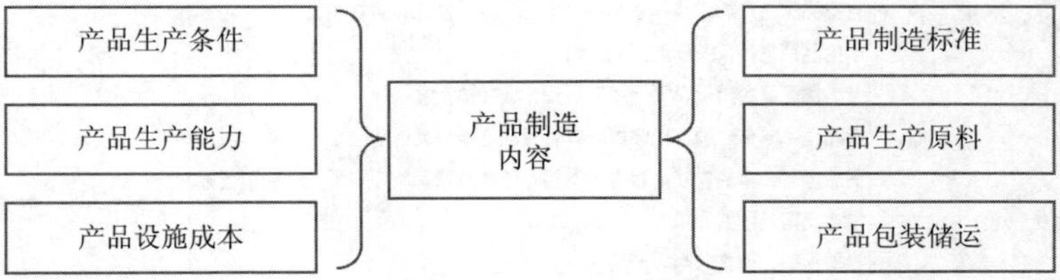

图 13-20　产品制造内容的 6 个方面

根据产品或服务的特性而定，并不是所有的摘要中都需要对产品制造内容进行说明，主要是针对较依赖制造行业的产品。图 13-21 为某商业计划书摘要中产品生产原料的采购内容的案例。

原材料名称	数量	单价（不超过产品成本价格）（元）	费用（元）
常用工具		-	20000.00
必备材料	-	-	30000.00
应急备用材料	-	-	20000.00
-	-	-	0
-	-	-	0
合计			70000.00

图 13-21　某商业计划书摘要中产品生产原料的采购内容的案例

13.2.6　盈利模式内容

盈利模式内容主要包括 8 个方面，如图 13-22 所示。

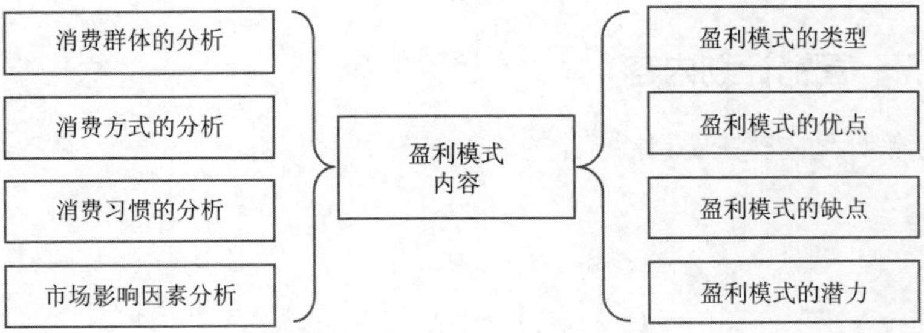

图 13-22　盈利模式内容的 8 个方面

图 13–23 为某商业计划书摘要中盈利模式内容的案例。

盈利模式
加盟品牌销售：主营业务，收入主要来源
自主品牌生产加工及销售：以“乐居”开发自主品牌并销售
衍生品销售：家纺周边产品
会员制度：会员可享受一定的折扣，增加销售量
新品信息分布：通过电邮等方式将新品发布情况告知顾客
售后服务：事先告知消费者可退换，使得消费者放心购买，增加销售量
批量出售：团购、批发
换季促销：销售非当季产品
网上商城合作：加大品牌知名度
物流收入：寻求物流差价
自主包装：印有“乐居贸易”的 LOGO 充分吸引顾客的目光

图 13–23 某商业计划书摘要中盈利模式内容的案例

摘要中也可以按照分类的方式对具体的盈利模式进行进一步说明。图 13–24 为某商业计划书摘要中针对批发与零售商的产品合作盈利进行分析的案例。

与主要批发/零售商合作方式	1. 我们主要与徐州的一些农家进行合作，签订一些协议到时进行利润分配。 2. 如果经营情况很好，我们会与中小学校进行长期合作。学校组织的一些活动主要是为了锻炼小孩。而我们的初衷也是如此。所以我们会给长期合作的对象给予一定的优惠。 3. 与客运公司进行长期合作，签订协议。

图 13–24 某商业计划书摘要中针对批发与零售商的产品合作盈利进行分析的案例

13.2.7 营销计划内容

营销计划内容主要包括 6 个方面，如图 13–25 所示。

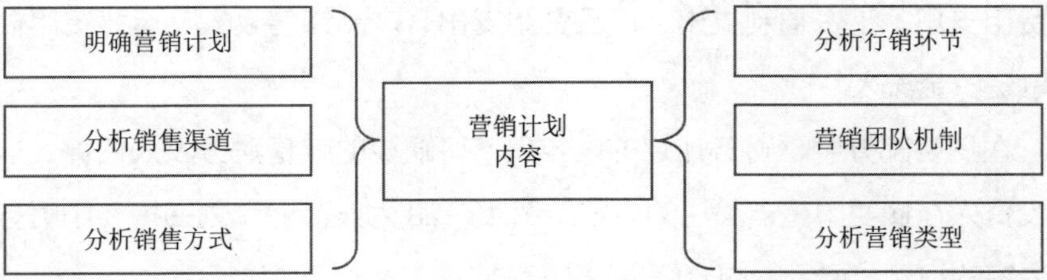

图 13-25　营销计划内容中的 6 个方面

在具体的内容说明中，对于销售渠道较为单一的产品而言，营销计划可以较为简单地进行说明。图 13-26 为某商业计划书摘要中营销计划内容的案例。

市场营销：

对于国内市场，利用已有的全国性管理网络，不断拓展和延伸。对于国际市场，主要以家庭呼吸健康产品为主，利用技术与成本的相对优势，选择合适的厂商进行 OEM/ODM 合作。并通过与国外优秀代理商合作，向对价格敏感的私人保健组织和专业医疗保险组织提供成本相对较低、宽范围的家用呼吸健康产品。

通过国内、外的医疗展会、学术会议、专业期刊，进行公司品牌和产品的推广。

图 13-26　某商业计划书摘要中营销计划内容的案例

在摘要中也可以根据营销计划中不同的重点内容进行分别说明。图 13-27 为摘要中针对营销计划内不同内容的说明。

销售网络、销售渠道建设的策略：

1）先利用新团队的原有资源，快速拓展渠道；

2）如时机成熟可召开区域招商会议，并联合经销商进行各类型的推广、促销活动，召集更多经销商加盟。

对销售队伍的激励机制：

1）销售团队提成：销售队伍的总提成初步按销售收入的 5%核算，具体分配与销售人员业绩挂钩，另外再定细则；

2）经营团队分红：企业每 □季度/ □半年/ □年 提取公司**税后净利润总额的 20%**作为员工的分红奖励总额，分红奖金分配与经营人员销售业绩等因素挂钩，具体另外再定细则。

图 13-27　摘要中针对营销计划内不同内容的说明

13.2.8　财务计划内容

财务计划内容主要包括 8 个方面，即财务收入估算、生活费用支出、管理费用支出、工资福利支出、产品费用支出、产品销售收入、运营费用估算和融资资金流入。

在摘要部分中，财务计划的内容里不可缺少的就是财务收入估算，这也是投资人在摘要中重点关注的内容。图 13-28 为某商业计划书摘要中财务计划内容的案例，展示的内容信息较为简洁。

公司未来 3 年的销售收入预测

（单位：万元）

年　份	2013 年	2014 年	2015 年
销售额	593	1500	2800
销售收入	421	1500	2800

图 13-28　某商业计划书摘要中财务计划内容的案例

为了增加说服力，在商业计划书的摘要中，编写者也可以增加更详细的内容，比如成本单价、销售单价、市场零售单价、月均销售数量、月均销售利润等。图 13-29 为商业计划书摘要中某款产品的详细内容说明。

销售收入预测

序号	产品或服务	成本单价（万元）	销售单价（万元）	同类产品市场零售单价（万元）	月均销售数量	月均销售利润（万元）
1	婚房装修	12.00	20.00	25.00	1	**8.00**
2	普通装潢	8.00	15.00	16.00	2	**14.00**
3	租赁房屋装潢	1.00	2.50	3.00	4	**6.00**
4	酒店装潢	20.00	30.00	40.00	0.5	**5.00**
5	家具翻新	0.02	0.04	-	100	**2.00**
6	其他服务	0.00	0.00	0.00	0	**0.00**

图 13-29　商业计划书摘要中某款产品的详细内容说明

13.2.9　项目风险内容

项目风险内容主要包括 6 个方面，即资源竞争风险、市场变动风险、成本研发风险、环境政策风险、财务资金风险和企业破产风险。

根据企业类型和规模的不同，企业可能遇到的风险类型也不同。图 13-30 为某商业计划书摘要中项目风险内容的案例，一般主要内容以表格的形式展现较为清晰明了。

风险类别	风险内容	应对措施
财务风险	投融资管理不当 成本预算失当	专业的投资分析人才 采用其他的筹资方式
	资金周转不灵	用科学化，市场化的价格预测
市场风险	客户量不够 采购成本过高	加大宣传力度，采用多种营销渠道 努力打造企业品牌 不断积累采购经验 和供应商积累长期合作关系
管理风险	核心技术人员跳槽 施工队工期延误	技术人员入股 提供员工福利 预备紧急情况的的施工团队
政策风险	税率变化	适时调整价格

图 13-30　某商业计划书摘要中项目风险内容的案例

对于小规模的企业或团队而言，商业计划书的内容与企业发展的程度直接相关，所以在企业或团队的前期发展中，商业计划书的内容主要以半年至一年时间内的发展为主，融资的目标也是为了让企业或团队获得初步发展，此时遇到的风险问题较少，其项目的风险问题主要集中在一到两个核心内容。

图 13-31 为某初创企业的商业计划书摘要中项目风险内容的案例。

本项目最主要的风险来自同类产品市场的竞争。XXX香薰灯属于一个新型行业，消费潜力尚没有被完全激发出来，市场不够规范，产品鱼龙混杂，跟进企业增加，行业竞争加剧，行业跟随者低质低价竞争的短期行为也会对整个行业产生一定的负面影响。

图 13-31　某初创企业的商业计划书摘要中项目风险内容的案例

13.2.10　投资退出内容

投资退出内容主要包括 6 个方面，如图 13-32 所示。

在摘要内容中，针对投资退出的部分一般信息较少，具体的退出措施主要是结合企业或团队的实际信息在正文中进行详细说明。图 13-33 为某商业计划书摘要中投资退出内容的案例。

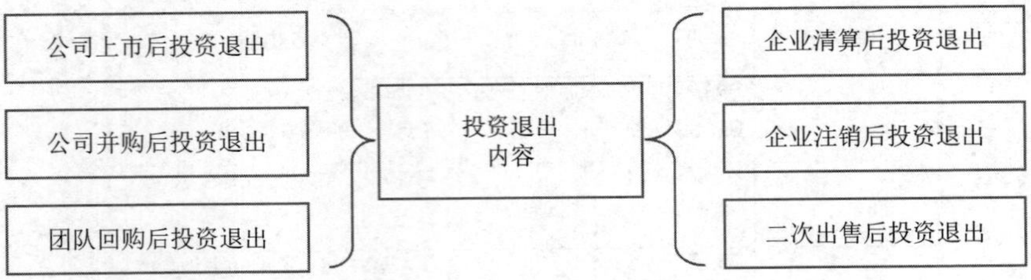

图 13-32　投资退出内容的 6 个方面

> 当然，我们为投资者提供了多种退出方式，如 **IPO**（**首次公开上市**）、**收购**、公司回购、二次出售、清算、注销等。其中以 **IPO** 形式退出所获得的收益高于其他退出途径。除 **IPO** 外，**收购**也较为常用。我公司将会为投资者首先提供这两种方式，以做参考。

图 13-33　某商业计划书摘要中投资退出内容的案例

由于商业计划书的摘要部分属于整个商业计划书的核心内容，所以一般属于机密文件，编写者会在文件开头或末尾提供简单的保密须知说明。图 13-34 为某创业计划书摘要中的保密条例。

> **保密须知**
>
> 1. 若贵公司不希望涉足本创业计划书所述项目，请按上述地址尽快将本《创业计划书》完整退回；
> 2. 未经本公司许可，贵公司不得将本创业计划书的内容全部或部分地透露给他人；
> 3. 贵公司应该将本创业计划书作为机密资料保存。
>
> **【其他事项】**
>
> 本创业计划书所涉及的内容均可具体协商。

图 13-34　某创业计划书摘要中的保密条例

第 14 章

表现技巧：通过文字加工重点突出文字内容

在商业计划书中，内容是不可缺少的，除了内容之外，文字本身的表现形式也十分重要。

本章主要针对商业计划书内容的表现技巧进行分析，逐步分析如何通过文字加工来突出文字的内容，从而吸引投资人的兴趣，以及获得投资人的认可。

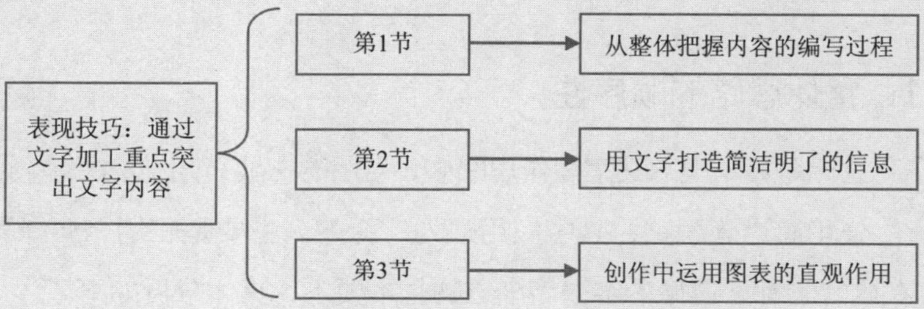

14.1 从整体把握内容的编写过程

在互联网时代，小成本的公司甚至团队都大放异彩，比如雕爷牛腩、皇太极煎饼等，而它们获得成功的第一步就是推出了一份优秀的商业计划书，从而获得了大量的支持资金。

对于小型企业或团队而言，要想通过商业计划书产生吸引投资的效果，首先需要从整体把握内容的编写过程。

图 14-1 为商业计划书中把握整体内容编写过程的 5 个方面。

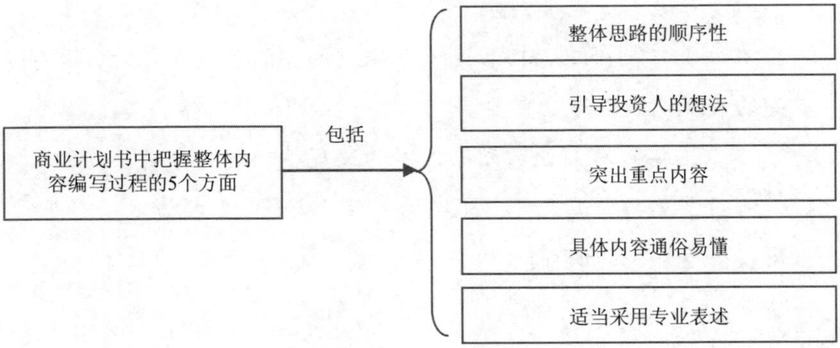

图 14-1　商业计划书中把握整体内容创作过程的 5 个方面

14.1.1 整体思路的顺序性

在商业计划书一类的文案写作思路中，常用的主要有归纳、演绎、因果、比较、总分和递进等思路，其中应用最为广泛的，主要是归纳、演绎和递进 3 种，在内容上都要遵循内容循序渐进的基本要求，具体分析如下。

1. 归纳

归纳思路是文案写作中常见的一种方式，尤其是在需要突出重点信息的商业计划书中更为常见。图 14-2 为对归纳的概述。

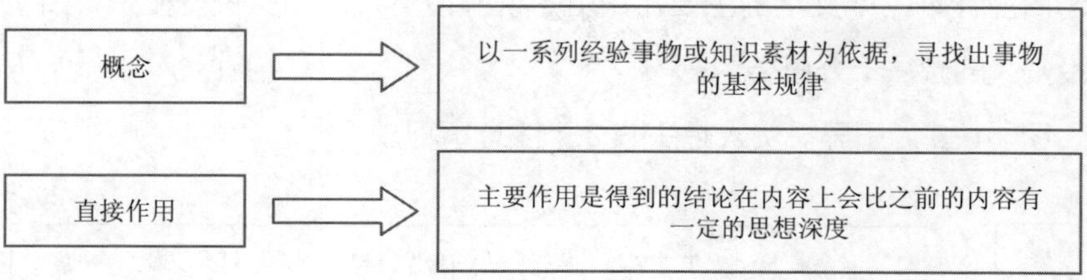

图 14-2　对归纳的概述

2. 演绎

演绎思路常见于商业计划书中需要进行内容假设的情况下，根据假设的内容来推动思维的进行。图 14-3 为对演绎的概述。

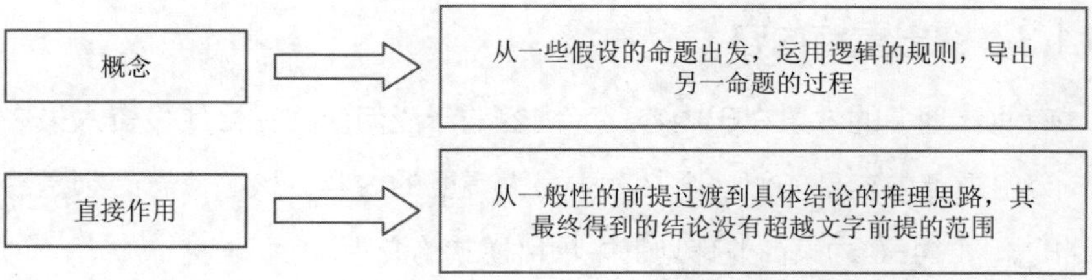

图 14-3　对演绎的概述

3. 递进

递进思路是运用递进思维方法形成的一种商业计划书的写作思路，用来深入说明部分内容。图 14-4 为对递进的概述。

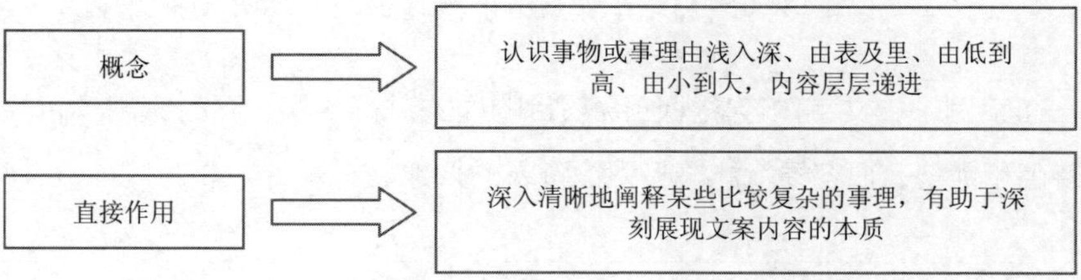

图 14-4　对递进的概述

14.1.2 引导投资人的想法

商业计划书中文字的主要作用就是说服投资人对项目进行投资，所以引导投资人的想法十分重要。

图 14–5 为引导投资人想法的 3 个注意事项。

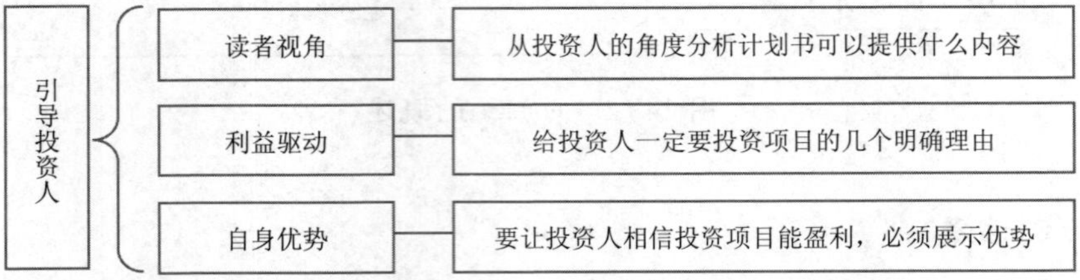

图 14–5 引导投资人想法的 3 个注意事项

14.1.3 突出重点内容

商业计划书的效果在于内容，而内容的泛泛而谈往往会使投资人失去兴趣。突出重点内容是任何一个文案中最为重要的内容，核心信息必须是最为醒目的。图 14–6 为某商业计划书中项目模式的说明。

> **1 项目模式**
>
> 本项目迎合了各地消费者追求不同文化特色食品、温馨生活方式的需求，联合各地土特产供应商优势，创造性地使用新型“TIME”营销模式，利用报纸杂志、网络等传播媒介，开创性地提出了供应商会员制度，综合管理费与营销费平摊风险，利用高科技软件和专业的计算方法传递和分析数据，创造一个“消费者-供货商-投资人”三方盈利的局面。

图 14–6 某商业计划书中项目模式的说明

在案例中，文字内容紧紧围绕项目的模式进行介绍，同时突出项目模式的特色和优势，很容易就能够吸引投资人的兴趣。

> **专家提醒：**需要注意的是，商业计划书的创作者要想突出文案的中心内容，还要提前对可能接触商业计划书的投资人群体进行分析和定位，了解其阅读习惯和方式，从而有选择性地提供商业计划书的内容。

14.1.4 具体内容通俗易懂

商业计划书中的文字要通俗易懂，这是编写商业计划书的基本要求。图 14-7 为某商业计划书中的产品介绍和价格分析，具体内容十分通俗易懂，投资人不需要再度深入研究。

3.1 产品介绍

阜新地区的土特产，如阜新熏兔，沟帮子熏鸡，阜新烤羊腿，阜新老酒，等一些易于在网上销售的产品。

3.2 价格

根据产品的市场价格（批发价格，零售价格等）制定网络销售价格，比市场的销售价格高出百分之二十，并且根据供需调整价格。

图 14-7 某商业计划书中的产品介绍和价格分析

从通俗易懂的角度出发，商业计划书所追求的主要是文字所带来的实际效果，这要求内容具有较强的实用性，而内容实用性方面又需要重点考虑 3 个方面的内容，具体如图 14-8 所示。

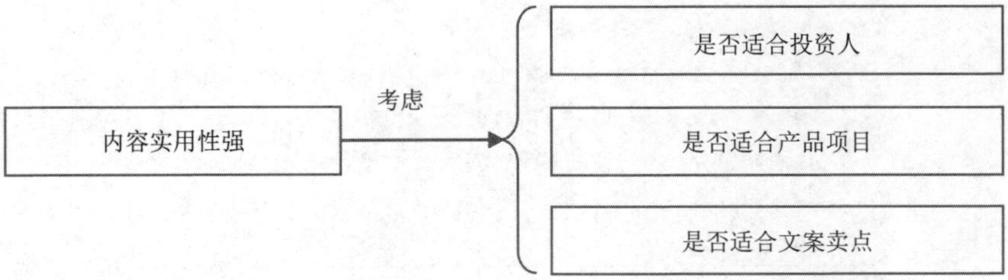

图 14-8 增加内容实用性需考虑的 3 个方面

14.1.5 适当采用专业表述

专业术语是指特定领域和行业中，对一些特定事物的统一称谓。在现实生活中，专业术语十分常见，比如在家电维修业中对集成电路称作 IC 等。

商业计划书的专业表述需求一般根据投资人的情况而定，图 14-9 为专业表述的作用。

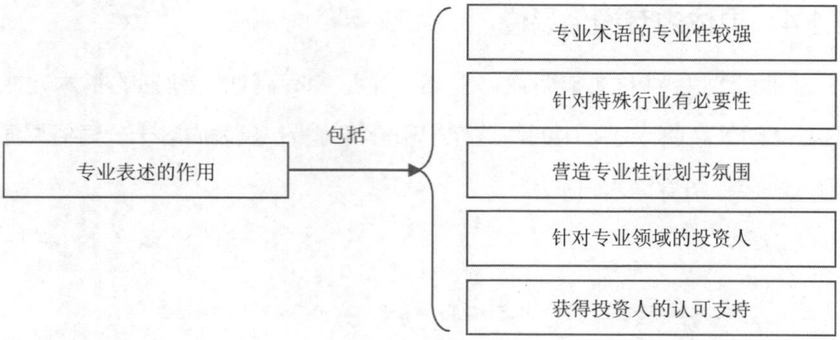

图 14-9　专业表述的作用

在大部分商业计划书中不会出现专业性较强的词汇，但是在医疗、金融、机械、科技等行业中，对产品的说明就需要专业表述。图 14-10 为某医疗器械商业计划书中对产品的说明。

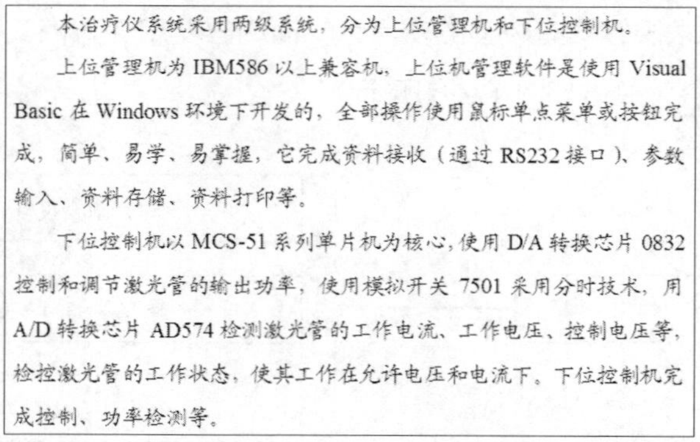

本治疗仪系统采用两级系统，分为上位管理机和下位控制机。

上位管理机为 IBM586 以上兼容机，上位机管理软件是使用 Visual Basic 在 Windows 环境下开发的，全部操作使用鼠标单点菜单或按钮完成，简单、易学、易掌握，它完成资料接收（通过 RS232 接口）、参数输入、资料存储、资料打印等。

下位控制机以 MCS-51 系列单片机为核心，使用 D/A 转换芯片 0832 控制和调节激光管的输出功率，使用模拟开关 7501 采用分时技术，用 A/D 转换芯片 AD574 检测激光管的工作电流、工作电压、控制电压等，检控激光管的工作状态，使其工作在允许电压和电流下。下位控制机完成控制、功率检测等。

图 14-10　某医疗器械商业计划书中对产品的说明

专家提醒：对于非产品需求的商业计划书而言，尽量少使用专业表述的词汇，专业术语并不适合给大众化的投资人阅读，尤其是在快节奏化的生活中，节省阅读者的时间和精力，提供良好的阅读体验才是至关重要的。

14.2　用文字打造简洁明了的信息

图 14-11 为通过 5 个方面的写作技巧打造简洁明了的商业计划书。

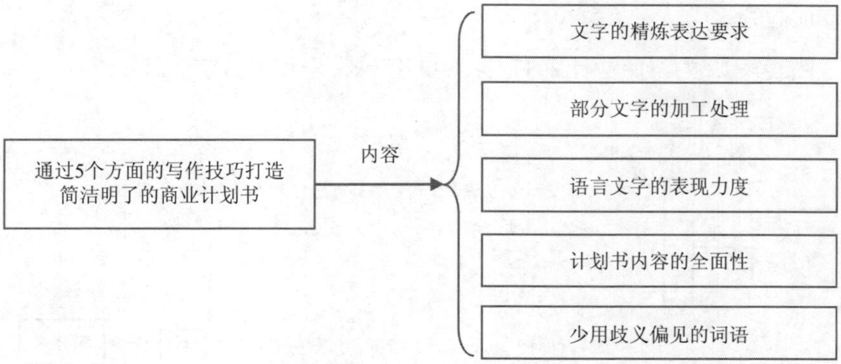

图 14-11　通过 5 个方面的写作技巧打造简洁明了的商业计划书

14.2.1　文字的精练表达要求

但凡文字信息，精练表达是最基本的要求。在精练表达的具体运用中，最常见的技巧就是用一句话作为单独的段落，突出展现所要表述的内容。

一个商业计划书中所涉及的商业理论的其概念、模式、策略文字都是可以进行精练处理的。在部分文案中，甚至可以采用创新的角度方式用简洁的文字来说服对方。图 14-12 为某求职者的求职简历开头部分。

> **对工科类专业工作而言，要找到相关专业出身的人，同时还要这个人勤奋耐劳，能吃苦、有恒心、有热情、有责任感，身体健康、五官端正、形象良好，并且气质佳，实在是太难了。**
>
> **但是，你需要的这样的人才，我正好就是。**

图 14-12　某求职者的求职简历开头部分

> **专家提醒**：在商业计划书文案中，对于核心部分的内容，最好是在一句话的文字范围里将某一个知识点内容讲清楚。这种方式不需要前期的大段文字铺垫，就能够有效地吸引到投资人的兴趣。

14.2.2　部分文字的加工处理

在商业计划书中，为了吸引投资人的注意，可以通过对文字加工的方式进行内容上的强调与突出。常见的文字的加工处理包括对话图框、下画线、特殊符号、粗体字、手写字体、3D 体现、附注文字、彩色文章、大写字体和文字加框等。

图 14-13 为某商业计划书内容中的特殊符号和粗体字。

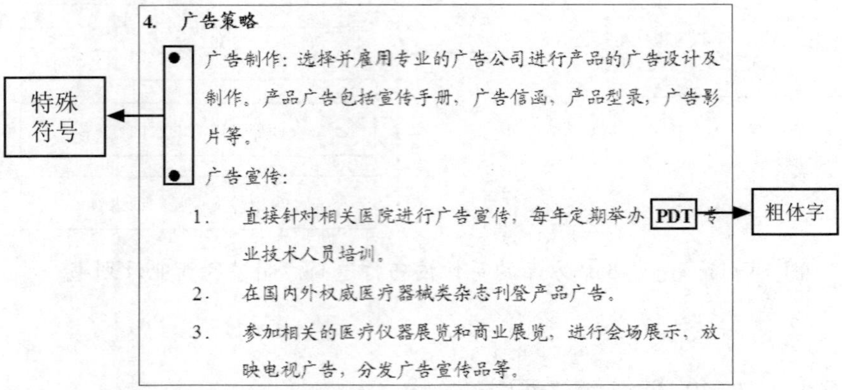

图 14-13　某商业计划书内容中的特殊符号和粗体字

14.2.3　语言文字的表现力度

成功的商业计划书逻辑清晰、层次分明、表述准确，失败的商业计划书的原因却众多。在可避免的问题中，语言文字的表现力度不够是失败的主因。图 14-14 为失败的商业计划书在语言文字方面的原因。

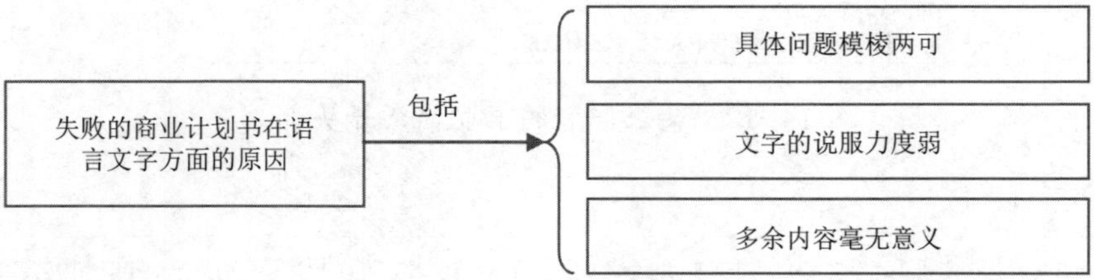

图 14-14　失败的商业计划书在语言文字方面的原因

在语言文字的表现力度方面，运用词语短句是最有实际效果的写作技巧。在实际的阅读过程中，短句比长句所展示的信息更容易被接受，同时对于商业计划书的编写者而言，词语的短句运用属于基本的职业技能。

专家提醒：单个短句的效果可能并不突出，但是在较长篇幅的文案内容中，就体现出了长句不能达到的效果。文案中的长句往往会让读者精神疲劳、头昏眼花，并且容易遗忘之前的内容。

14.2.4 计划书内容的全面性

商业计划书内容信息的全面性主要是指多角度地围绕企业、团队和产品信息进行展示，满足投资人对信息深度了解的需求。

为了达到最终被投资人认可和接受的效果，在商业计划书中所表现的全面的信息内容之间，主要通过多种信息关系来实现目标。图 14-15 为商业计划书内容中常见的 3 种信息关系。

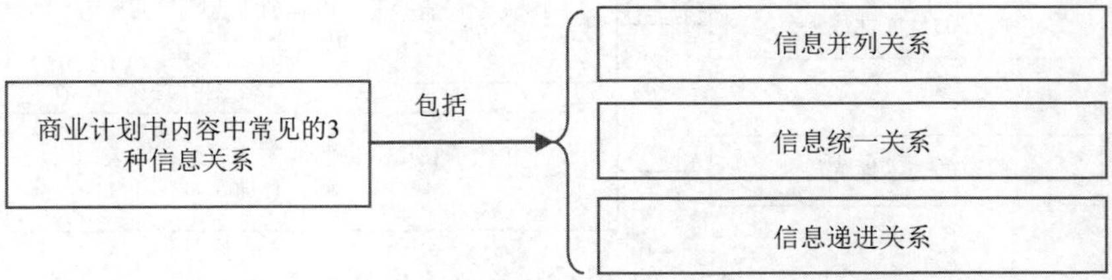

图 14-15 商业计划书内容中常见的 3 种信息关系

14.2.5 少用歧义偏见的词语

在商业计划书中，编写者需要避免使用带有歧义和偏见的词汇，尤其是会直接影响内容信息正常表达的词。那么，如何避免使用带有歧义和偏见的词汇呢？一般来说，主要有两种方法，具体如图 14-16 所示。

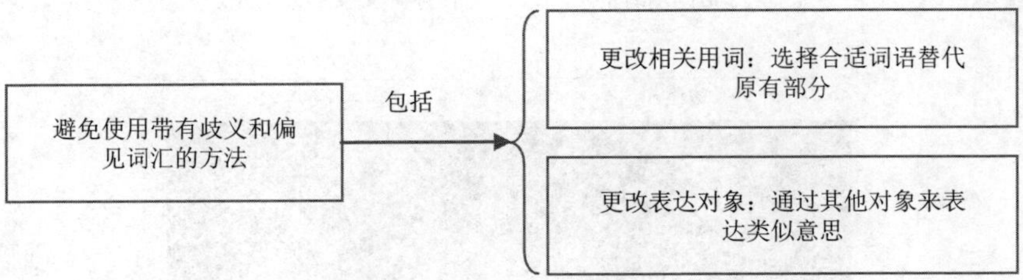

图 14-16 避免使用带有歧义和偏见词汇的方法

14.3 创作中运用图表的直观作用

图表是指采用图表形结构对相关信息进行内容说明。商业计划书中图表的 3 种常见方式为图片方式、表格方式和数据图表格式。

利用图表的方式进行表达，主要有 3 个方面的优势，如图 14-17 所示，为图表表达方式的优势内容。

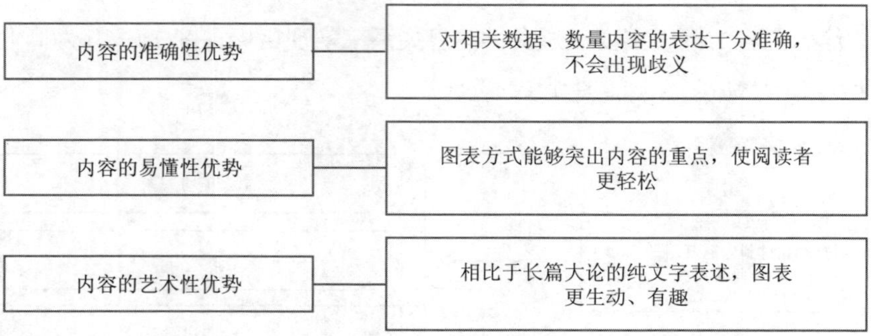

图 14-17 图表表达方式的优势内容

14.3.1 图片方式的运用与作用

图片有多种格式，但作用较为统一，在商业计划书中主要是增加计划书内容的真实性。商业计划书中常见的图片类型包括：产品图片、团队图片、领导者图片、企业图片、技术图片、行业图片、财务图片和数据图片等。

图 14-18 为某医疗企业商业计划书中的样机实物照片。

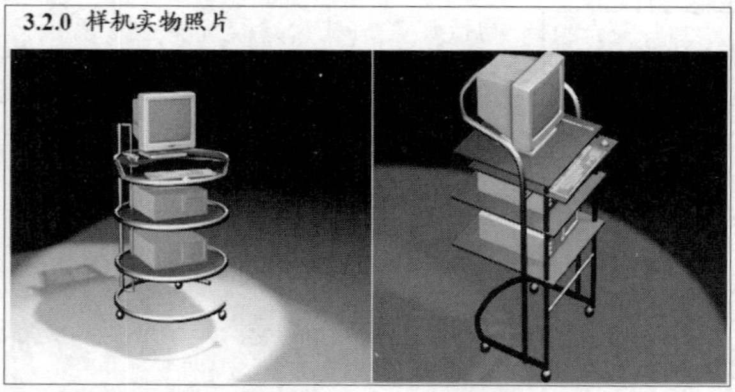

图 14-18 某医疗企业商业计划书中的样机实物照片

图 14-19 为某商业计划书中对企业形象和产品的介绍。

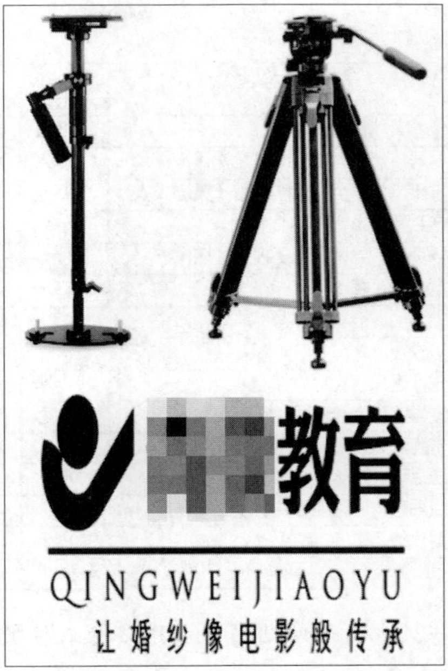

图 14-19　某商业计划书中对企业形象和产品的介绍

14.3.2　表格方式的运用与作用

表格的直接表现，就是指按照需要说明的内容项目分类来画成格子，分别填入文字或数字信息，以便进行统计，或让别人查看内容。

表格在商业计划书中的运用十分广泛，甚至可以直接采用全表格的方式来完成整个商业计划书的创作。图 14-20 为商业计划书中应用表格的案例，在一个表格中分点来阐述相关内容。

下店工作安排：
【1】导师下店指导：导师下店现场教学，摄影师现场观摩实践。（导师先以一个场景为例进行教学拍摄，然后摄影师进行实践练习）。
【2】8 号拍摄指导时间：上午 8 点－11 点（内景实践教学），下午 3－6 点（外景实践教学）。
【3】晚上上课时间：19 点到 20 点。（摄影师自己拍摄的片子准备好）针对之前拍摄产生的问题进行剖析讲解。（比如：分镜头的衔接，蒙太奇手法的运用，对故事画面的想象力以及组织能力连贯性的问题解决）。
【4】9 号白天：摄影师自己拍摄，导师在旁边现场指导.
【5】晚上：针对白天摄影师拍摄过程中产生的问题进行再次培训。

图 14-20　商业计划书中应用表格的案例

除了这种形式之外，常见的就是在一个表格中根据具体内容的需求而分类成为多个小型表格。图 14-21 为某商业计划书中应用多个表格的案例。

区　域	享有产品及服务	单　价（元）	总价值（元）
县级 **充值佣金 1.5 万** （300 元/条 后期代加工）	赠送 3 套风格样片	2800/套	8400.00
	影楼导演班全套课程（限定 1 人）	3800/人	3800.00
	门市步步为营全套教学课程（限定 1 人）	3000/人	3000.00
	赠送后期剪辑 3 条	300/条	900.00
	加盟期内，导师下店复训及区域保护		
	后期代加工费 50 条	300/条	15000.00
			总价值：31100.00
区级 **充值佣金 2 万** （300 元/条 后期代加工）	赠送 5 套风格样片	2800/套	14000.00
	影楼导演班全套课程（限定 1 人）	3800/套	3800.00
	门市步步为营全套教学课程（限定 1 人）	3000/人	3000.00
	赠送后期剪辑 5 条	300/条	1500.00
	加盟期内，导师下店复训及区域保护		
	后期代加工费 66 条	300/条	20000.00
			总价值：42300.00

图 14-21　商业计划书中应用多个表格的案例

14.3.3　数据图表的运用与作用

数据图表常见于 Word 格式或 PPT 格式的商业计划书中，通过软件自带的插入功能来完成数据图表的基本构建。

数据图表与图片和表格的实际作用基本一致，但是在表现形式上更为复杂，数据图表也是商业计划书中最常见的图表方式。数据图表的常见表现形式包括：雷达图、条形图、气泡图、柱状图、股价图、圆环图、折线图、面积图、饼形图和散点图等。

条形数据图表是最常用的形式之一，其作用是使各个项目之间的数据进行比较，在形态上分为垂直条形图和水平条形图。图 14-22 为条形数据图表的案例。

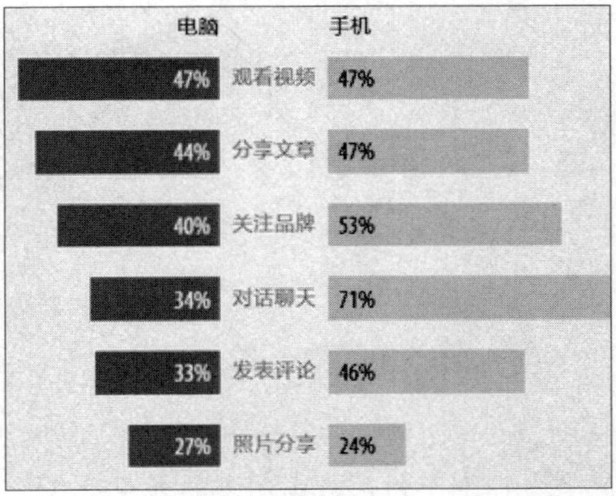

图 14-22　条形数据图表的案例

除了条形数据图表之外，柱状数据图表也是常用形式。图 14-23 为柱状数据图表的案例。

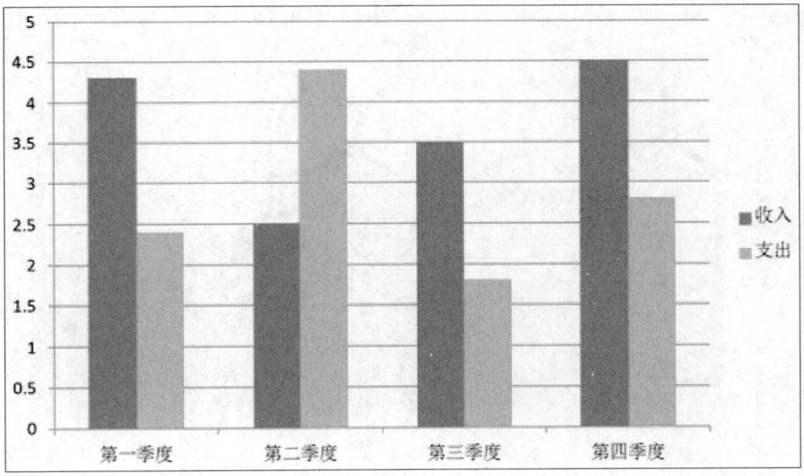

图 14-23　柱状数据图表的案例

柱状数据图表的作用，主要是显示一段时间内的数据变化，也可以显示各项目之间的数据比较。在具体形态上分为水平轴数据组和垂直轴数据组。与柱状图同样常见的还有饼形图。图 14-24 为饼形数据图表的表现形式。

饼形数据图表的作用是对一个数据系列中的相关数据进行说明，所有数据份额的百分比共同组成整个饼图。需要注意的是，饼形数据图表中一般通过不同的颜色来代表不同项目的数据份额。

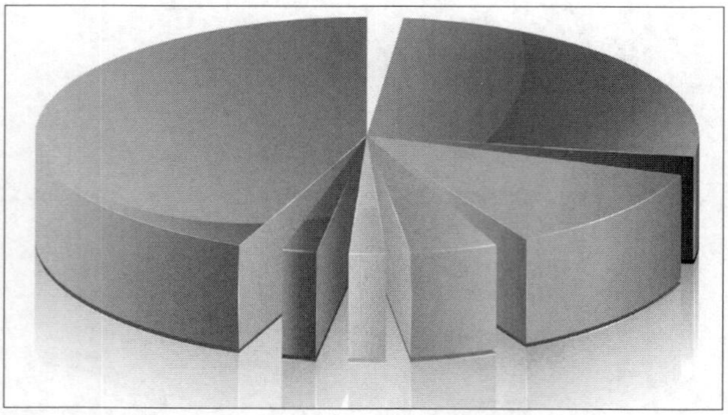

图 14-24　饼形数据图表的表现形式

最后一种常见的数据图表为折线图。图 14-25 为折线数据图表的案例。折线数据图表的作用，主要是体现数据随着某个相关因素的变化而进行的同步变化。

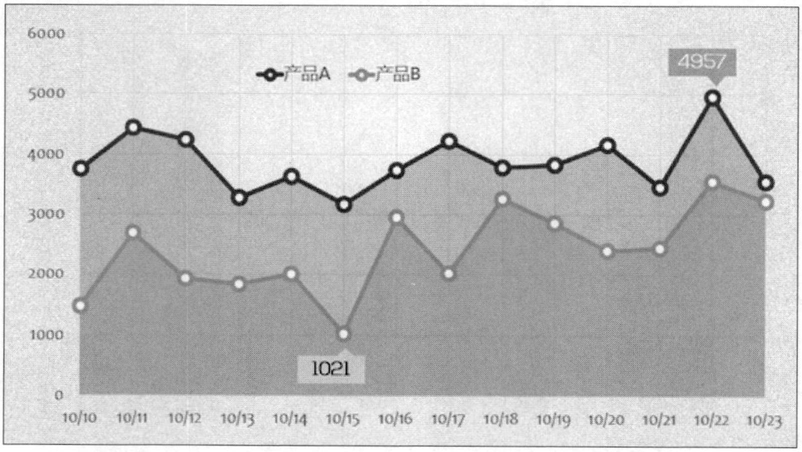

图 14-25　折线数据图表的案例

专家提醒：除了单个数据图表可以应用于商业计划书中之外，还可以通过多个数据图表相互叠加的方式来形成复合图表，显示内容更为复杂的数据信息。

第15章

数据说话：以真实数字展现计划书信息

在商业计划书中，数据的作用是不容小觑的，尤其是计划书中数字所代表的真实意义。

本章主要针对商业计划书中数字的应用进行分析，了解数字在不同模式的商业计划书中的不同作用，和在商业计划书中不同部分的具体运用。

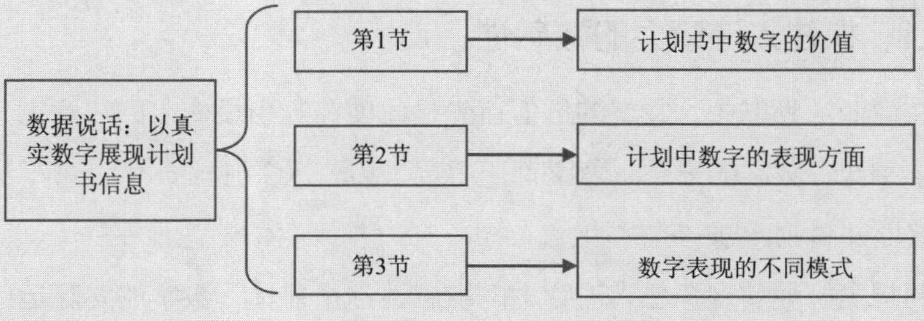

15.1 计划书中数字的价值

在商业计划书中，数字是十分常见的。其与词语的重要性等同，能够对整个商业计划书的内容起到积极表现和传达的效果。从根本意义上而言，数字就是让投资者相信商业计划书的相关内容是以某些事实作为依据的。

图 15-1 为某商业计划书中的长期目标内容，其中就通过数字的方式来证明团队的发展战略是有明确目标的，便于获得投资人的认可。

长期目标	发展 20-50 家特许经营加盟店，品牌强化。	十年	广东省大中城市
	发展 80-100 家特许经营加盟店，成为全国知名品牌。	十五年	中国南方地区所有大中城市
	发展 200 家以上的分店(包括直营和特许)	二十五年	全国所有大中城市

图 15-1　某商业计划书中的长期目标内容

15.1.1 抓住人注意力的敏感性

在商业计划书中，数字的价值首先是体现在吸引投资人的注意力方面。与文字相比，数字的形态、意义都更容易被投资人关注到，所以善于运用数字能够提升商业计划书的成功性。

要想更好地实现抓住人注意力的敏感性这个目标，数字的实际运用可以遵循如图 15-2 所示的 4 个要点。

数字的积极性	降低会带来消极效果的数字的频率，表现能带来积极性的数字为主
整数与百分数	运用整数和百分数的效果与直接使用数字的效果是不一样的
提升其吸引力	单个数字与一连串数字的效果是不同的，多数字的吸引力大
适当数量数字	多用数字，但也不能全篇都是数字信息，会降低数字可信度

图 15-2　数字的实际运用可以遵循的 4 个要点

图 15-3 为某商业计划书中的目标市场分析，其中数字的形式以整数和百分数为主，将市场利润充分展示给投资人。

2. 项目产品的目标市场

据我省农机部门试验测定，玉米机械化收获可以有效增强玉米生产的节本增效和抗灾减灾能力，机收每公顷可减少损失 3%至 5%，平均节约成本 225 元左右；采用机械化收获玉米，可以把劳动力从繁重的手工作业中解放出来，每台玉米联合收割机能替代 70 至 80 个劳动力，生产效率是人工劳动的 60 多倍，每亩比人工费用节约生产成本 50 元左右。本产品价格便宜、性价比高，适合西部欠发达地区玉米种植分散、地况复杂的特点，因此目标市场为我省乃至西部地区广大玉米农户、饲料加工企业和养殖企业，广泛用于目标客户收获玉米秸秆加工青贮饲料。

图 15-3　某商业计划书中的目标市场分析

15.1.2　直接证明内容的现实基础

除了吸引投资人的注意力之外，在数字的价值方面，还有一个重要作用就是数字直接证明了商业计划书内容的现实基础，能够说明相关数字并不是凭空而来的，从而得到投资人的进一步认可。

图 15-4 为某商业计划书中的产品市场分析，通过真实的数字来证明商业计划书中相关项目的潜力。

1、项目产品市场概况及需求情况

据统计，我省玉米种植面积今年近 1300 万亩，全省目前玉米联合收割机约 450 台，玉米机收面积约 70 万亩。从今年开始，我省确定了 13 个玉米联合收获示范县市区，在中央财政补贴的基础上实行省级财政累加补贴，引导农机大户、种植大户及农业生产公司等民间经济实体加大对玉米机械的投入。预计全省玉米机械化收获面积今后年均会增加 40 万亩以上，即便如此，到“十二五”末，玉米机械化收获水平仅能达到我省现有玉米种植面积的 25%左右。就是说仅我省每年玉米收获机械就有 200-300 台的增加需求量。

图 15-4　某商业计划书中的产品市场分析

需要注意的是，在证明内容的现实基础方面，数字不仅仅出现在相关数据的整合分析上，也出现在具体产品的型号上。通过对相关产品型号的说明，来证明项目的提出是有一定真实依据的。

图 15-5 为某商业计划书中对相关产品型号的说明。

秸秆青贮的机械有：河北农哈合机械有限公司生产的 4Q-10 型青贮收获机、 4PQ-10 型自走式青饲料收获机；石家庄市金达机械厂生产的 9QSJ-20、9QSJ-40 青饲料收获机；山东向农集团生产的 S-900 型牧神牌青贮饲料收获机；新疆机械研究院生产的 9QSD-750 型青贮饲料收获机；河北省固安县双桥农牧机械厂生产的 93QS-5.0I、93QS-5.0II 型青贮切碎机、93ZP-1.6 型铡草机(圆盘式)；石家庄农牧机械厂生产的 9DQ-150、9DQ-100、9DQ-60 型青贮砌碎机；鹿泉市农牧机械厂生产的 93ZP-600A、93ZP-2.0 型青贮铡草机等。

图 15-5　某商业计划书中对相关产品型号的说明

15.2　计划中数字的表现方面

商业计划书中数字可以被运用到每一个环节，但是具体的表现主要集中于 3 个方面。图 15-6 为数字的常见表现方面。

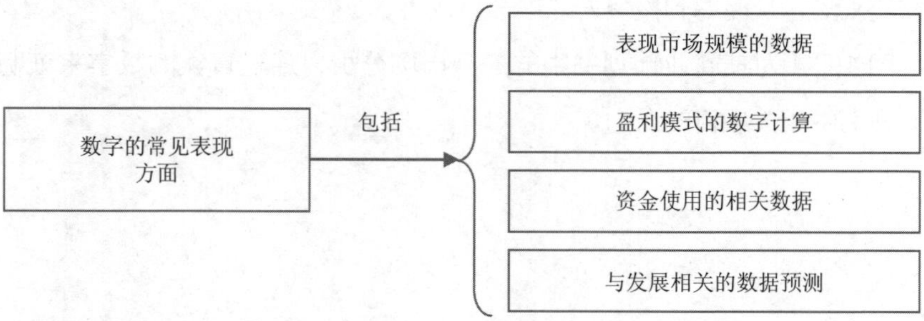

图 15-6　数字的常见表现方面

15.2.1 表现市场规模的数据

图 15-7 为某商业计划书中表现市场规模的数据的内容。

据统计，截至 2008 年底，互联星空的全国用户数量已经超过 1 亿，仅上海地区就超过了 800 万。根据中国电信的市场拓展计划，到 2012 年，全国互联星空的用户数量将超过 2 亿，仅上海地区就将超过 2000 万。

综合来看，目前仅在上海地区，电信 IPTV 和互联星空的用户就已经超过 1200 万，随着未来上海**在北京、郑州、西安、哈尔滨、成都 5 个分公司的建立，**将会在全国铺开服务网络，用户数量会迅速增长。

图 15-7　某商业计划书中表现市场规模的数据的内容

专家提醒：在大部分商业计划书中，表现市场规模方面的内容都会涉及相关数据，完全没有数据的内容是无法获得投资人认可的。尤其是在与产品市场直接相关的数据方面，相关数字必须要足够精准和精细。越详细地展示数据，越能让投资人了解市场的规模和潜力。

15.2.2 盈利模式的数字计算

在商业计划书的盈利模式方面，没有数字的支持就是属于空口无凭。必须有严格逻辑关系的与盈利模式相关的数字计算，才能让投资人清楚地认识到其投资的可能性和盈利程度。

图 15-8 为某商业计划书中涉及盈利模式的数字计算内容。

六、产品盈利能力分析

由于我们的产品品种多样(一百多种)，无法全部列示，以下仅以牛肉串作分析。

每斤精选牛肉 15 元/斤(现广州牛肉市价)，可以制作 45 串。每串牛肉成本 0.33 元，售价 1.00 元，每串毛利 0.67 元。每天平均销售 800-1000 串(业内数据)。以每天销售 800 串计算。每天营业额 800 元，扣掉牛肉成本 264 元，原料成本 20 元，每天利润 516 元。每月毛利 1.548 万元。再扣除其他费用(水费，电费，工资等)，纯利达 1.2 万左右。**可见我们产品盈利空间之大**。

图 15-8　某商业计划书中涉及盈利模式的数字计算内容

除了在文字中夹杂数字的方式来表现内容之外，为了更好地让投资人认识到项目的盈利模式，还可以通过表格的方式来表现。图 15-9 为某商业计划书中的利润计划表。

单位：元

利润计划表									
		三月	四月	五月	六月	九月	十月	十一月	十二月
销售收入	含税销售收入	78000	78000	78000	72000	72000	72000	78000	85500
	营业税等税	3500	3500	3500	3200	3200	3200	3500	4000
	税后净收入	74500	74500	74500	68800	68800	68800	74500	81500
总成本		20250	20250	20250	20250	20250	20250	20250	20250
利润		54250	54250	54250	48550	48550	48550	54250	61250
个人所得税(月)		7288	7288	7288	5800	5800	5800	7288	9738
税后净利润(月)		46962	46962	46962	42750	42750	42750	46962	51512

图 15-9　某商业计划书中的利润计划表

15.2.3　资金使用的相关数据

资金使用的数据分析，也是投资人关注的重点内容，其需要了解投资之后的资金是否被运用到恰当的地方。在这部分内容中，没有资金的具体使用细节，就无法证明资金的具体流向。

图 15-10 为某商业计划书中资金使用的相关数据。

项目总投资 120 万元，其中自筹 20 万元，计划融资 100 万元。

自筹资金主要用于组装车间建设、研发、人员工资、管理费用、财务费用等。融资资金 100 万元，主要用途：

组装线建设	20 万元
科研开发费用	10 万元
补充流动资金	90 万元

本公司采取增资扩股的方式进行股权融资，融资的 100 万元占增资扩股后公司注册资金的 49%。

图 15-10　某商业计划书中资金使用的相关数据

如果商业计划书的资金使用内容重要性较为突出，那么资金使用的相关数据可以更为细节化，以获得投资人的信任。图 15-11 为某商业计划书中资金使用的相关细节数据展示。

八、资金计划

公司成立初期共筹集资金共 2 万元。资金主要用于购买购办公桌椅、租借店面以及雇用员工；另外还有宣传费用，管理费用等。

店铺建设投资：

（一） **办公桌椅**：2000 元

（二） **店面租金**：24000 元 / 年

（三） **宣传策划费用**：6000 元 / 年

（四） **推广费用**：预计用资 6800 元 / 年

（1）发放宣传单	300 元
（2）在校内挂横幅，借助校园内公共宣传工具宣传	500 元
（3）策划制定专门的露天活动	2000 元
（4）新饰品展销派对	2000 元
（5）与各大高校协作举办商业街，参与社团各类活动	2000 元

图 15-11 某商业计划书中资金使用的相关细节数据展示

15.2.4 与发展相关数据预测

数据的应用还常见于与发展相关的内容。图 15-12 为某商业计划书中对产品服务的收入分析。

3．收割服务收入

自备 2 台小型自走式玉米青贮饲料收获机，每台每天收割 12 亩，每亩按 280 元计算，每天收入 3360 元。收割 60 天每台收入为 20.16 万元，2 台共收入 40.32 万元。

成本计算：

司机 1 人，每天工资 200 元

杂工 2 人，每天每人工资 100 元，共计每天工资 200 元

油料每天 360 元

设备折旧和维修每天 660 元

每天成本总计 1420 元，60 天总成本 85200 元

每台利润总额：11.64 万元，两台共 23.28 万元

劳务税率按 3%计算：0.7 万元

所得税：5.82 万元

净利润：16.76 万元

2012 年累计收入 220 万元，实现净利润 52.86 万元

图 15-12 某商业计划书中对产品服务的收入分析

在具体的数字运用中，也可以通过简化的模式来展示相关数据，将重要的数字信息集中展示。图 15-13 为某商业计划书中对产品销售利润总额与净利润的数据分析。

> 3．销售利润总额与净利润
>
> 利润总额=年销售收入-年成本费用（生产成本、税金及附加、销售费用、管理费用）
>
> （1）利润总额为 48.1 万元。
>
> （2）所得税：所得税率按 25%计算，即所得税额为 12 万元。
>
> （3）净利润：36.1 万元。

图 15-13　某商业计划书中对产品销售利润总额与净利润的数据分析

15.3　数字表现的不同模式

尽管数字的外在形式是不可能变化的，但是其在不同商业计划书的模式中的表现和作用也有所不同。图 15-14 为数字在 3 种不同商业计划书中的应用。

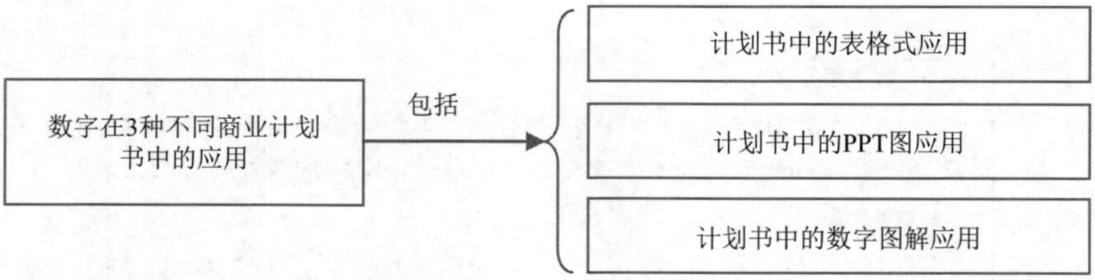

图 15-14　数字在 3 种不同商业计划书中的应用

15.3.1　计划书中的表格式应用

表格式应用是最为常见的一种数据表现方式。图 15-15 为某商业计划书中对项目盈利模式的表格式数据分析。

功能	收费对象	收费方式	收费数额
手机报	个人用户	包月制	3-5 元/月
电子期刊	个人用户	包月制	10-15 元/月
视听港	个人用户	包月制	15 元/月
		按流量算	1kb/0.5 分
折扣汇	商家用户	接入费	10万-20 万元/年
		根据用户使用量	1 元/条
		根据用户使用量	消费金额的 1%
名店城	商家用户	接入费	10万-20 万元/年
		下行广告数量	1 元/条
手机支付芯片	个人用户	根据购买数量	120 元/张
	商家用户	根据消费金额	消费金额的 1%
管家婆	个人用户	免费	用以完善**

图 15-15　某商业计划书中对项目盈利模式的表格式数据分析

需要注意的是，并不是所有的表格式应用都有表格的外在表现形式。图 15-16 为某商业计划书中对经济效益的预测分析，并没有外在的表格形式。

5. 企业经济性、盈利性和收获能力

经济效益预测：

年营业收入：	50 万元
年营业总成本：	40 万元
年利润：	10 万元
所交所得税：	2.7 万元
税后利润：	7.3 万元
提取盈余公积：	1.01 万元
可分配利润：	6.29 万元
投资回收期：	3 年

图 15-16　某商业计划书中对经济效益的预测分析

15.3.2　计划书中的 PPT 图应用

商业计划书采用 PPT 的格式进行制作的方式并不常见，主要是针对部分小型的商业计划书。在 PPT 格式的商业计划书中，数据的应用也是十分常见的。

图 15-17 为某 PPT 格式商业计划书中的项目投资亮点介绍，PPT 图片展示的方式能够更好地表现数据信息。

投资亮点

- **中国出境旅游市场容量巨大**
  - 2010年达到5000万人次
- **领先的行业地位**
  - 中国出境旅游（欧、非、美洲）最大的服务供应商之一
  - 北京最具影响力境外旅游品牌10强
  - 十大旅游网站，强大的旅游资讯平台
- **丰富的产品及广泛的资源**
  - 涵盖国内和欧、非、美、亚洲的数百条团队定制线路和海岛游轮产品
  - 涵盖全国所有省份和直辖市的销售网络，3000家同业旅行社客户
  - 与境外50多个国家和地区旅游局，30多家航空公司，40多家使馆等的良好合作

图 15-17　某商业计划书中的项目投资亮点介绍

在 Word 中也可以采用 PPT 图对相关数据进行分析。图 15-18 为某商业计划书中的 PPT 数据分析图，首先在 PPT 中制作图片，然后通过截图的方式将图片应用到 Word 中。

(RMB 1,000)	2008年	2009年
主营业务收入	**300,000**	**500,000**
批发	300,000	450,000
店面零售	0	50,000
毛利	**30,000**	**60,000**
批发	30,000	50,000
店面零售	0	10,000
净利润	**15,000**	**33,000**

图 15-18　某商业计划书中的 PPT 数据分析图

15.3.3　计划书中的数字图解应用

在商业计划书中，数字图解的方式分为饼行图、条形图、柱状图和折线图等。数字图解的基本类型与文字的包装类型是一致的，但是数字图解更侧重于展示数字本身的内容。

图 15-19 为商业计划书中对资金使用计划的数字图解。

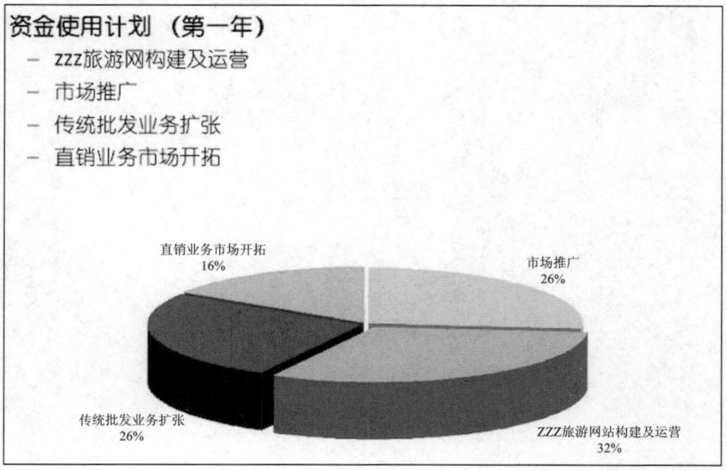

图 15-19　商业计划书中对资金使用计划的数字图解

除了饼形图之外，数字图解的实际应用中以条形图最为常见。图 15-20 为某商业计划书中的条形图形式的数字图解。

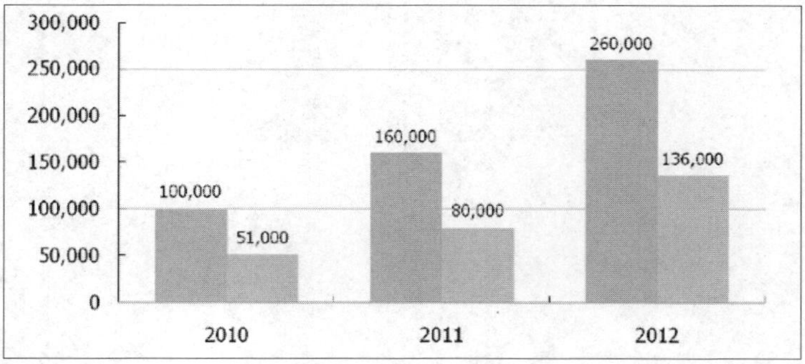

图 15-20　某商业计划书中的条形图形式的数字图解

第 16 章

炫酷表达：PPT 商业计划书的优势尽显

使用 PPT 的方式来制作商业计划书，最为突出的特点就是样式精美、文字的表现方式十分炫酷。

本章主要针对使用 PPT 模式的优异性进行说明，分别是从制作者角度出发的优势分析、从接受者角度出发的优势分析和从计划书的要求出发的优势。

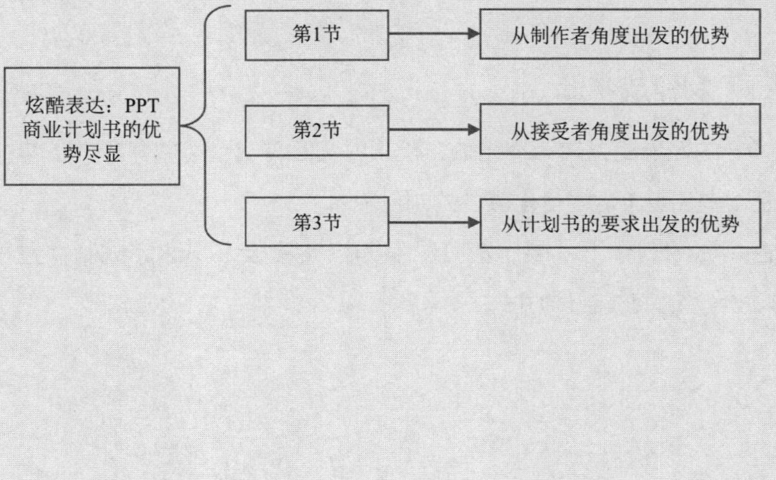

16.1 从制作者角度出发的优势

PPT 的全称为 Microsoft Office PowerPoint，是由微软公司推出的影响力十分广泛的软件，主要作用是演示文稿信息。PPT 内的每一页内容叫作幻灯片，不同幻灯片的内容有所不同，但是同一个演示文稿中的幻灯片的内容是相互有一定联系的。

PPT 文件中通常包含的 10 个部分的内容，即片头、动画、前言、PPT 封面、目录、图片页、过渡页、文字页、图表页和封底。

PPT 能够被应用于所有行业，但是最常见于 6 个方面，即工作汇报、企业宣传、产品推介、婚礼庆典、项目竞标和教育培训。

本部分的内容主要从商业计划书的角度，分析使用 PPT 模式的优势，其优势主要集中于 4 个方面，如图 16-1 所示。

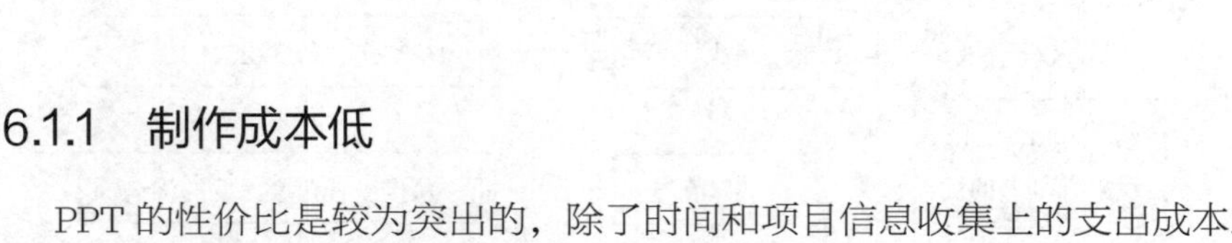

图 16-1　PPT 模式的优势主要集中于 4 个方面

16.1.1 制作成本低

PPT 的性价比是较为突出的，除了时间和项目信息收集上的支出成本之外，制作者几乎不需要付出额外的制作成本。

在具体的制作上，制作者可以根据相关模板来快速完成制作过程。图 16-2 为常见的模板制作方式。

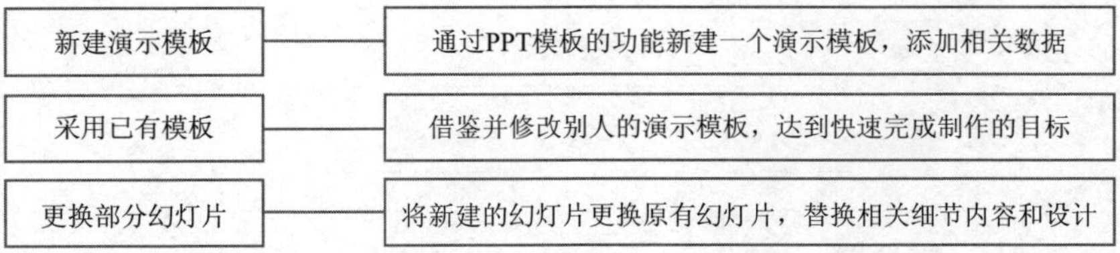

图 16-2　常见的模板制作方式

图 16-3 为某个精美的 PPT 模板案例，制作者可以通过网络搜寻更多的模板素材。

图 16-3　某个精美的 PPT 模板案例

在具体的内容新建或更改中，制作者可以快速地改变相关细节，所需要花费的精力并不多。同时对细节的修改能够更好地展示内容，尤其是对文字、图片等信息的重点突出。

制作 PPT 中有 6 个常见的细节内容，即图式细节、表格细节、图标细节、文本颜色、文本样式和文字字体。

16.1.2　兼容性较好

在具体的文档使用上，PPT 文件可以通过转换，变成 XPS 文件或 PDF 文件，以便与任何平台上的用户进行信息层次的共享。图 16-4 为 XPS 和 PDF 文件形式的作用。

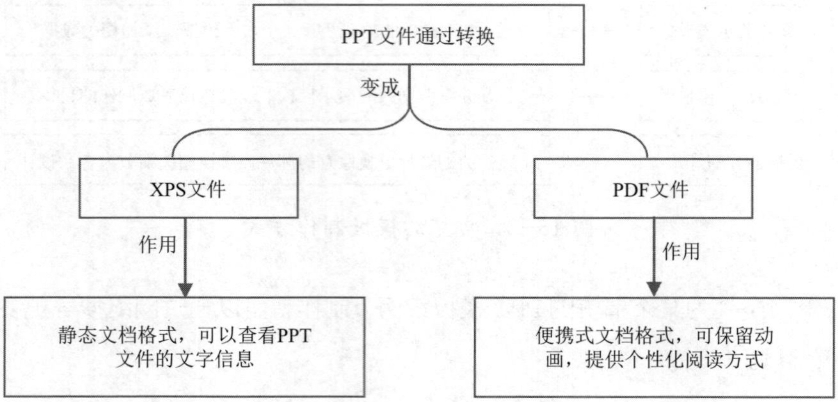

图 16-4　XPS 和 PDF 文件形式的作用

制作完成 PPT 之后，其兼容性适用范围更广，便于投资人通过软件快速查看相关信息。

PPT 作为应用较为广泛的软件，大部分场合下都能被使用。图 16-5 为常见的 3 种 PPT 的使用方式。

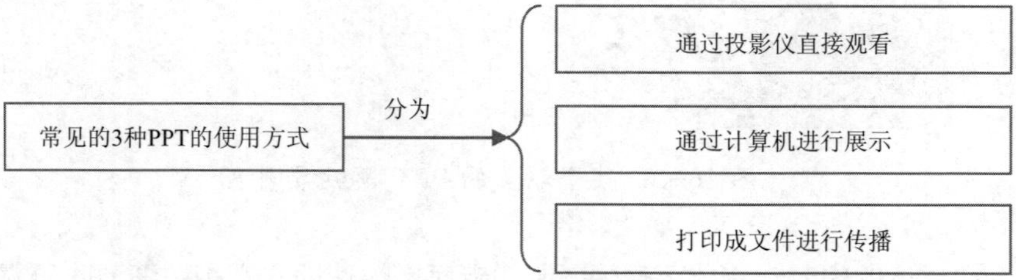

图 16-5　常见的 3 种 PPT 的使用方式

16.1.3　生动的展示

在 PPT 中，信息的生动展示主要分为静态展示和动态展示。图 16-6 为精美烤肉幻灯片模板。

这种图片和文字结合的方式能够更好地突出信息，比如美食的图片就能够更加直观地让投资人感受到美食的魅力以及投资餐饮的潜力，也能够刺激投资人进行投资的潜意识。

图 16-6　精美烤肉幻灯片模板

除了精美的静态展示方式之外，还有就是动态的展示方式。图 16-7 为动态模板中动画的前后变化。

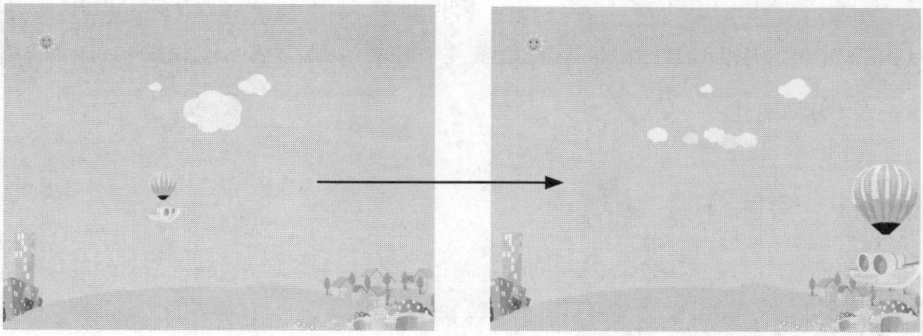

图 16-7　动态模板中动画的前后变化

16.1.4　制作周期短

由于 PPT 的制作可以直接根据相关模板来完成，所以整个商业计划书的制作周期会大量缩短。同时 PPT 内幻灯片的展示模式以精简为主，也会进一步降低 PPT 的制作难度。

图 16-8 为百度文库中某个 PPT 模式商业计划书的相关界面，从中可以看出整个商业计划书只有 18 页，与其他模式的商业计划书相比，PPT 模式的商业计划书的页数较少，完成难度随之降低，制作周期也随之缩短。

图 16-8　百度文库中某个 PPT 模式商业计划书的相关界面

16.2　从接受者角度出发的优势

从投资人的角度而言，PPT 模式的商业计划书主要有 3 个方面的优势。从接受者角度出发 PPT 商业计划书模式主要有 3 种优势，即特色鲜明、信息全面和重点突出。

16.2.1　特色鲜明

由于图片的直观效果较强，所以通过 PPT 模式制作的商业计划书往往特色鲜明。图 16-9 为以纯色为背景的 PPT 模式。

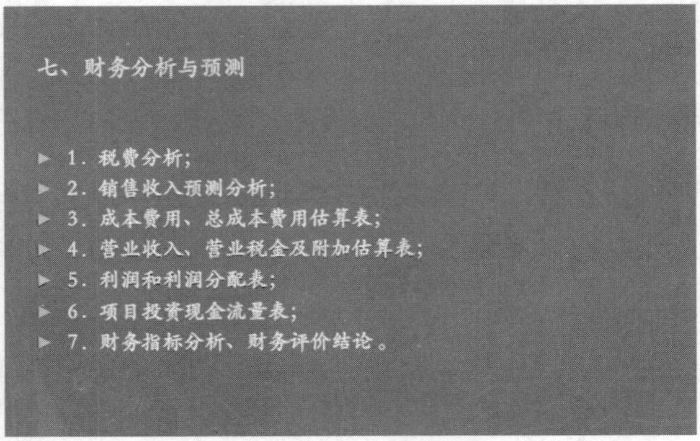

图 16-9　以纯色为背景的 PPT 模式

以纯色为背景，容易突出文字本身信息，同时以幻灯片为单位进行信息的展示也更为便捷，往往应用于较为严肃的商业项目中，比如大中型企业的融资需求说明、项目的具体内容分析等。

除了纯色之外，不同商业计划书的表现特色也是各有不同的。图 16-10 为某 PPT 模式商业计划书中的幻灯片，通过精美的模式设计，将自身特色与项目内容同时展示出来。

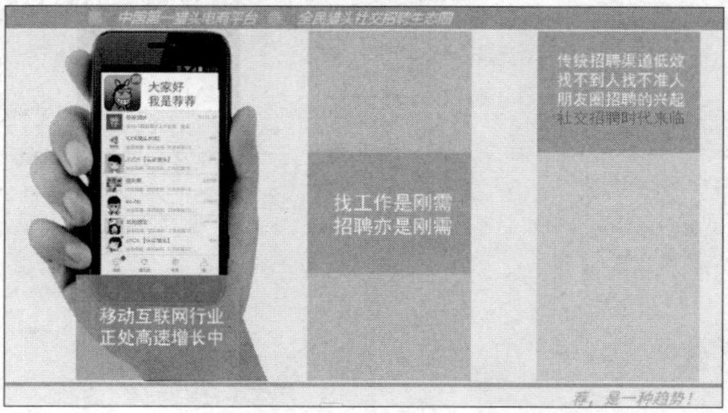

图 16-10　某 PPT 模式商业计划书中的幻灯片

16.2.2　信息全面

尽管一般 PPT 模式的商业计划书的页数不多，但是其更类似于商业计划书的摘要，在具体的信息展示上是相当全面的。图 16-11 为某商业计划书中管理团队的介绍模板。

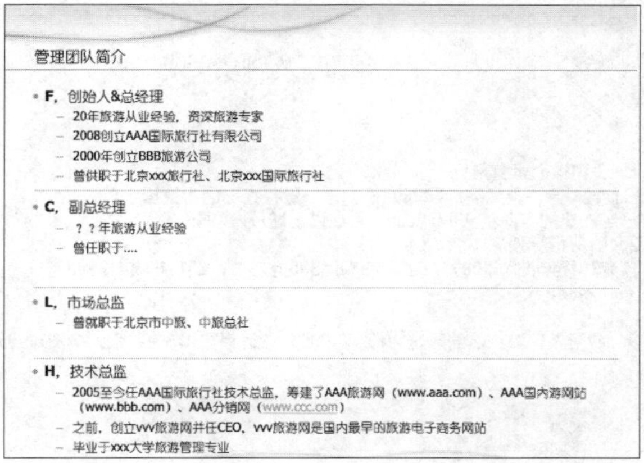

图 16-11　某商业计划书中管理团队的介绍模板

在一个完整的商业计划书中需要有的内容，在 PPT 模式中都需要有对应的信息进行展示。图 16-12 为某商业计划书中对项目商业模式的分析。

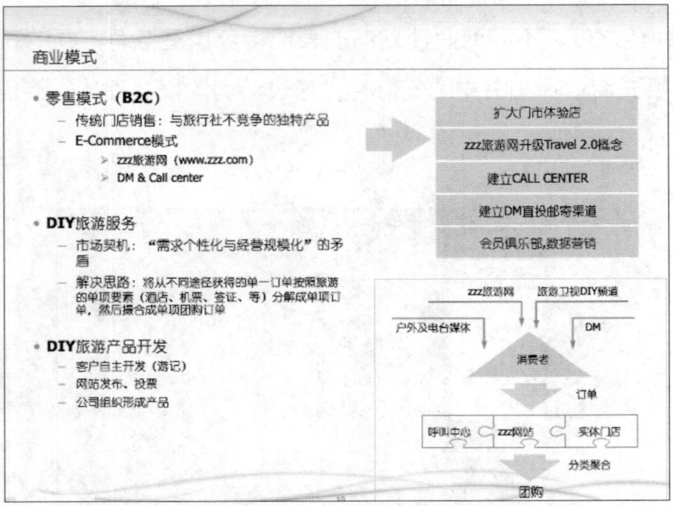

图 16-12　某商业计划书中对项目商业模式的分析

16.2.3　重点突出

在 PPT 页数减少的前提下，重点突出内容就成为展示信息的基本要求。图 16-13 为 PPT 中对项目财务预测及融资规划的分析，通过数字信息的展示和分析来突出重点。

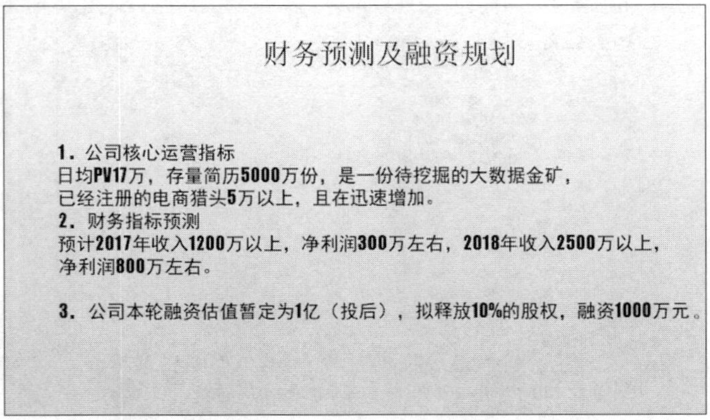

图 16-13　PPT 中对项目财务预测及融资规划的分析

每一个幻灯片的篇幅都是有限的，能够展示的文字信息较少，但这种方式对于突出重点更为有利。图 16-14 为 PPT 中对团队信息的相关分析，通过醒目的数字来展示重点。

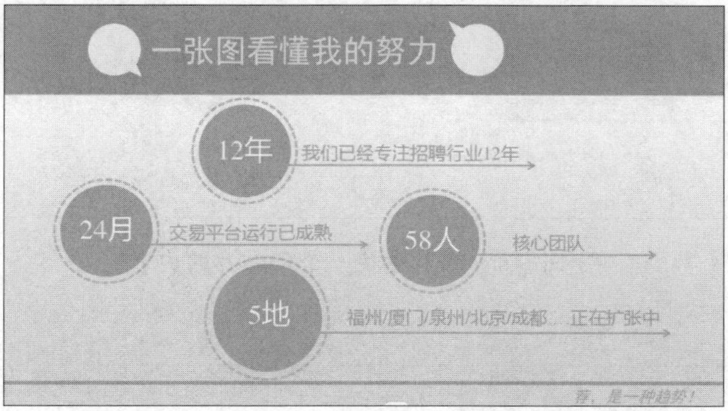

图 16-14　PPT 中对团队信息的相关分析

16.3　从计划书的要求出发的优势

从商业计划书本身的内容要求而言，PPT 模式的优势主要分为 3 个方面，即直接展示性、阅读效率性和专业统一性。

16.3.1　直接展示性

直接展示信息是商业计划书的基本要求，要求创作者去掉烦琐的信息内容，凝练核心文字。PPT 模式完美地解决了这个问题，展示核心信息的功能本就是 PPT 的特色所在。

图 16-15 为 PPT 中某一个幻灯片的内容，其表现方式为排版整齐，同时中心点内容突出。

图表在 PPT 中的应用，也是着力于信息展示方面。图 16-16 为某个 PPT 中的图表内容，通过循序渐进的方式来展示项目的商业模式信息。

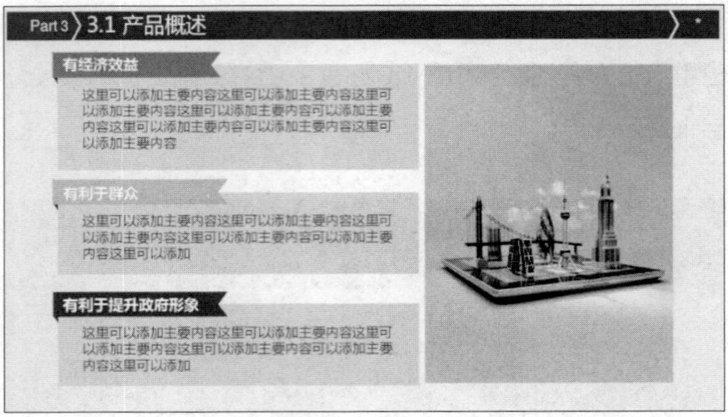

图 16-15　PPT 中某一个幻灯片的内容

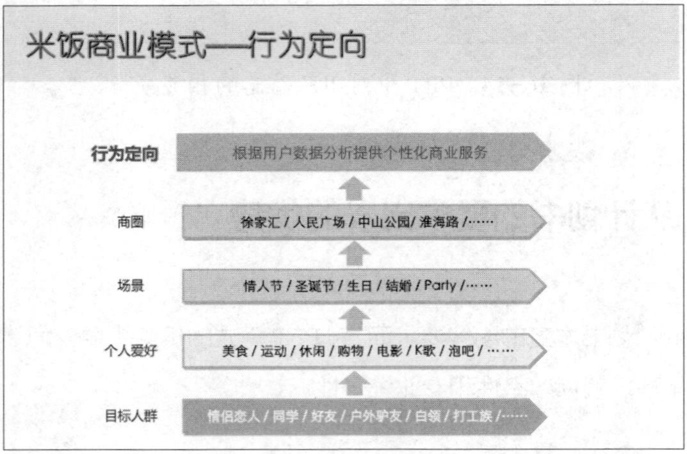

图 16-16　某个 PPT 中的图表内容

16.3.2　阅读效率性

在 Word 模式的商业计划书中，投资人可以通过商业计划书的摘要来了解整个商业计划书的大概内容，但是具体的内容还需要通过阅读数十页的计划书来进行详细分析。对于 PPT 模式的商业计划书而言，投资人阅读整个计划书所需的时间精力大大降低，也就提高了阅读的效率性。

在单个幻灯片中，内容往往集中于一个中心点。图 16-17 为某商业计划书中的运营策略与投资回报分析，幻灯片的内容围绕运营策略与投资回报进行，这种方式便于信息的集中体现，从而提高阅读效率。

运营策略与投资回报

阶段	价格及盈利策略	股本规模	对外融资或股东拆借	资金规模	股本回报率	资产回报率	年税前利润
初期运营	低价策略，做规模	150.0	150.0	300.0	25%	13%	37.5
代理商阶段	差异化价格策略，提高平均利润率	300.0	200.0	500.0	40%	24%	120
运营商阶段	品牌战略，稳定利润率	500.0	500.0	1000.0	60%	30%	300

图 16-17　某商业计划书中的运营策略与投资回报分析

除此之外，分点进行内容阐述的方式也是提高阅读效率的方法。图 16-18 为某商业计划书中对成本估算内容的分点阐述。

图 16-18　某商业计划书中对成本估算内容的分点阐述

16.3.3　专业统一性

在制作 PPT 模式的商业计划书时，从第一个幻灯片到最后一个幻灯片，制作者往往都采用同一种风格，从而让商业计划书保持统一的表现方式，也体现出制作水准上的专业性。

图 16-19 为某商业计划书中采用统一风格表现不同内容的案例，在模板形式不变的前提下，文字内容根据需求进行更改。

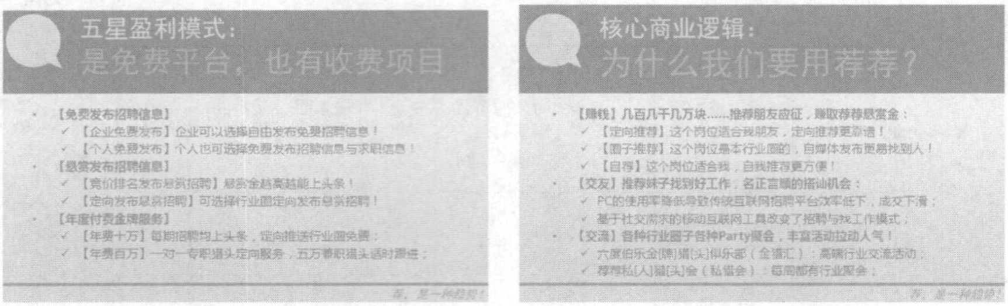

图 16-19　某商业计划书中采用统一风格表现不同内容的案例

大部分的 PPT 模板都是采用同一种风格，但是对于少数 PPT 而言，在同一个商业计划书中可以根据内容的不同而分为多种风格，但多种风格同样存在一定的相同性。图 16-20 为某商业计划书中的团队介绍和财务预算，不同内容的介绍模式存在不同之处，但是整体的色彩搭配、内容的展示方式是类似的。

图 16-20　某商业计划书中的团队介绍和财务预算

第 17 章

沉稳真实：Word 商业计划书的完美诠释

在制作商业计划书时，除了可以用 PPT 模式进行制作之外，更常见的是采用 Word 模式进行制作。

本章主要针对使用 Word 模式的多方面优势进行说明，分别是制作者角度出发的优势、从接受者角度出发的优势分析和从计划书的要求出发的优势。

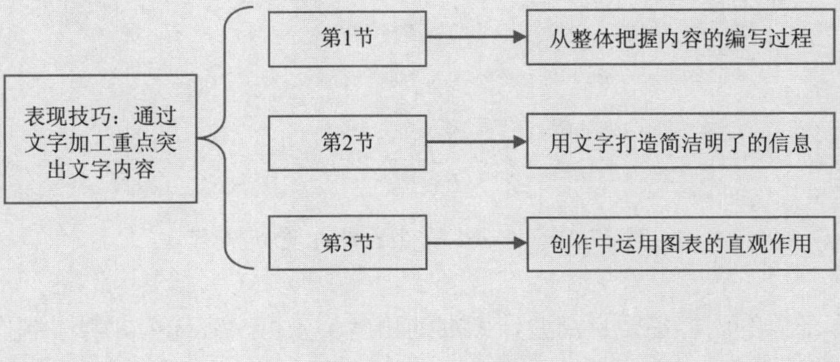

17.1 从制作者角度出发的优势

Word 是由微软公司推出的一个文字处理器应用程序，主要作用是为用户提供较为美观的文档，与 PPT 同属于微软推出的 Office 套件的核心程序。

与 PPT 模式相比，Word 的功能内容较少，其中直接涉及内容编辑的文件按钮主要有 6 个，即信息展示、新建文档、打开文档、共享文档、打开文档和保存文档。

Word 从发布以来，已经有十几次的功能更新。图 17-1 为 Word 软件的部分更新历程。

1989年 11月 Microsoft Word for Windows 1.0

1990年 Microsoft Word for Windows 1.1

1990年 Microsoft Word for Windows 1.1a，Windows 3.1专用

1991年 Microsoft Word 2 for Windows

1993年 Microsoft Word 6 for Windows

1995年 Microsoft Word 95，亦称Word 7

1997年 Microsoft Word 97，亦称Word 8

1999年 Microsoft Word 2000，亦称Word 9

2001年 Microsoft Word XP，亦称Word 10

2003年 Microsoft Office Word 2003，亦称Word 11

2006年 Microsoft Office Word 2007，亦称Word 12

2010年 Microsoft Office Word 2010，亦称Word 14

2012年 Microsoft Office Word 2013，亦称Word 15

图 17-1 Word 软件的部分更新历程

本部分的内容主要从商业计划书的角度，分析 Word 模式对于制作者的优势，优势集中于 6 个方面，如图 17-2 所示。

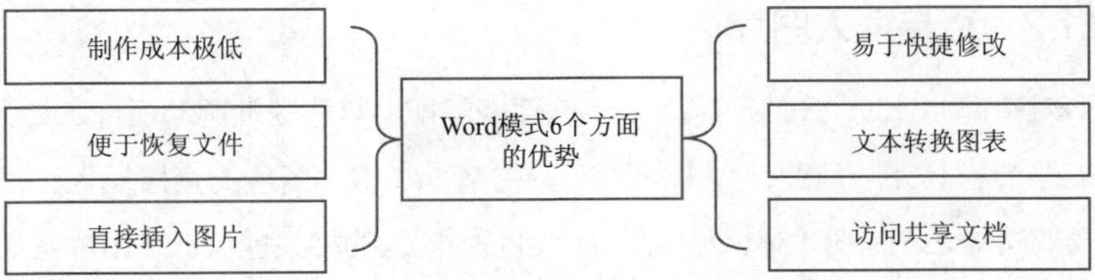

图 17-2　Word 模式 6 个方面的优势

17.1.1　制作成本极低

在商业计划书的制作方式中，成本最低的就是 Word，软件的功能十分强大，能够帮助用户快速完成商业计划书的制作，而用户无须为软件本身付出太多费用。

图 17-3 为 Word 2017 版本的启动界面。

图 17-3　Word 2017 版本的启动界面

在商业计划书的具体制作中，制作者可以通过 Word 的免费功能来添加相关效果，从而更有效地展示文字信息，提高商业计划书的制作效率。图 17-4 为 Word 中部分免费功能的说明。

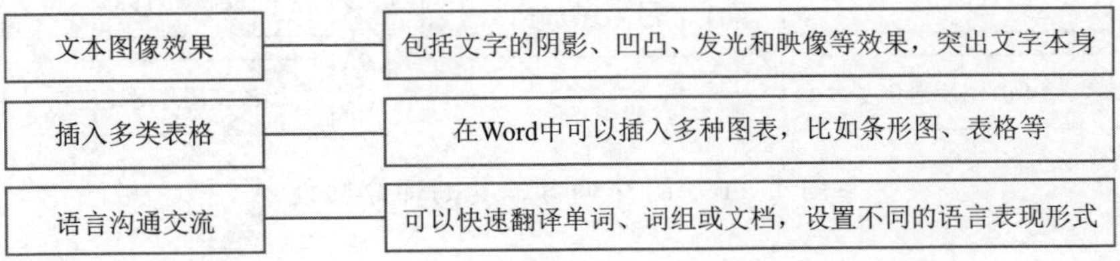

图 17-4　Word 中部分免费功能的说明

17.1.2 直接插入图片

对于商业计划书的制作者而言，软件能够帮助其快速地调动图片、文字，就能够节省其完成商业计划书的时间。在 Word 中，图片的直接插入正是其主要的功能之一。图 17-5 为某商业计划书中插入的相关授权证书图片案例。

图 17-5 某商业计划书中插入的相关授权证书图片案例

除了插入图片之外，制作者还可以通过 Word 中的图片编辑工具，对相关图片进行简单编辑。图 17-6 为图片编辑工具的部分功能。

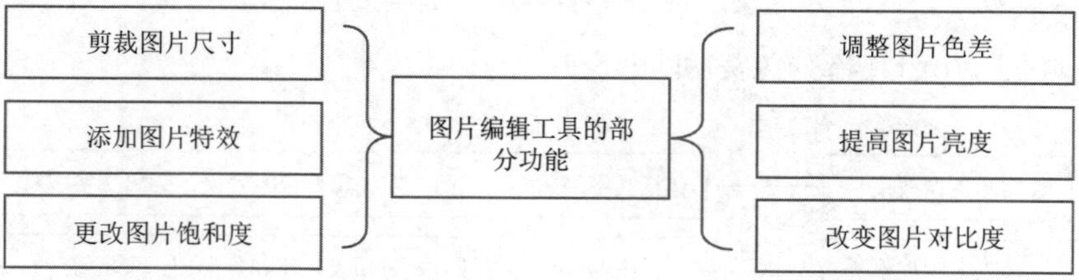

图 17-6 图片编辑工具的部分功能

17.1.3 易于快捷修改

快捷修改主要分为快速查找和及时修改两个方面的内容，方便制作者对商业计划书的内容进行修正或添加相关信息。

快速查找内容可以通过 Word 功能实现，通常来说，查找相关内容主要有 4 种方式，即图形图号搜索、图表标号搜索、脚注内容搜索、注释内容搜索。

快速查找到相关内容之后，就可以通过修改来达到目标。Word 模式与 PPT 模式不同，在 Word 中并没有烦琐的幻灯片，不需要根据幻灯片的页数进行查找，而是直接在一个 Word 文档的界面范围内修改内容。

17.1.4 文本转换图形

在 Word 中软件自带有 6 种视觉图形，供用户选择适用的类型来完成相关工作。图 17-7 为 6 种视觉图形的类型展示。

图 17-7　6 种视觉图形的类型展示

通过应用不同的类型，用户可以快速地使文本内容转换成为更加通俗易懂的视觉图形。图 17-8 为某商业计划书中采用的组织结构图来说明内容的案例。

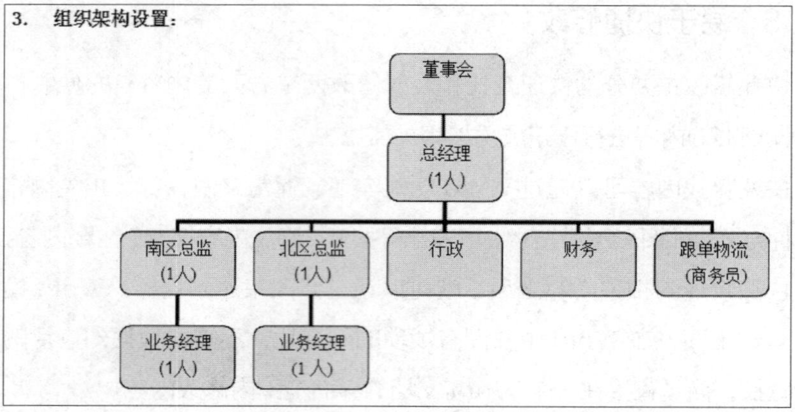

图 17-8　某商业计划书中采用的组织结构图来说明内容的案例

专家提醒：除此之外，制作者通过 Word 也可以直接将整个文档转化成 PDF 模式的文件，甚至还可以为 PDF 模式的文件添加独立密码。这种快速转化的方式能够进一步地提升文档的安全性，减少内容泄密的潜在可能。

17.1.5　便于恢复文件

为了防止用户的 Word 内容被意外消除，Word 为用户提供了自动保存文档的功能。图 17-9 为保存文档的相关设置。

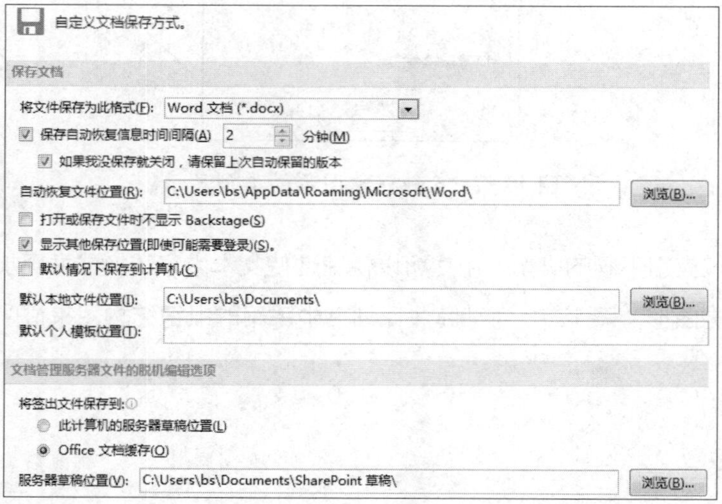

图 17-9　保存文档的相关设置

17.1.6 文档快速共享

在完成商业计划书之后，可以第一时间通过文档共享的功能将文档发送出去。其他人可以通过接受文档，实现在任何地方访问、查看和编辑这些文档。

目前 Word 的共享方式主要有 4 种，分别是邀请他人、电子邮件、联机演示和发布至博客。以电子邮件进行文档共享的方式来进行分析，图 17-10 为电子邮件共享文档的 5 种方式。

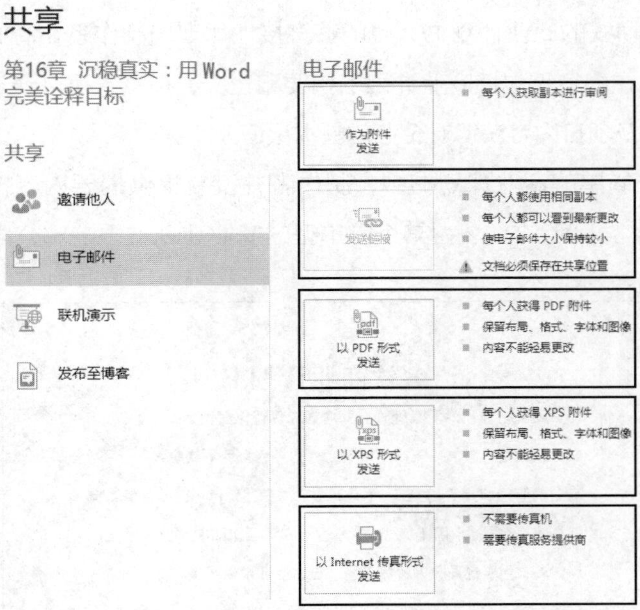

图 17-10 电子邮件共享文档的 5 种方式

17.2 从投资人角度出发的优势

从投资人的角度而言，Word 模式的商业计划书也具备 3 个方面的优势，但是细节上与 PPT 模式的商业计划书有所不同。图 17-11 为 Word 模式从投资人角度出发的优势分析。

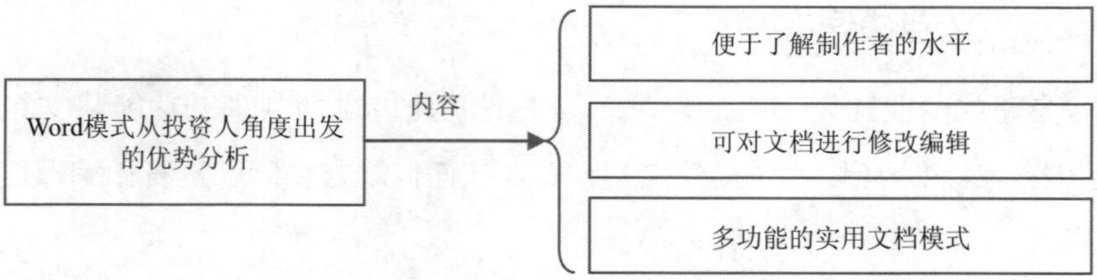

图 17-11　Word 模式从投资人角度出发的优势分析

17.2.1　便于了解制作者的水平

Word 模式的商业计划书，更能够直接地体现出制作者在商业上掌控全局的水平，在内容上包括商业计划书摘要和正文，投资人可以通过摘要对制作者的水平及项目内容获得对企业的基本认识。

在部分简单的商业计划书中，制作者并没有提供摘要内容，而是直接展示正文内容。图 17-12 为某个简单型的商业计划书中的部分内容。

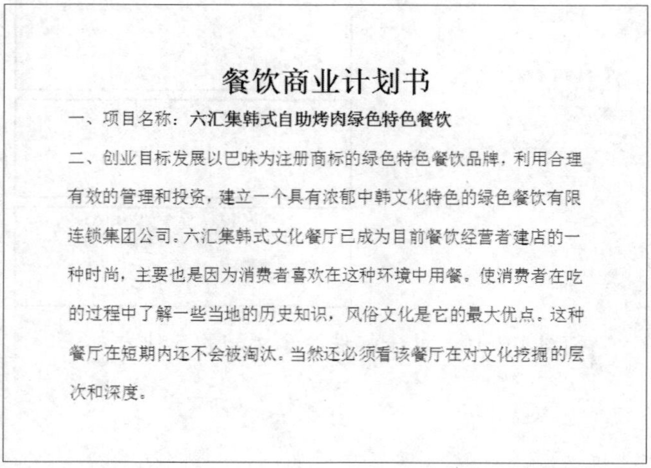

餐饮商业计划书

一、项目名称：**六汇集韩式自助烤肉绿色特色餐饮**

二、创业目标发展以巴味为注册商标的绿色特色餐饮品牌，利用合理有效的管理和投资，建立一个具有浓郁中韩文化特色的绿色餐饮有限连锁集团公司。六汇集韩式文化餐厅已成为目前餐饮经营者建店的一种时尚，主要也是因为消费者喜欢在这种环境中用餐。使消费者在吃的过程中了解一些当地的历史知识，风俗文化是它的最大优点。这种餐厅在短期内还不会被淘汰。当然还必须看该餐厅在对文化挖掘的层次和深度。

图 17-12　某个简单型的商业计划书中的部分内容

与具备优质摘要内容的商业计划书相比，这种简单型的商业计划书显然不够专业。图 17-13 为某商业计划书中的摘要部分。

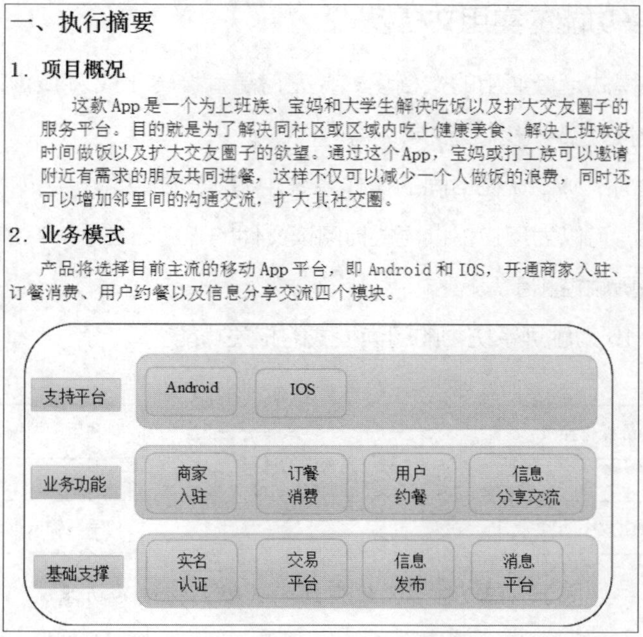

一、执行摘要

1. 项目概况

这款 App 是一个为上班族、宝妈和大学生解决吃饭以及扩大交友圈子的服务平台。目的就是为了解决同社区或区域内吃上健康美食、解决上班族没时间做饭以及扩大交友圈子的欲望。通过这个 App，宝妈或打工族可以邀请附近有需求的朋友共同进餐，这样不仅可以减少一个人做饭的浪费，同时还可以增加邻里间的沟通交流，扩大其社交圈。

2. 业务模式

产品将选择目前主流的移动 App 平台，即 Android 和 IOS，开通商家入驻、订餐消费、用户约餐以及信息分享交流四个模块。

图 17-13　某商业计划书中的摘要部分

专家提醒：对于商业计划书而言，投资人首先看重的就是摘要，所以专业的商业计划书中不能没有摘要内容。同时投资人可以通过各个环节的具体信息了解到制作者是否对项目本身有着充分的把握，相关的事项是否已有准备。

17.2.2　可对文档进行修改编辑

与 PPT 模式的商业计划书不同，Word 中的文字、图片，甚至是排版格式都是可以被快速修改调整的。

这种模式对于投资人而言有 3 个方面的好处。图 17-14 为相关优势的详细分析。

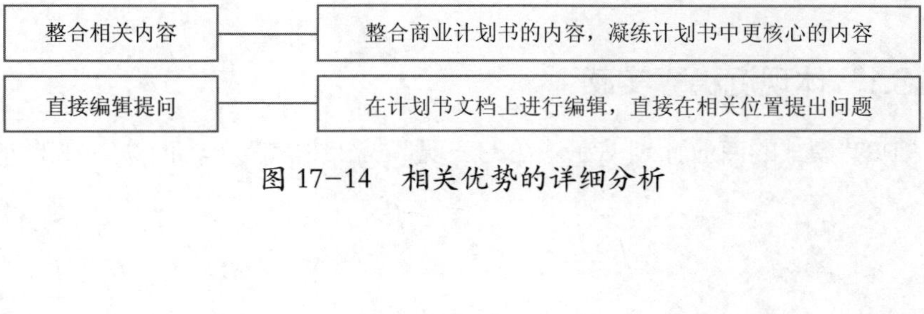

图 17-14　相关优势的详细分析

17.2.3 多功能的实用文档模式

Word 模式是最通用的文档模式，无论是直接转化成为 PDF，还是用纯文本的方式打开都不影响其文字内容。

除此之外，Word 在不同的操作系统中有不同的功能，比如在 Word 中的阅读模式，可以为用户提供更快捷阅读文件的界面。在触屏系统中，Word 直接支持多重触控和手写操作。

图 17-15 为触屏系统中的阅读模式的相关功能。

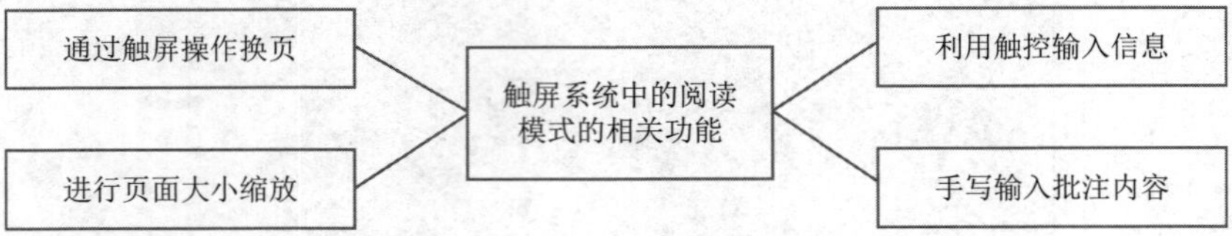

图 17-15　触屏系统中的阅读模式的相关功能

17.3 从计划书的要求出发的优势

从商业计划书本身的内容要求而言，Word 模式的优势主要有 3 个方面。如图 17-16 所示。

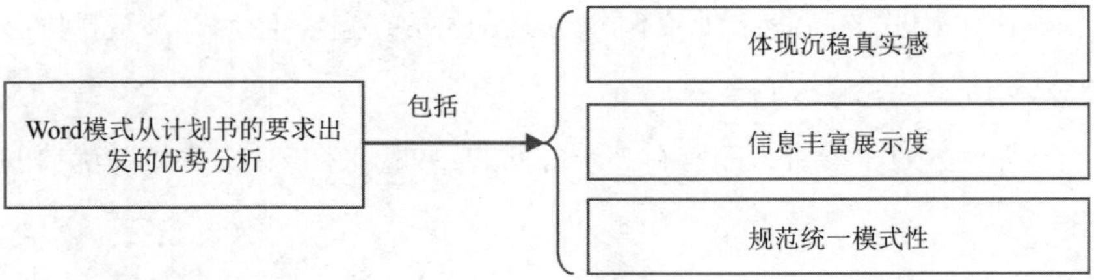

图 17-16　Word 模式从计划书的要求出发的优势

17.3.1 体现沉稳真实感

PPT 模式的商业计划书在外在的表现形式上非常精美，而 Word 的外在表现模式与之不同。如图 17-17 所示，为两种不同模式的商业计划书在竞争对手的分析内容上的外在表现对比。

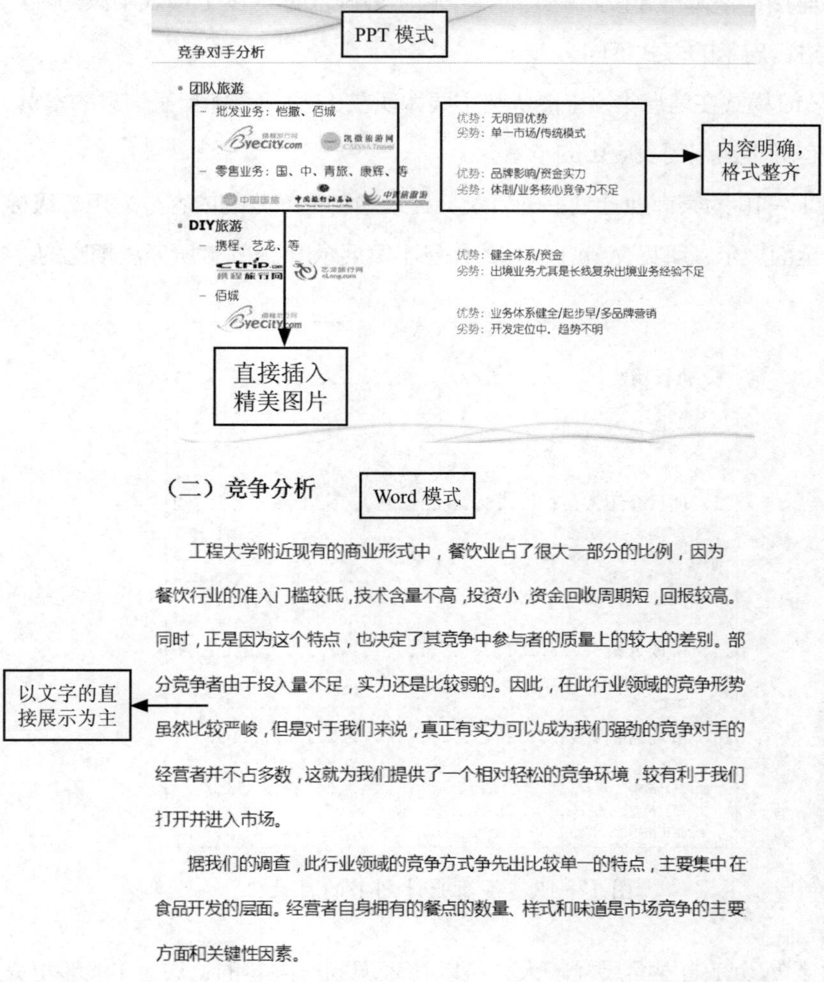

图 17-17 两种不同模式的商业计划书在竞争对手的分析内容上的外在表现对比

专家提醒：图片和外在布局形式的精美会在一定程度上影响文字信息的完整表述，而 Word 模式的商业计划书以文字为核心，以图片、图表等作为内容表达的辅助方式，而不是将图片、图表等作为主体。这是 Word 模式与 PPT 模式的本质区别。

17.3.2 信息丰富展示度

在 Word 模式中，商业计划书的内容在每个环节上都是环环相扣的，信息上下连接，整体布局按照一定的写作顺序进行，而与 PPT 模式中以幻灯片为单位进行展示的方式不同。

Word模式在信息丰富上的优势主要体现在3个方面，即目录信息的丰富、环节内容的丰富和图表应用的丰富。

图 17-18 为某商业计划书的目录，目录中各个部分的内容分为用 2 级标题进行全面展示，可见 Word 模式的信息丰富展示度是 PPT 所无法相比的。

目　　录

图 17-18　某商业计划书的目录

由于 Word 的界面尺寸较大，所以在表现同一内容时，Word 能够更充分地展示内容的细节，从而提升信息的丰富程度。

图 17-19 为某商业计划书中的市场定位分析，在 2 级标题下又细分了多个标题，针对不同的内容重点进行分析。

PPT 中的一个图表往往就占据了一个幻灯片的内容，但在 Word 中，在分析信息时可以同时采用多个类型的图表来从不同角度证明信息的真实性，在信息展示上的丰富度也随之提升。

1．市场定位

- 策划目的

将我们的 App 推出市场，先立足珠三角，打造出都市人喜欢的家庭式餐订的软件平台，占有大份的市场份额。

- 策划目标
  - 目标市场：上班族，宝妈，大学生，等社会大众（先是珠三角，后是全国）
  - 市场定位：家庭式餐厅的开展，活动交流。
  - 需要解决的问题。

① 市场上订餐平台软件很多，如何突出我们的特点？
② 消费者对我们的平台认知度不高，如何提高客户的认知度？
③ 宣传要找准方法，如何找准市场？
④ 可能性

a. 做好宣传，提高消费群体对我们的平台的认知度
b. 与学校，小区物业管理建立良好的合作关系，为以后开拓市场创造机会。
c. 挖掘年轻一代上班族成为我们的客户。

图 17-19 某商业计划书中的市场定位分析

图 17-20 为某商业计划书中投资与财务分析报告内容中的表格，通过多个表格展示不同信息的方式来表现与投资和财务相关的信息，提升信息的丰富度。

2．经营设备和办公家具

类别		金额（元）
办公室租金		72000
办公设备	电脑	92000
	传真、电话、打印机	1600
	服务器	10000
	办公家具	32600
	办公用品	2400
预算	薪资	1062000
	设备维修、开发 App 费用、专利申请	240000
	其他	27960
合计		1540560

3．预期收益

年/名称	预期支出（元）	预期收入（元）	盈亏预算（元）
第一年	￥4,381,560	￥0	￥-4,381,560
第二年	￥5,168,730	￥12,240,000	￥7,071,270
第三年	￥5,271,438	￥120,720,000	￥115,448,562
第四年	￥5,815,146	￥361,440,000	￥355,624,854
第五年	￥6,078,136	￥361,440,000	￥355,361,864

图 17-20 某商业计划书中投资与财务分析报告内容中的表格

17.3.3 规范统一模式性

大部分 Word 模式的商业计划书在表现形式上都是类似的，规范统一的外在表现就是由 Word 提供的基本功能所打造的效果。

图 17–21 为典型的 Word 模式的商业计划书的表现形式，其特点为文字整齐、按照内容顺序来进行内容的阐述。

[redacted]项目商业计划书

一、概述：
随着市场竞争激烈化程度的不断升级，企业营销已日益成为决定企业生存和发展的主要环节。传统商业和互联网技术相结合而产生的电子贸易，打破了时间、地域的制约，为传统商业提供了更加广阔的市场舞台。
本项目即是着眼于市场未来发展趋势，以互联网为基础，以商务网站为服务平台，以企业客户为服务对象，以电子商务形式进行的区域性企业间商业活动的优质项目。

二、商业模式：
以传统商贸为基础，用互联网技术提供实时信息服务并实现 B2B 在线交易。通过提供信息服务、交易服务平台及销售代理取得收益。

三、核心技术：
本网站的核心技术为项目持有人研发的互动式在线交易系统，该交易系统有以下特点：
1. 购销双方可直接在网上进行洽谈，交易。
2. 将传统商贸中供方单向销售转为供求双方互动式交易。
3. 采用与实时价格同步的动态报价系统，可使客户在第一时间得到最新价格信息。
4. 采用自动比价系统，为客户购销决策提供准确的市场依据.
5. 采用自动议价和互动式议价相结合的议价系统，使客户以最优价格购买所需产品.

六、市场与竞争：
项目实施地西安是我国西部大开发的前沿，拥有很多商机，但目前尚无一个全面展示各行业信息和提供交易服务的平台，买卖双方常因信息不灵而失去许多交易机会，因此，现在介入西部电子商务的时机和市场均已成熟；
目前国内已有的电子商务网站均为全国性，且没有传统商贸做支撑，仅限于信息服务阶段，我们的项目将是区域性的，并有实际的商贸做支撑，相信会因其更贴进商贸特点而成功。

七、我们的优势：
（一）地域优势
我们所在地西安是全国各类商品销往西北五省及周边各省的唯一展示窗口和商品集散地，又是高科技基地，拥有良好的电子商务实施基础；
（二）技术优势
我们拥有自行开发的、处于世界领先地位和国内独有的个性化电子商务系统，能够适应各行业对电子商务发展的各种需求；采用的大型商用数据库、B/S 结构和动态网页生成技术将使网络运营和维护更为方便简洁；本项目的运作模式设计力图在符合传统商贸运作的基础上进行流程的合理创新，通过本项目的在线交易系统，彻底解决传统交易方法中难以解决的信息传送不及时、交易过程繁琐复杂、相互无法建立信任等诸多弊端，可极大地节省成本和降低经营风险。
（三）延伸优势
本项目采用组件式交易模板，交易品种可无限扩展到各行业的各类产品，交易形式可由现货扩充到期货、易货等各种方式。使本行业的发展具有无限延展性。

图 17–21 典型的 Word 模式的商业计划书的表现形式

在 Word 基本模式不变的情况下，制作者也可以根据个人的习惯来创作出更有特色的商业计划书。图 17–22 为某商业计划书中以多层次叙述为内容展现的形式来说明细节信息。

3.2 产品策划简述

1、产品功能策划：

（1） 强大的互动功能，包括互动交流(在线聊天)、玩家对战及虚拟物品在线交易；

（2） 强大的升级功能，每隔一段时间就有新的武器推出，奖励玩家对战的获胜者；

（3） 强大职位特征，每升一定级别，玩家就会得到新的职位，给玩家更强的耐玩性；

（4） 每周、每月都会在手机网络上举行擂台赛，获胜者给予一定的物质奖励。

3.3 产品开发周期

（1） 单机版游戏开发阶段：制作完毕游戏的战斗系统，物品系统，升级系统，特级系统，各大主菜单和主要画面，并为网络版留好各种接口。现在已完成；

（2） 网络版开发阶段：开发再现交流功能，包括在线聊天和玩家物品买卖两个系统，同时在真机上进行游戏测试和公开测试；

（3） 后续开发阶段：游戏运营后进行产品升级，同时改善游戏各方面的平衡性。

图 17–22 某商业计划书中以多层次叙述为内容展现的形式来说明细节信息

专家提醒：除了运用基本的 Word 模式进行内容展示之外，在表现形式上制作者也可以采用全表格或图表等更具创新意味的表现形式，来吸引投资人的注意力。

第 18 章

专业打造：PDF 制作更专业的商业计划书

PDF 模式是大众阅读文字材料时的首选方式，也是制作商业计划书中常用的方式。

本章内容围绕商业计划书中的 PDF 模式优势进行分析，内容为制作者角度出发的优势、从投资人角度出发的优势和从计划书的要求出发的优势。

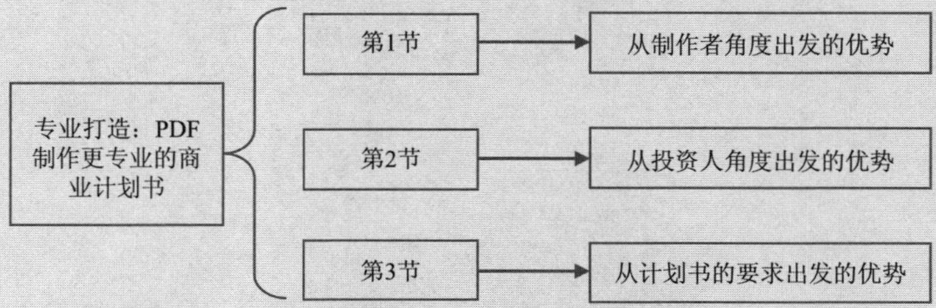

18.1　从制作者角度出发的优势

PDF 的英文全称为 Portable Document Format，意思是便携式文档格式，主要作用是传播文字信息、图片、声音和动态影像。

PDF 与 PPT 和 Word 有本质区别，首先是 PDF 文件格式与操作系统没有关系，其次是兼容性不强，阅读时需要有相应的软件。PDF 文件格式在不同操作系统上的内容显示和阅读方式是保持不变的，这种稳定性使 PDF 格式有着特殊的实用性。

PDF 格式在实际中的主要应用领域包括电子图书、产品说明、广告信息、网络资料、电子邮件和商业文件。

不同于 Word 模式的文件可以通过纯文本的方式打开，阅读 PDF 上的内容需要借助专业的阅读软件。图 18-1 为应用较广泛的 PDF 福昕阅读器的官方主页。

图 18-1　应用较广泛的 PDF 福昕阅读器的官方主页

本部分的内容主要从商业计划书的角度，分析 PDF 模式对于制作者的优势，其优势主要集中于 3 个方面，如图 18-2 所示。

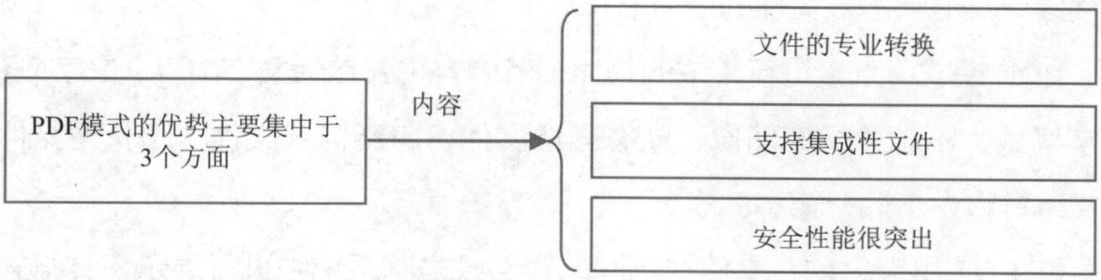

图 18-2　PDF 模式的优势主要集中于 3 个方面

18.1.1　文件的专业转换

无论是 PPT 模式的商业计划书文件，还是 Word 模式的商业计划书文件，制作者都可以将其通过 PDF 软件直接转化成为 PDF 文件，也可以直接创建新的 PDF 文件。

图 18-3 为 PDF 模式的商业计划书中的部分内容。

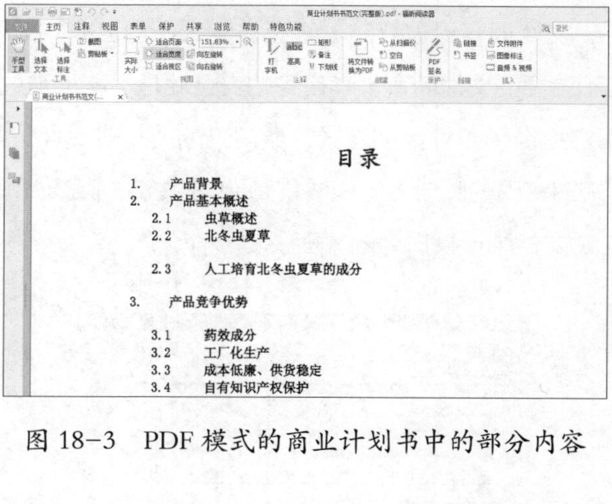

图 18-3　PDF 模式的商业计划书中的部分内容

PDF 模式能够将 Word 中的每一页或者 PPT 中的每一个幻灯片的内容，改变成为独立的类似于图片的外在表现形式。

专家提醒： PDF 模式的文件可以为阅读者提供更良好的阅读氛围，同时 PDF 文件保留了转化前 Word 文件或 PPT 文件的外在形式，无论是图片、文字还是相关图表，在 PDF 上都会被全部重现。

18.1.2 支持集成性文件

在文字内容自身的集成性上，PDF 模式的文件有着突出的优势，其能够直接集成其他大多数文件的细节信息。

PDF 模式可直接进行集成的具体细节内容主要包括文字内容、文字颜色、文字格式、不同分辨率图像、动态影像文件、声音格式文件、超长型文件、超文本链接、不同分辨率图表。

在 PDF 出现之前，文件在不同的软件或电脑系统中进行展示，其格式、颜色或图片的分辨率等都会出现变化，而通过 PDF 转化的文件能够保留信息的最初形态，这种形态不受软件或系统等的限制。

18.1.3 安全性能很突出

安全性能高是 PDF 模式文件的特色优势。在网络时代，文件信息的安全性不能完全得以保障。如果文件的安全性能低。很容易被人破解和传播。而当文件被许多人下载时，便失去了其独有的商业价值，情况严重一些的甚至会影响项目的正常进行。

在网络上，文件很容易被复制，甚至被别人占为己有。对于商业计划书这类高度机密和重要的文件而言，其自身的安全性是不能不被关注的。

PDF 为用户提供了多种保护方式，最常见的就是对文件进行口令密码保护设置。只有知道密码的阅读者才能够打开 PDF 文件，阅读并编辑相关信息。图 18-4 为 PDF 文件中设置口令的界面。

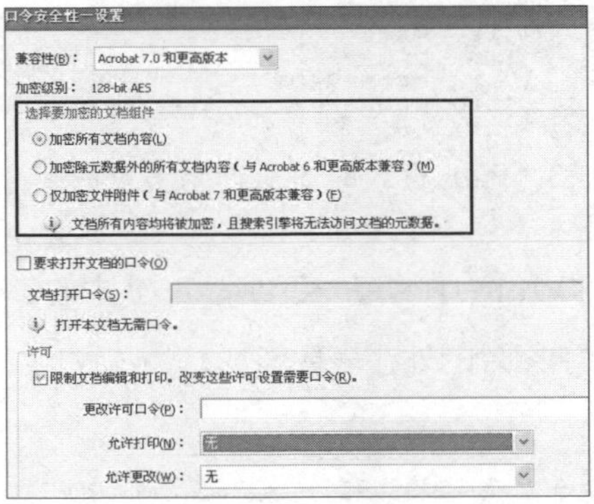

图 18-4　PDF 文件中设置口令的界面

除了对文件本身进行权限设置之外，对于部分意义重大的商业计划书而言，制作者还可以在内部文件中根据需要进行不同的安全设置。图 18-5 为 4 种常见的安全设置方法。

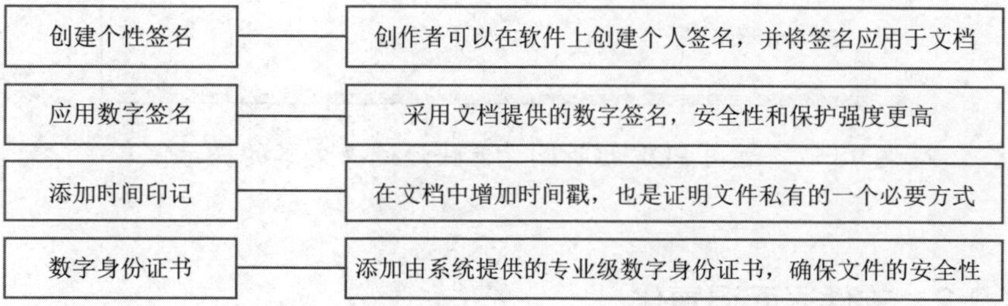

图 18-5　4 种常见的安全设置方法

18.2　从投资人角度出发的优势

从投资人的角度而言，PDF 模式的商业计划书主要有 3 个方面的优势。图 18-6 为 PDF 模式从投资人角度出发的优势。

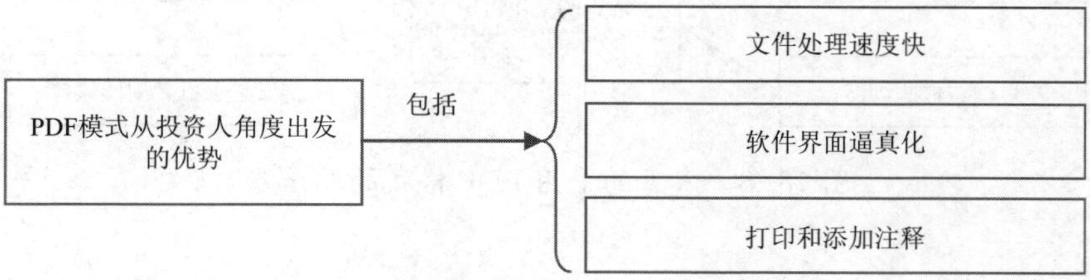

图 18-6　PDF 模式从投资人角度出发的优势

18.2.1　文件处理速度快

对于多达数十页的 Word 文件或者 PPT 文件而言，打开文件进行处理的速度较慢，而专业性更强的 PDF 文件却可以快速地打开文件，并为阅读者提供便捷的编辑方式。

图 18-7 为运用 PDF 福昕阅读器快速选择文本的提示信息，用户只需直

接选定相关信息，就可以将这些信息直接提取到其他文件中去。

图 18-7　运用 PDF 福昕阅读器快速选择文本的提示信息

18.2.2　软件界面逼真化

PDF 格式的文件深受电子阅读器软件的欢迎，绝大多数的电子阅读器软件都支持 PDF 格式的文件，甚至部分电子阅读器以 PDF 格式为主。图 18-8 为常见的采用 PDF 格式的阅读器。

之所以大部分电子阅读器软件都会采用 PDF 格式，而不是 Word、PPT、TXT 等格式的文件，就在于 PDF 格式的文件界面十分逼真，能够给阅读者提供十分舒适的文字阅读感。

图 18-8　常见的采用 PDF 格式的阅读器

18.2.3　打印和添加注释

PDF 模式文件的展示，是以专为打印图形和文字设计的一个编程语言 Post Script 为基础的，所以对于投资人而言，PDF 文件的优势还在于文件打印效果上的真实性，便于投资人在现实中进行信息传递。

无论是在哪种打印机上，PDF 格式的文件都可保证精确的颜色和准确的打印效果，不会带来文件内部字符、颜色等方面的变化。除此之外，投资人收到商业计划书之后，还可以根据个人需要，对不同位置上的内容添加文字注释，从而反馈给商业计划书的制作者。

图 18-9 为某商业计划书中对部分目录内容的文字注释，这种文字注释可以连同文件内容直接打印出来。

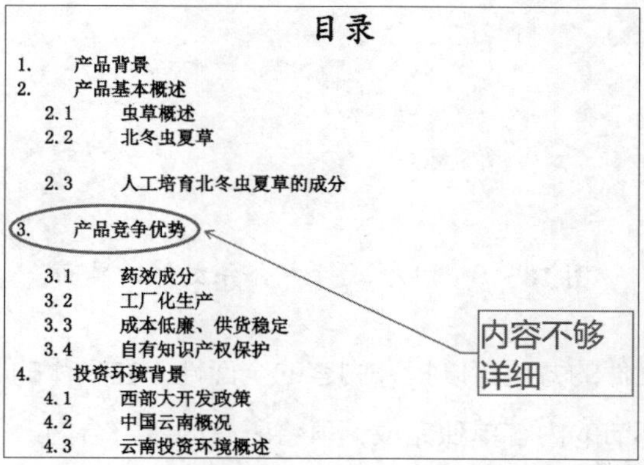

图 18-9　某商业计划书中对部分目录内容的文字注释

18.3　从计划书的要求出发的优势

从商业计划书本身的内容要求而言，PDF 模式的文件优势主要在于 3 个方面的内容，即内容全面性、信息展示性和专业表现性。

18.3.1　内容全面性

PDF 模式的文件比 Word 更能够展示丰富的内容，除了可以将 Word 文件直接转化成为 PDF 文件之外，通过 PDF 软件，制作者可以将多个文件整合成为一个文件，比如将 Word、PPT 等不同类型的文件转化成为 PDF 格式之后，将多个文件整合成为一个大文件。

图 18-10 为 PDF 软件中合并文件的界面。

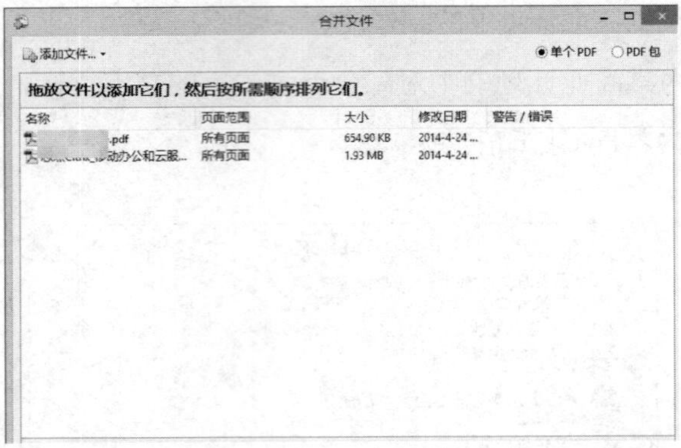

图 18-10　PDF 软件中合并文件的界面

通过合并文件的方式可以提升内容的全面性。在具体的制作中，制作者可以先将不同环节的内容单独完成，再将所有内容整合为一个文件，方便投资人阅读的同时，也方便展示不同环节中内容的不同细节。

18.3.2　信息展示性

PDF 文件结合了 Word 与 PPT 的优点，在 PDF 文件中，创作者可以快速地调用相关图片、文字甚至表现形式的模板，来完成商业计划书的制作。

图 18-11 为某 PDF 格式的商业计划书中的精美排版。

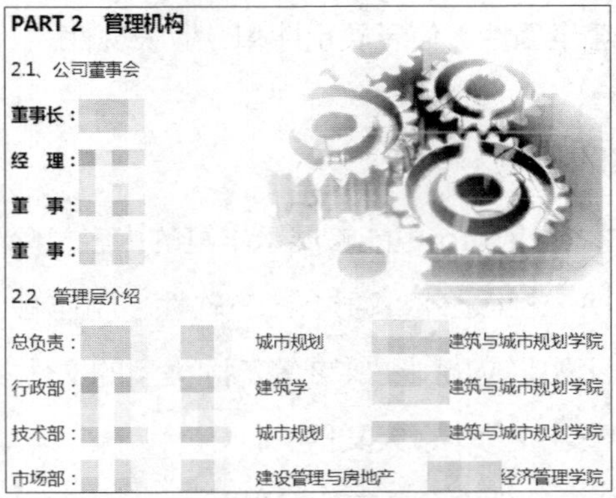

图 18-11　某 PDF 格式的商业计划书中的精美排版

PDF 格式的文件不仅可以做得精美，也能按照 Word 的模式突出文字内容，创作者可以根据具体的要求来灵活应用。图 18-12 为某 PDF 格式的商业计划书中的文字信息。

4.5、SWOT 分析

优势(Strength)

- 处于杨浦同济产业圈，人力资源、信息资源优势明显
- 由硕士以上学位人员领衔，起点较高
- 有丰厚的专业积累作为基础，公司业务有保障
- 前期投入较少，运营成本较低
- 公司运营风险低，且可预见、可控制

劣势(Weakness)

- 社会经验相对不足，企业运营与管理待深入学习
- 企业品牌及文化需要一定时间的培育与积淀
- 前期需要一定量的资金支持

图 18-12　某 PDF 格式的商业计划书中的文字信息

18.3.3　专业表现性

通过 PDF 软件，制作者也可以制作出在外在表现形式上专业性极强的商业计划书。图 18-13 为某商业计划书的部分目录。通过对文字的突出、字体颜色的更改以及排版的创新，打造出的文件在表现形式上就具备一定的专业性。

目录

一、项目概况 ……………01
1.1、项目名称
1.2、启动时间
1.3、注册资本
1.4、项目进展
1.5、主要股东
1.6、主要业务
1.7、产业综述
1.8、发展战略及经营目标

二、管理机构 ……………04
2.1、公司董事会
2.2、管理层介绍
2.3、激励和约束机制

三、研究与开发 ……………09
3.1、研发成果与客观评价
3.2、主要竞争对手
3.3、研发计划
3.4、研发投入
3.5、技术资源与合作共享

五、经营策略 ……………17
5.1、行业优势
5.2、行销策略

六、产业运作 ……………21
6.1、业主沟通
6.2、市场调研
6.3、数据分析
6.3、导则制定
6.4、协调沟通
6.5、空间控制
6.6、结论报告

七、财务计划 ……………23
7.1、股权融资数量和权益
7.2、投资回报预测依据
7.3、资金用途和使用计划
7.4、财务预测

八、风险及展望 ……………26

图 18-13　某商业计划书的部分目录节选

与 Word 中常见的简单模式的表格不同，PDF 中的表格在表现上更加专业，一般采用多种颜色、不同格式和差异化的内容顺序来打造表格。图 18-14 为某商业计划书中的风险及措施部分，制作者以表格的形式对内容进行展示。

PART 8 风险及措施

主要风险及应对措施

主要风险		应对策略	
技术风险	国内市场空间策划相对不够专业在规划、建筑及市场方面缺乏较成熟的技术支持	“兵来将挡，水来土掩”	充分发挥大学生创业的资源优势，利用大学为平台和依托，在技术领域可以得到更为专业的支持和帮助
运营模式风险	相对完整的产业链，对于创业来说需要大量流动资金和人力投入来启动每个环节，并在将来的运营过程中优化	“八仙过海，各显神通”	扎实的技术功底和丰富的工作经验成为创业初期稳定发展的根本保证；稳定的项目运营是创业初期保障产业链正常运营的首要因素
项目市场风险	项目来源的不确定性，对于服务性创业企业来说是最大的不定因素	“一个好汉三个帮”	创业初期，充分利用大学资源和各方面人力资源，尤其是项目市场环节；发挥每个人的主观能动性，调动一切可以调动的资源，开拓市场、发展业务
财务风险	假设公司在六个月内没有盈利，资金存在能否承担公司在六个月以上运作的风险	“精打细算，未雨绸缪”	精确核算成本，并预留一定流动资金；在正常运营三个月时对于公司财务进行专业咨询评估，以及时调整经营策略
人力资源风险	建筑学和规划背景的出身在市场营销和建设管理方面有着一定的差距；市场经济学出身的背景在设计方面也同样存在着不足	“三个臭皮匠顶个诸葛亮”	管理者自身必须不断地提高自身的综合能力，多请教同行和学校的老师前辈虚心听取意见，不盲目自信；管理者之间互相帮助取长补短

图 18-14　某商业计划书中的风险及措施部分

第19章

案例展示：热门行业商业计划书内容详解

行业不同，面临的实际情况不同，而编写商业计划书的侧重点也会有所不同。

本章将通过具体案例对8大热门行业的商业计划书进行详细的解读，帮助大家更好地编写适合自己的商业计划书。为了增强展示效果，本章中选择的商业计划书案例为PPT格式。

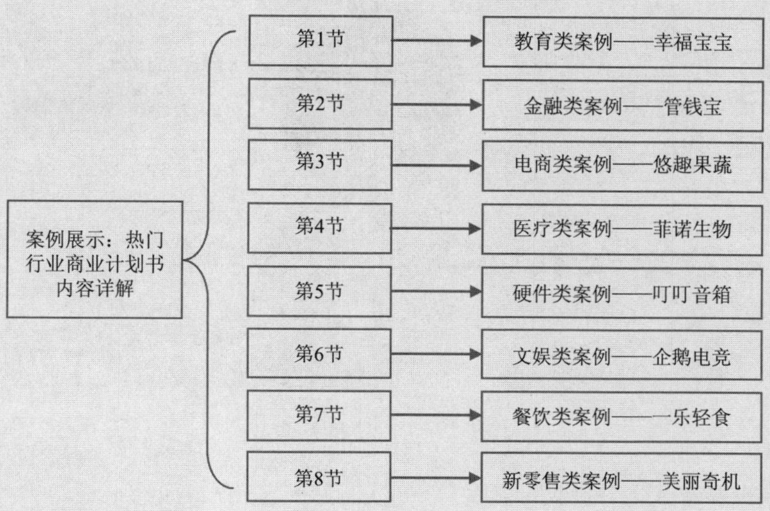

19.1 教育类案例——幸福宝宝

随着“全面两孩”政策的开放，教育，特别是早教成为许多人的关注重点。在这种情况下，早教行业获得了快速的发展。为了进一步发展，部分早教企业和品牌会选择融资。本部分笔者将以幸福宝宝为例，具体解读教育类商业计划书的相关内容。

19.1.1 内容展示

幸福宝宝是一个早教品牌，下面笔者将就其在疯狂 BP 平台中发布的商业计划书内容进行展示。

1. 封面

幸福宝宝商业计划书的封面主要由两部分构成，一是左侧对品牌的简单介绍；二是右侧一个在地上爬着的小宝宝，如图 19-1 所示。

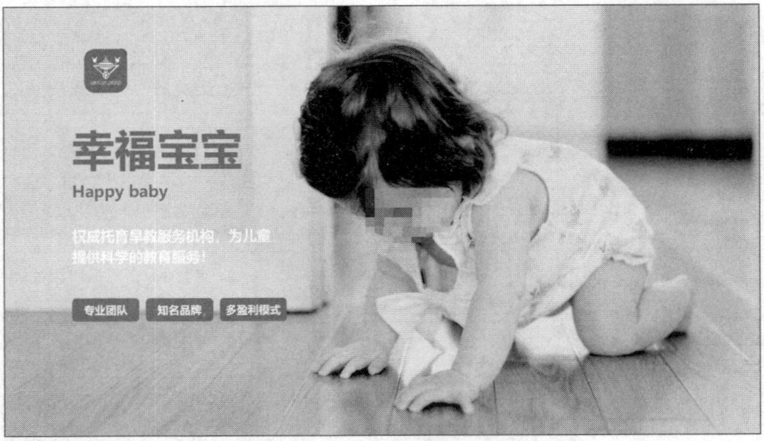

图 19-1 封面界面

2. 关于我们

“关于我们”部分主要是对幸福宝宝这个品牌的服务对象、服务内容和独特优势等内容进行展示，如图 19-2 所示。

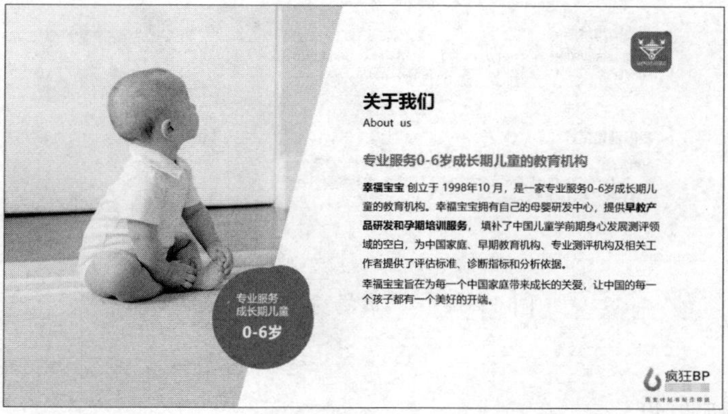

图 19-2 “关于我们”界面

3. 投资亮点

要想获得投资，就要有能打动投资人的亮点，而幸福宝宝的投资亮点主要体现在 6 个方面，如图 19-3 所示。

图 19-3 “投资亮点”界面

4. 市场分析

市场潜力是影响投资人作出决策的重要因素之一，而早教的市场优势则主要体现在 3 个方面，如图 19-4 所示。

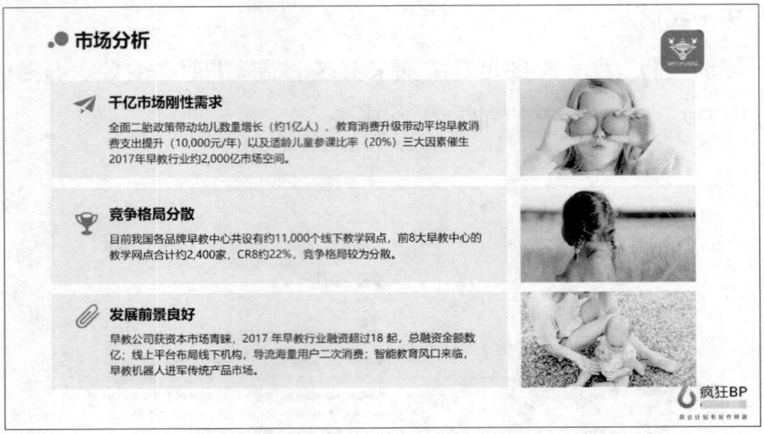

图 19-4　“市场分析”界面

5. 痛点分析

幸福宝宝认为，当前早教行业的痛点主要体现在双职工父母托育需求大、教学效果无法体现、安全难以保障、信息不匹配，如图 19-5 所示。

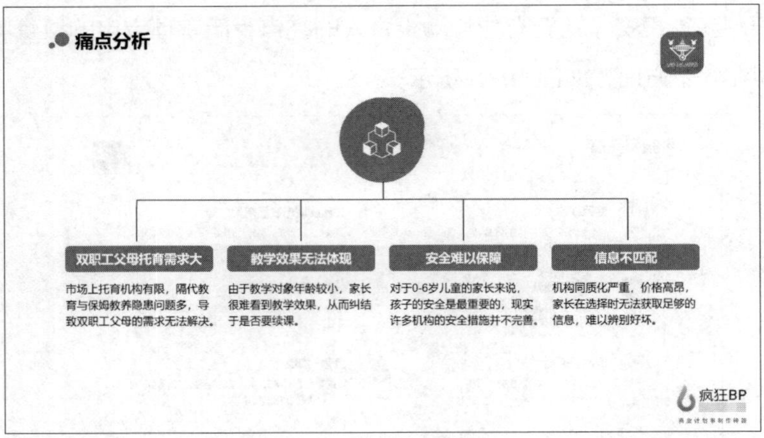

图 19-5　封面界面

6. 解决方案

既然早教行业存在着明显的痛点，那要如何来解决呢？幸福宝宝给出了自己的答案，如图 19-6 所示。

图 19-6 "解决方案"界面

7. 盈利模式

对于投资人来说，投资最直接的目的就是获得收益。因此，对于盈利模式投资人通常会比较关注。幸福宝宝的盈利模式主要有 4 种，如图 19-7 所示。

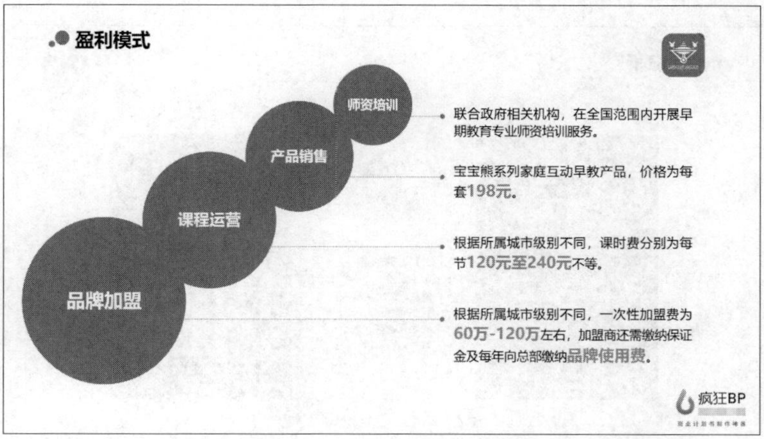

图 19-7 "盈利模式"界面

8. 用户画像

明确了目标用户，才能更好地进行针对营销。幸福宝宝的用户群体主要可分为 3 类，如图 19-8 所示。

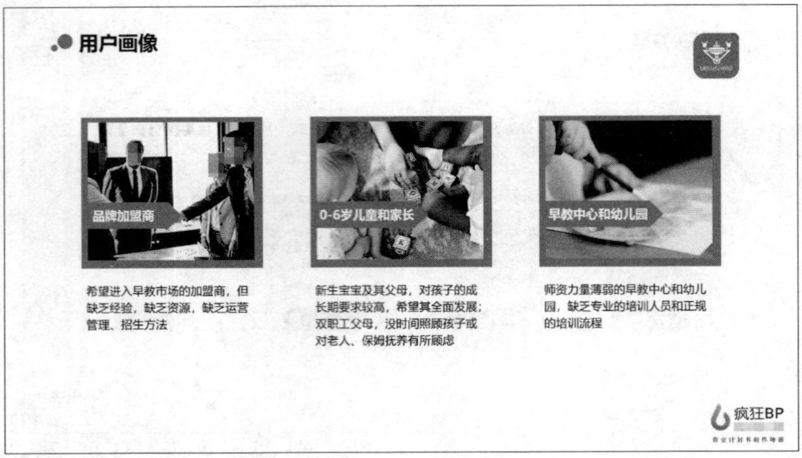

图 19-8 “用户画像”界面

9. 竞争分析

竞争分析可以更好地看清主要竞争对手的相关情况，找到自身的优势和努力方向。幸福宝宝认为自己的竞争对手主要有 3 个，如图 19-9 所示。而其竞争优势则体现在 4 个方面，如图 19-10 所示。

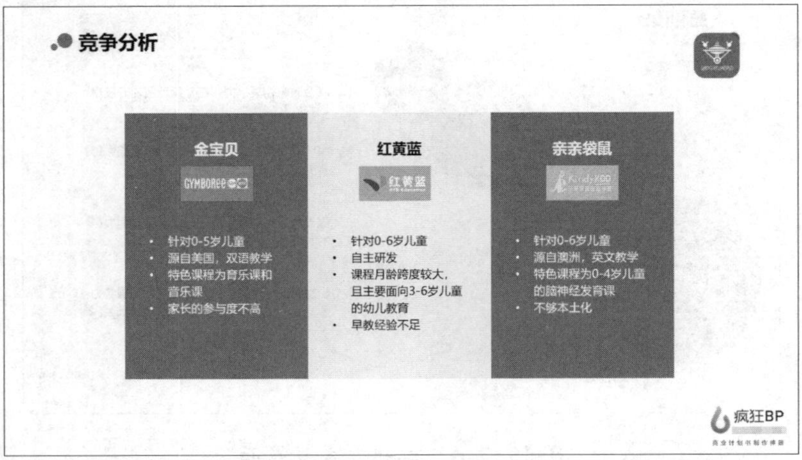

图 19-9 “竞争分析”界面

10. 团队介绍

一个企业或项目的专业水准，主要取决于核心团队的水准。而幸福宝宝展示的 3 个核心团队成员都是具有丰富经验的专家级人物，如图 19-11 所示。

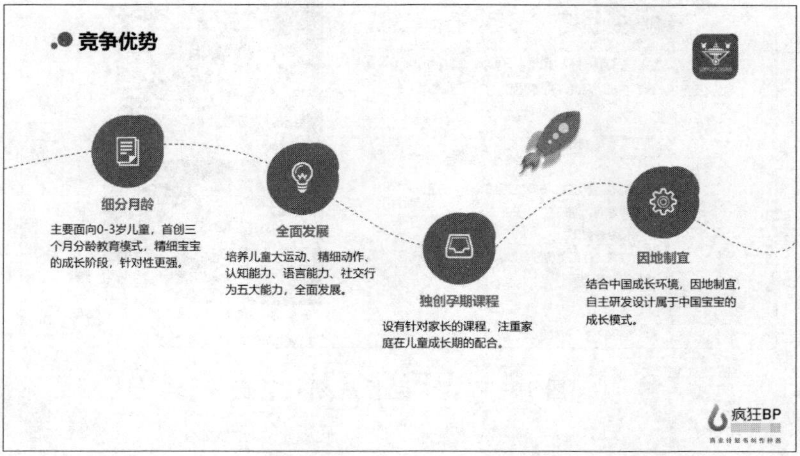

图 19-10　“竞争优势”界面

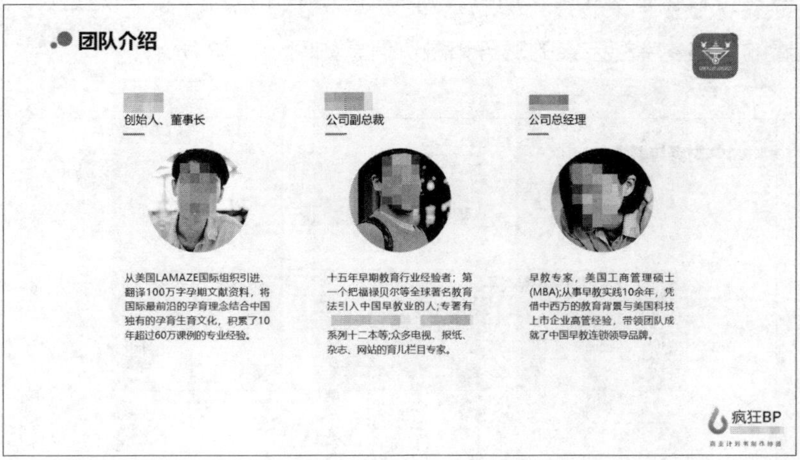

图 19-11　“团队介绍”界面

11. 运营规划

运营规划反映的是一个企业或项目对未来发展方向的谋划。幸福宝宝的运营规划，分别从线上、线下两个部分进行，如图 19-12 所示。

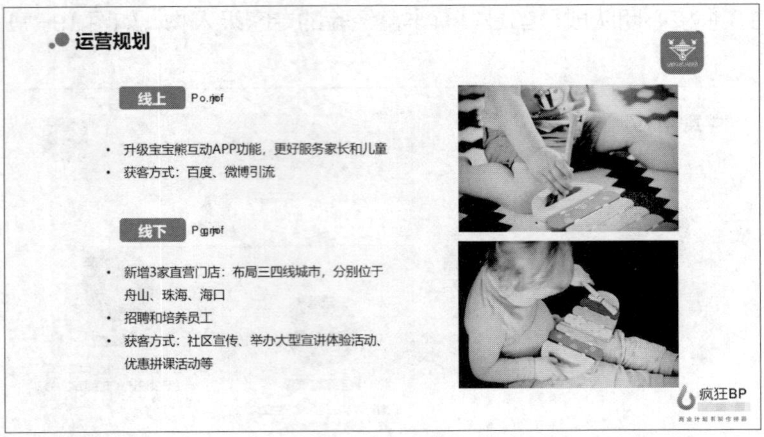

图 19-12 “运营规划”界面

12. 财务与融资

财务状况是判断一个企业运营能力的主要依据之一，而融资内容则与投资人的投资权益直接相关。所以，财务与融资的相关信息，一定是投资人重点查看的内容。幸福宝宝的财务和融资信息如图 19-13 所示。

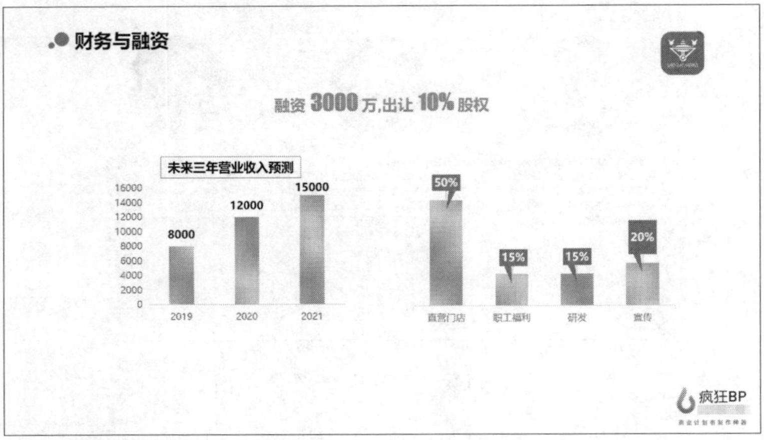

图 19-13 “财务与融资”界面

13. 结束页

商业计划书要有首有尾，在幸福宝宝的商业计划书中，结束页主要是致谢，并给投资人留下联系方式，如图 19-14 所示。

图 19-14　结束页界面

19.1.2　优缺点分析

看完幸福宝宝商业计划书的基本内容结构之后，接下来，笔者就对该商业计划书的优点和缺点分别进行分析。

1. 优点

幸福宝宝的商业计划书还是可圈可点的。首先，该商业计划书的内容比较详尽，投资人能够通过商业计划书很好地了解幸福宝宝这个早教品牌；其次，商业计划书整体比较美观，且其中的配图以小宝宝为主，这也很好地与幸福宝宝这个品牌，以及其所处的早教行业相吻合。

2. 缺点

幸福宝宝商业计划书的缺点，或者说不足，主要体现在两个方面。一是没有目录，投资人不能直观地看到商业计划书的整体结构；二是商业计划书中有个别细节问题，如图 9-12 中“线上”“线下”后方的英语文字的排版明显出现了问题。

19.2 金融类案例——管钱宝

金融类商业计划书案例相对来说是比较常见的，这一节就以管钱宝的商业计划书为例，具体进行说明。

19.2.1 内容展示

下面选取的管钱宝商业计划书来自疯狂 BP，其内容大致可以分为 14 个部分。接下来，笔者就来分别进行展示。

1. 封面

管钱宝商业计划书的封面主要由简单的文字介绍和图形构成，如图 19-15 所示。

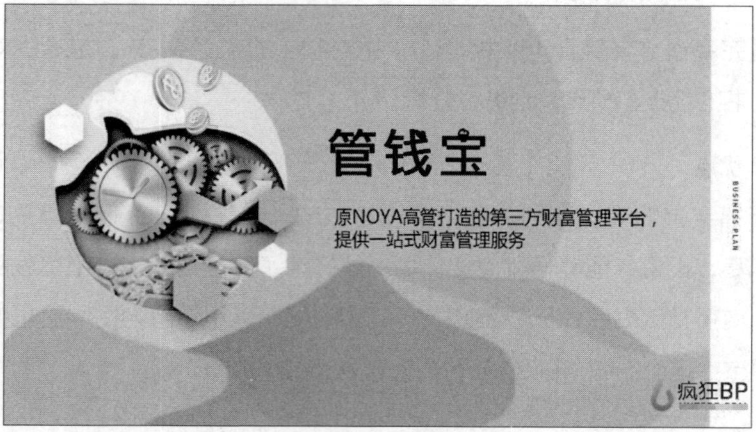

图 19-15 封面界面

2. 团队介绍

团队介绍部分，管钱宝重点对 CEO、COO 和 CFO 的行业经验进行了介绍。如图 19-16 所示。

3. 痛点分析

商业计划书中认为当前金融行业主要存在着资金使用率低和理财产品类型单一两个痛点，如图 19-17 所示。

图 19-16 “团队介绍”界面

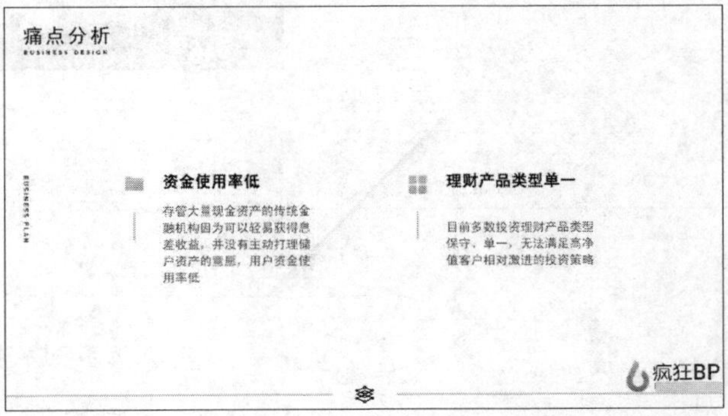

图 19-17 “痛点分析”界面

4. 解决方案

对于金融行业当前的痛点，管钱宝认为可以从建立第三方理财平台和精选优势的资产组合进行解决，如图 19-18 所示。

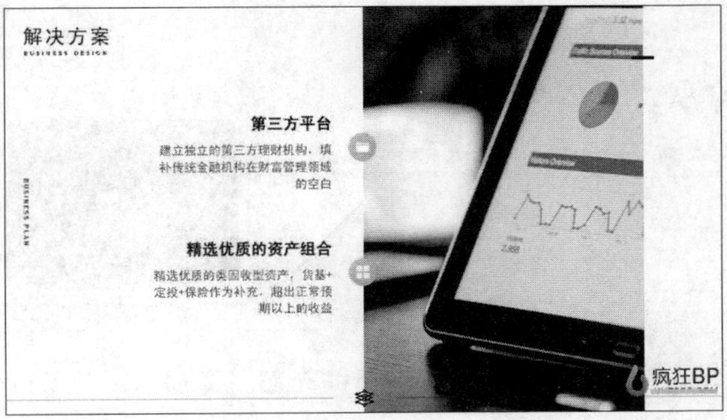

图 19-18 “解决方案”界面

5. 市场概况

市场概况方面，管钱宝结合艾瑞咨询的《互联网金融报告》进行了说明，如图 19-19 所示。

图 19-19 “市场概况”界面

6. 产品介绍

产品介绍方面，管钱宝对自身的 3 个主要业务进行了简单的介绍，如图 19-20 所示。

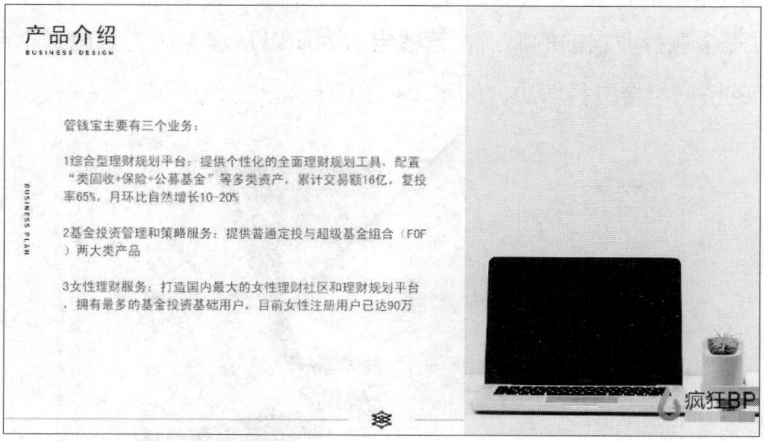

图 19-20 “产品介绍”界面

7. 用户画像

对于目标用户群，管钱宝从人口统计、地域分布和用户特征这 3 个方面进行了解读，如图 19-21 所示。

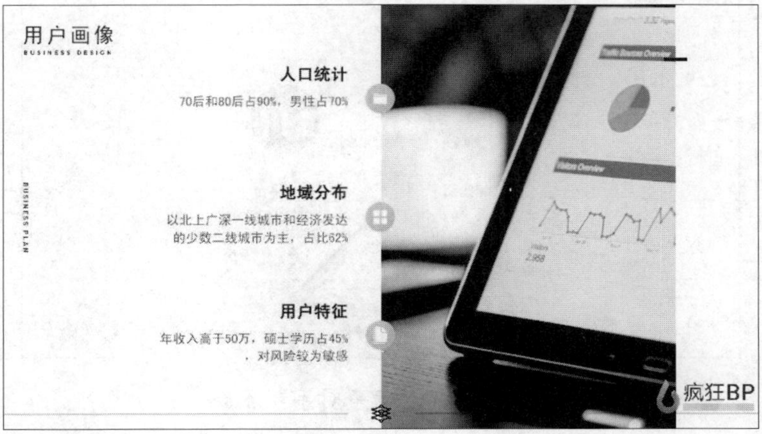

图 19-21 “用户画像”界面

8. 盈利模式

管钱宝的盈利主要由佣金、服务费和广告费这 3 个部分构成，如图 19-22 所示。

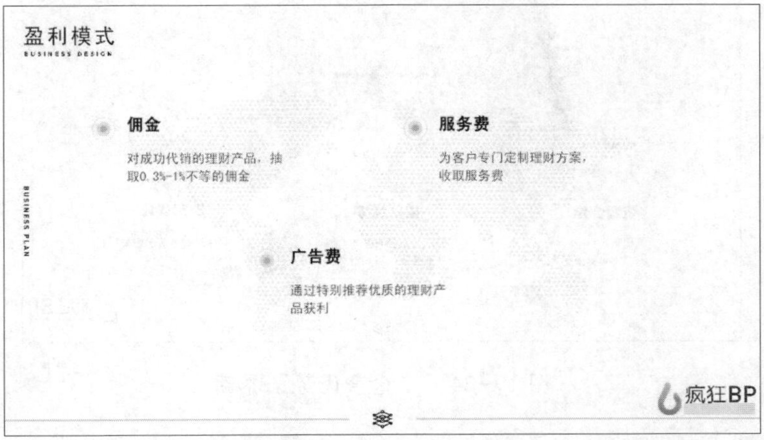

图 19-22 “盈利模式”界面

9. 竞争对手

管钱宝认为，当前行业内的竞争对手主要有两个，如图 19-23 所示。

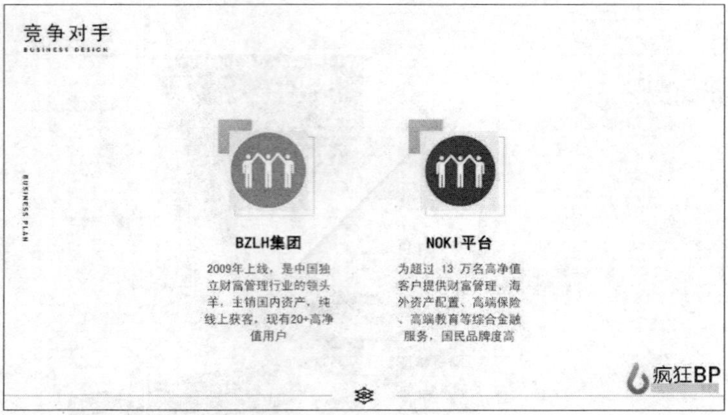

图 19-23 “竞争对手”界面

10. 竞争优势

管钱宝认为自身的竞争优势主要包括 3 个方面，即资源合作、团队优势和国家认证，如图 19-24 所示。

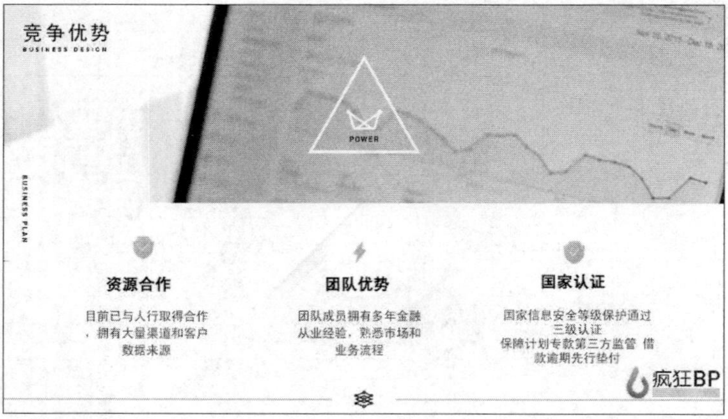

图 19-24 “竞争优势”界面

11. 业务数据

为了展示自身的运营能力，管钱宝从总用户数、收益总额和总成交量

3 个业务数据进行了简单的说明，如图 19-25 所示。

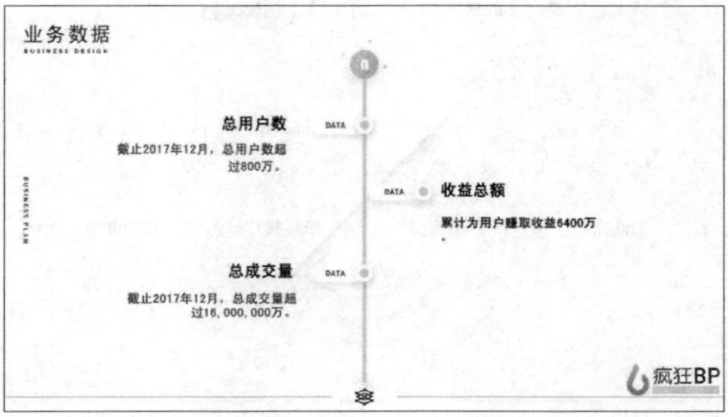

图 19-25　“业务数据”界面

12. 股权结构

管钱宝的股权主要分为 3 个部分，其中 CEO 占 48%，COO 占 30%，CFO 占 22%，如图 19-26 所示。

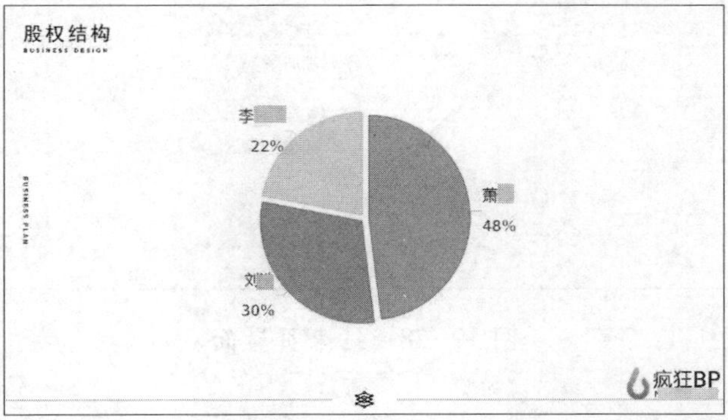

图 19-26　“股权结构”界面

13. 融资计划

对于本次融资，管钱宝从融资额、出让股权和资金用途等方面进行了简单的说明，如图 19-27 所示。

14. 结束页

结束页部分，管钱宝在致谢的同时，给投资人留下了多种联系方式，如图 10-28 所示。

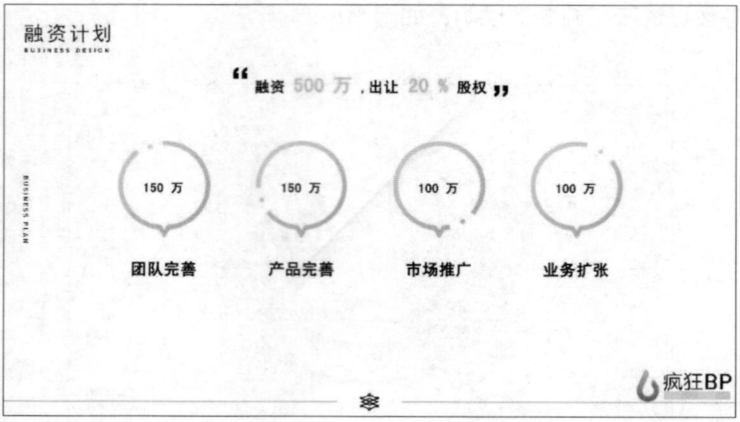

图 19-27 “融资计划”界面

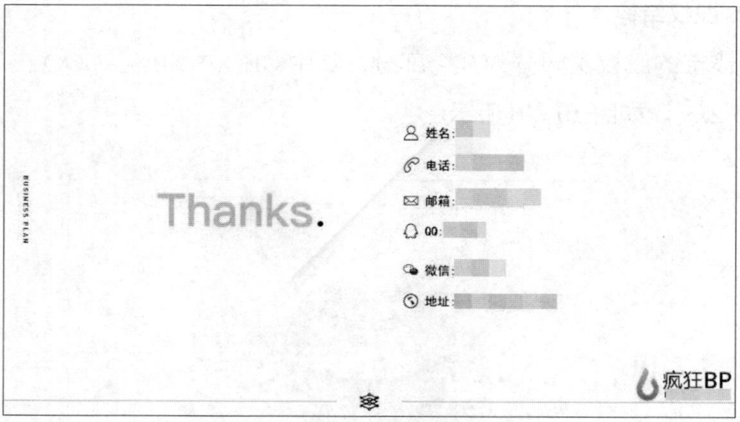

图 19-28 结束页界面

19.2.2 优缺点分析

管钱宝的商业计划书的优点和缺点都是比较明显的，接下来笔者就来分别进行简要的说明。

1. 优点

在笔者看来，管钱宝的优点主要有两个，一是内容全面，对企业的相关情况进行了大体的说明；二是版面相对简单，重点内容突出，投资人可以快速进行把握。

2. 缺点

管钱宝的缺点主要也有两个，一是没有目录，结合第一个案例，这可能是疯狂 BP 的统一设计，创业者在实际操作中自行添加目录即可；二是存在一些相关性较差的图片，如图 19-20 中右侧的图片就是与其内容没有太大相关性的。

19.3 电商类案例——悠趣果蔬

随着生活水平的提高和购物方式的转变，越来越多人开始将网购作为重要的购物方式之一。而在这种情况下，各类电商也得到了快速的发展。在发展的过程中，部分电商运营者开始考虑进行扩大经营规模。下面笔者就以悠趣果蔬为例，对电商类商业计划书的内容进行分析。

19.3.1 内容展示

从发布在疯狂 BP 上的内容来看，悠趣果蔬的商业计划书主要可分为 11 个方面的内容，具体如下。

1. 封面

封面部分，悠趣果蔬对平台的性质进行了说明，并针对自身业务，配备了一张包含多种水果的图片，如图 19-29 所示。

图 19-29　封面界面

2. 投资亮点

与其他电商企业或品牌相比，悠趣果蔬认为自身的投资亮点主要体现在供应链管控、零售模式和团队优势 3 个方面，如图 19-30 所示。

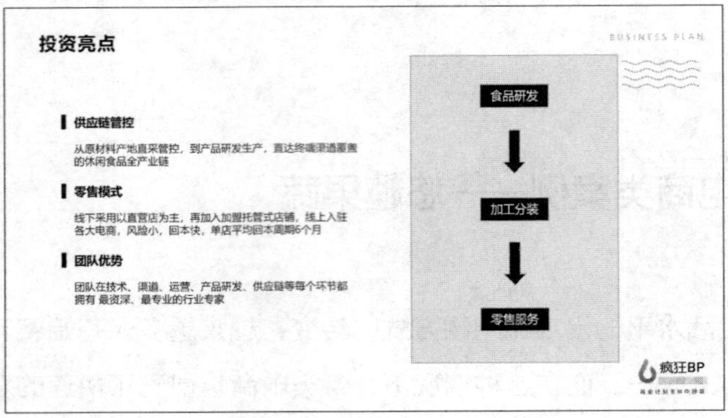

图 19-30　“投资亮点”界面

3. 痛点分析

在悠趣果蔬看来，当前食品行业主要有 3 大痛点，一是品牌意识弱，二是特色和差异化不明显，三是存在健康营养问题，如图 19-31 所示。

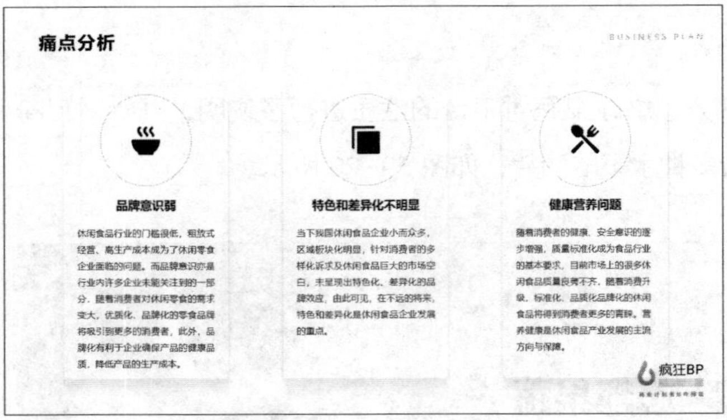

图 19-31　“痛点分析”界面

4. 市场概况

市场概况部分，悠趣果蔬通过统计图和相关文字对市场规模进行了重点解读，如图 19-32 所示。

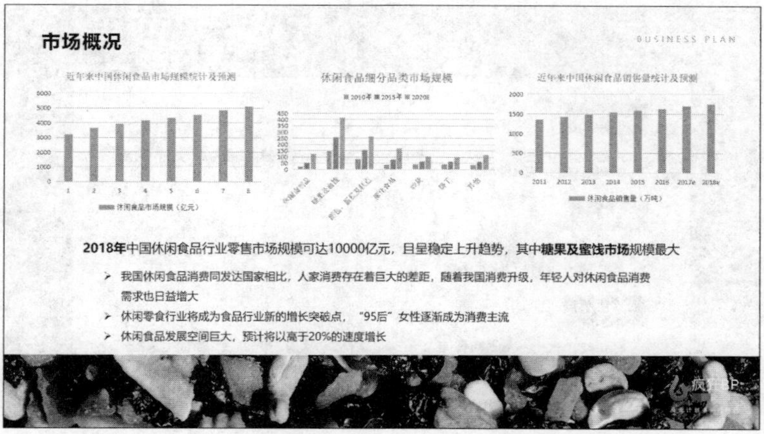

图 19-32 “市场概况”界面

5. 产品介绍

与大多数企业或品牌直接介绍产品不同，悠趣果蔬的商业计划书中主要是从原产品、研发和生产者 3 个方面，对产品的来源和生产环节进行说明，如图 19-33 所示。

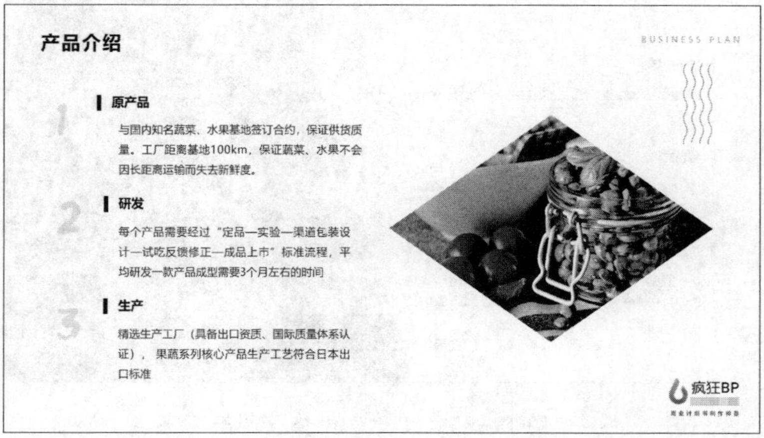

图 19-33 “产品介绍”界面

6. 商业模式

悠趣果蔬的商业模式主要有 3 个特点，即多渠道销售、全链条掌握和特色文化打造，如图 19-34 所示。

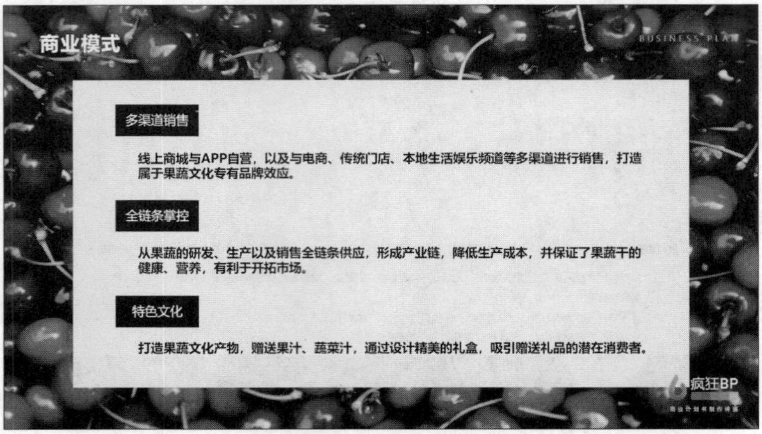

图 19-34　“商业模式”界面

6. 竞争优势

悠趣果蔬认为自身的竞争优势主要体现在 3 个方面，即特色产品、特色文化和广泛渠道，如图 19-35 所示。

图 19-35　“竞争优势”界面

7. 运营现状

运营现状部分，悠趣果蔬对前两年的数据进行了展示，并对未来的预期收入进行了预测，如图 10-36 所示。

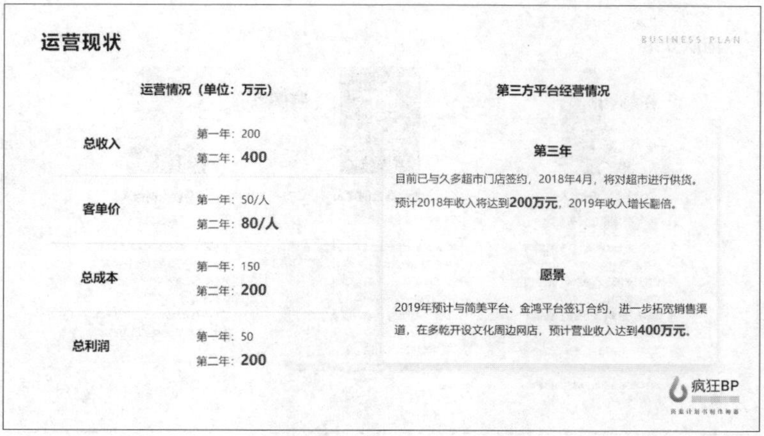

图 19-36 “运营现状”界面

8. 运营规划

对于未来的运营规划，悠趣果蔬从财务预测表、未来利润预测和运营目标 3 个部分进行了展示，如图 10-37 所示。

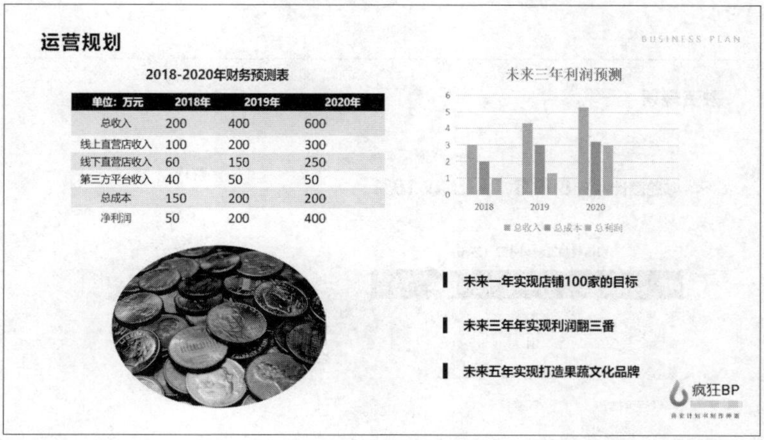

图 19-37 “运营规划”界面

9. 团队介绍

悠趣果蔬的核心团队成员主要包括一位创始人和两位联合创始人，团队介绍部分重点对这 3 位核心团队成员的相关情况进行了介绍，如图 19-38 所示。

图 19-38 “团队介绍”界面

10. 融资规划

融资规划部分，悠趣果蔬的商业计划书中主要对融资额和对应的出让股权比例、融资计划，以及投资收益与利润分配情况进行了展示，如图 19-39 所示。

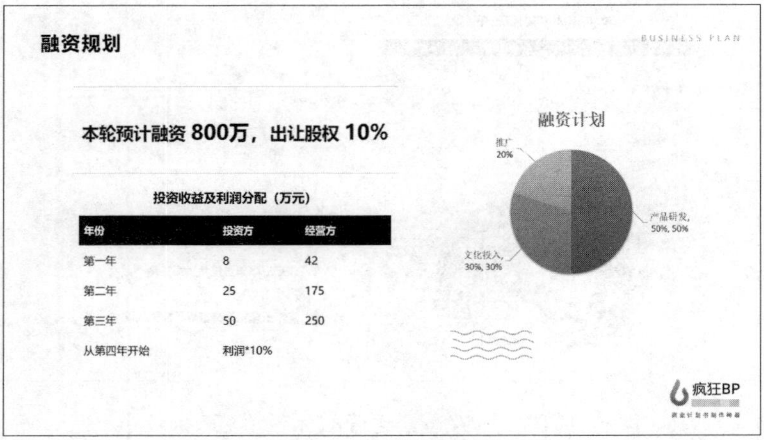

年份	投资方	经营方
第一年	8	42
第二年	25	175
第三年	50	250
从第四年开始	利润*10%	

图 19-39 “融资规划”界面

11. 结束页

结束页中，悠趣果蔬在致谢的同时，给投资者留下了多种联系方式，并且配了一张和封面相同的图片，如图 19-40 所示。

图 19-40　结束页界面

19.3.2　优缺点分析

了解了悠趣果蔬商业计划书的整体内容结构之后，下面我们来看看该商业计划书的优点和缺点。

1. 优点

悠趣果蔬商业计划书的优点主要体现在图表上，一是图表丰富，内容直观性较强；二是图片选择比较合理，与自身的业务具有一致性。

2. 缺点

悠趣果蔬商业计划书的缺点主要体现在出现了一些细节错误，如图 19-36 中运营情况选取的单位是“万元”，但客单价显然不可能是 50 万元 / 人，所以，该处是错误的。

19.4　医疗类案例——菲诺生物

生活水平的提高让人们开始越来越重视健康问题，而作为与健康密切相关的行业，医疗自然而然也就成为人们重点关注的内容之一。也正是在这种情况下，医疗技术得到了快速的发展，并催生了许多医疗方面的企业和品牌。而这些企业和品牌为了进一步发展，也希望通过商业计划书的投递获得投资。

下面就以菲诺生物为例，对医疗类的商业计划书进行展示和分析。

19.4.1 内容展示

从菲诺生物在疯狂 BP 上展示的商业计划书来看，其商业计划书主要包括 15 个方面的内容，具体如下。

1. 封面

菲诺生物的商务计划书封面主要是对品牌及主要业务进行说明，如图 19-41 所示。

图 19-41 封面界面

2. 团队介绍

团队方面，菲诺生物的商业计划书中重点对 CEO、CTO、COO 和一位联合创始人进行了介绍，如图 19-42 所示。

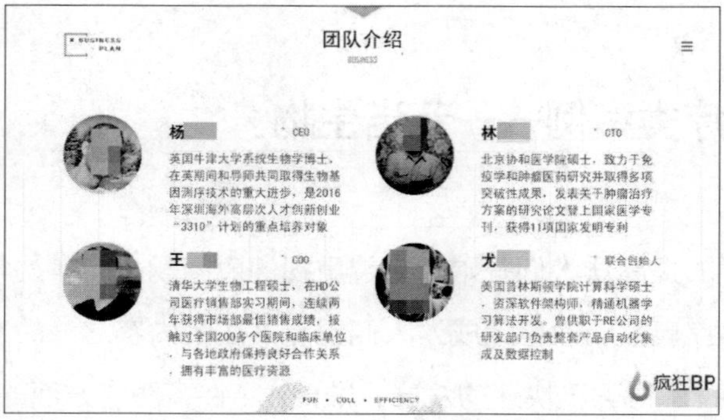

图 19-42 “团队介绍”界面

3. 痛点分析

菲诺生物认为当前医疗行业中的主要痛点是患者精准用药问题，如图 19–43 所示。

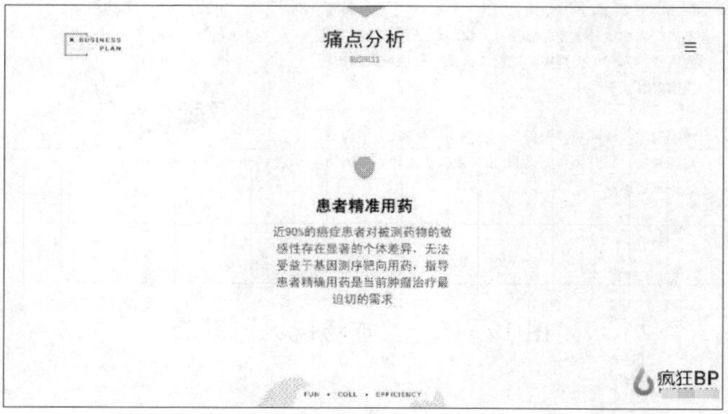

图 19–43 “痛点分析”界面

4. 解决方案

针对患者精准用药的问题，菲诺生物认为主要有两个解决方案，一是完全定制个人治疗方案；二是实时优化治疗方案，如图 19–44 所示。

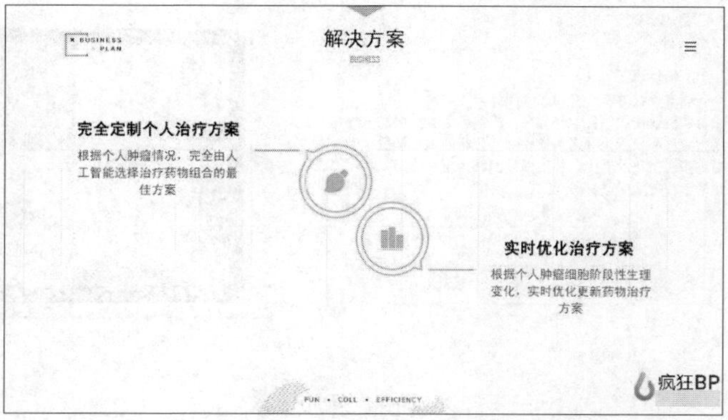

图 19–44 “解决方案”界面

5. 市场概况

市场概况方面，菲诺生物主要对抗肿瘤药物和我国患恶性肿瘤人群的相关情况进行了介绍，如图 19–45 所示。

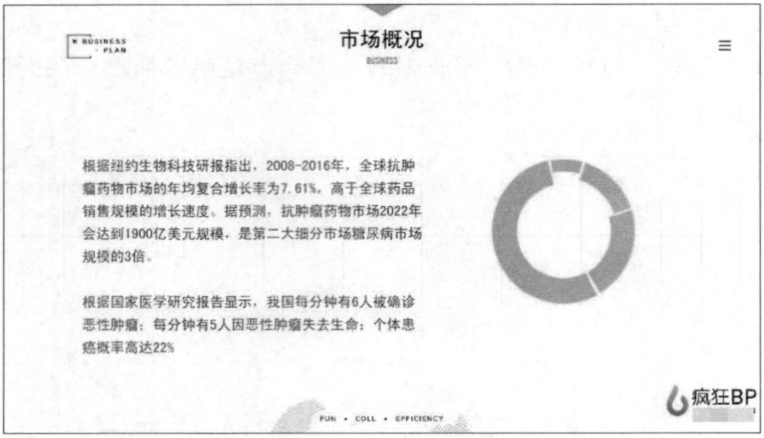

图 19-45　“市场概况”界面

6. 产品介绍

产品介绍部分，菲诺生物主要是从个人精准治疗方案、多临床阶段治疗方案、进展期、原发性癌症术后、继发性 / 转移性癌症等方面进行说明。图 19-46 为产品介绍的相关界面。

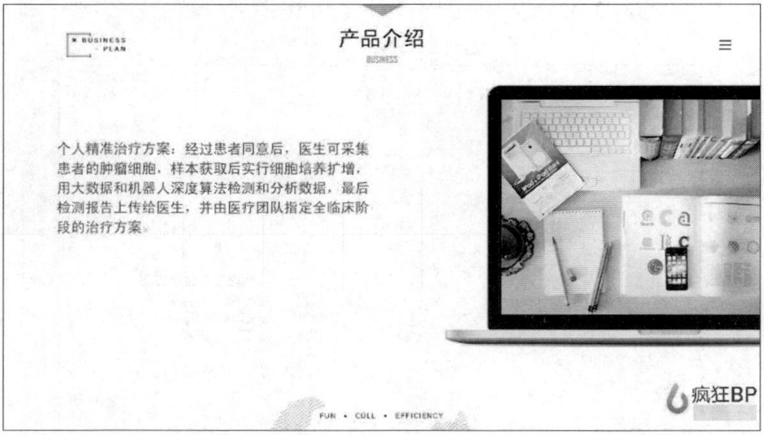

图 19-46　“产品介绍”界面

7. 技术特点

因为医疗行业专业技术程度提高，所以，诺菲生物在商业计划中对自身的技术特点进行了特别说明，如图 19-47 所示。

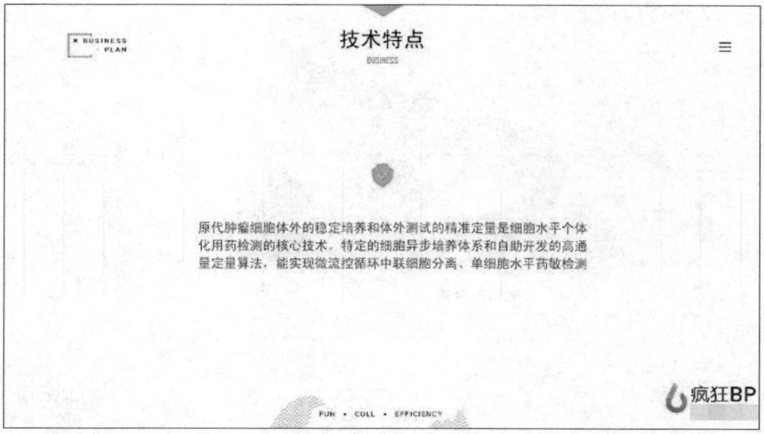

图 19-47 “技术特点”界面

8. 盈利模式

菲诺生物的盈利主要来自两个方面，即治疗收费和技术服务收费，如图 19-48 所示。

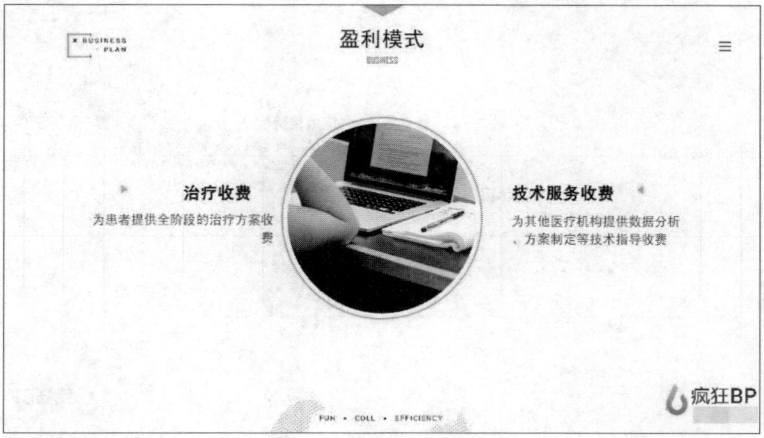

图 19-48 “盈利模式”界面

9. 竞争对手

通过对同行进行分析，菲诺生物认为当前主要有两个竞争对手，如图 19-49 所示。

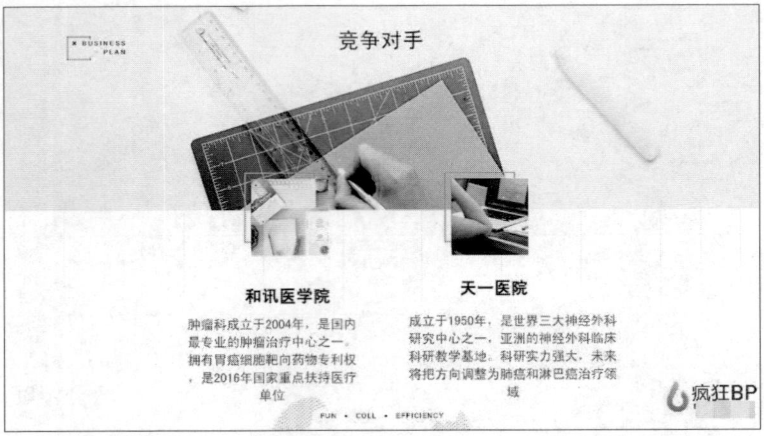

图 19-49 “竞争对手”界面

10. 竞争优势

菲诺生物的竞争优势主要体现在 3 个方面，即技术优势、临床应用优势和资源优势，如图 19-50 所示。

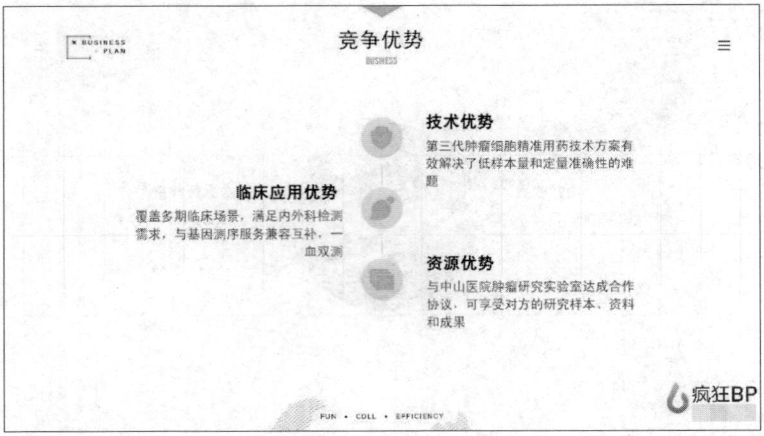

图 19-50 “竞争对手”界面

11. 资质牌照

医疗行业有着其特殊性，如果一个企业或机构没有相应的资质，是很难让人信服的。因此，菲诺生物特意对自身的资质牌照进行了展示，如图 19-51 所示。

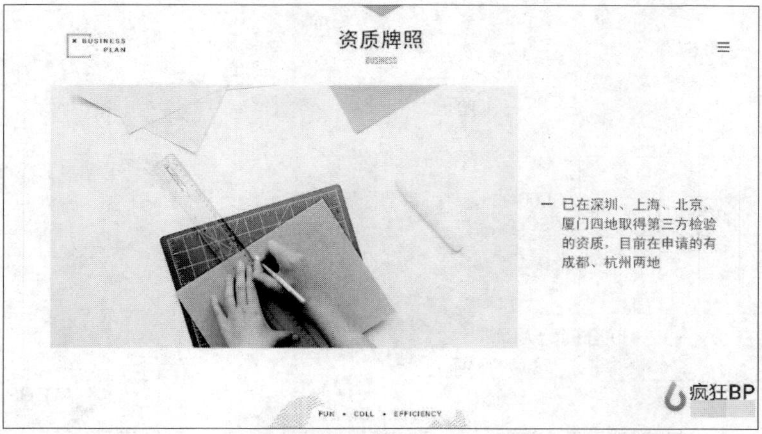

图 19-51　“资质牌照”界面

12. 业务数据

在业务数据方面，菲诺生物重点对临床应用进展和分公司进展进行了说明，如图 19-52 所示。

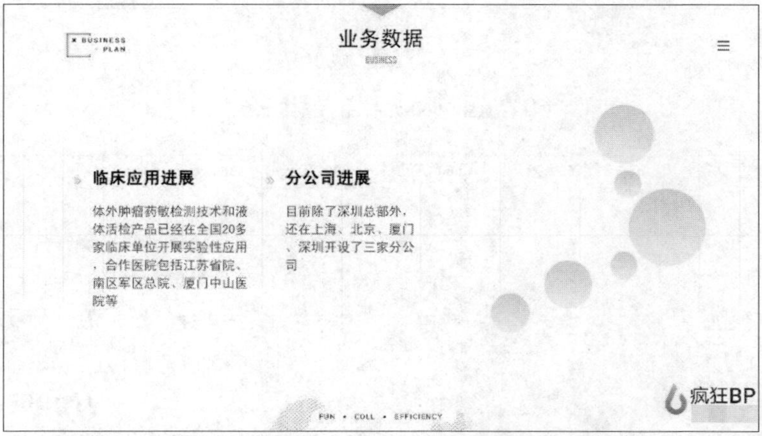

图 19-52　“业务数据”界面

13. 股权结构

菲诺生物的股权主要由 4 部分构成，其中 CEO 占 51%，联合创始人占 18%，COO 占 17%，CTO 占 14%，如图 19-53 所示。

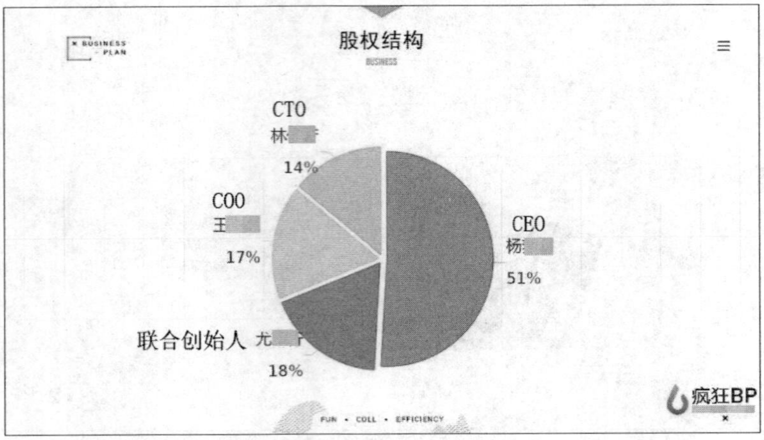

图 19-53 “股权结构”界面

14. 融资计划

融资计划部分，菲诺生物对融资额度与出让的股权比例，以及资金的用途进行了说明，如图 19-54 所示。

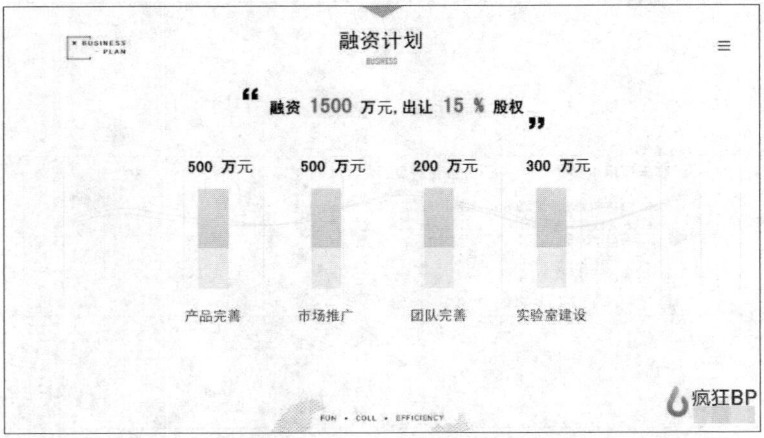

图 19-54 “融资计划”界面

15. 结束页

结束页中，菲诺生物主要是进行致谢，并为投资人留下联系方式，如图 19-55 所示。

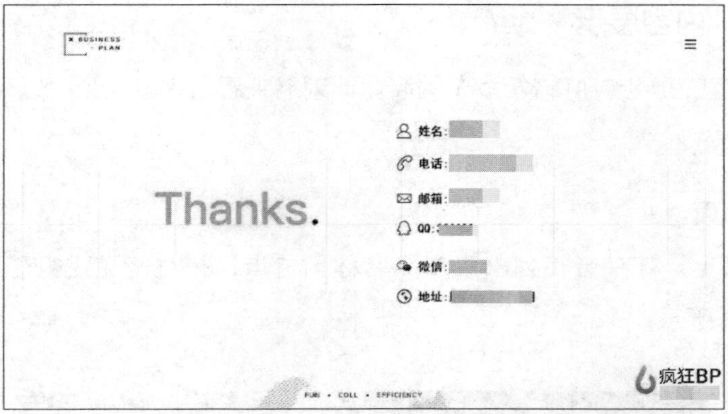

图 19-55　结束页界面

19.4.2　优缺点分析

看完整体结构之后，接下来笔者就来对菲诺生物的商业计划书的优缺点分别进行解读，具体如图 19-56 所示。

1. 优点

整个商业计划书看下来，即便是一个外行都会觉得它是一个非常专业的医疗企业。这主要是因为商业计划书中对技术特点、资质品牌等专业性的内容进行了展示，从而让人觉得商业计划书的内容比较具有说服力。

2. 缺点

虽然该商业计划书看上去内容比较丰富，但是，却缺少了部分内容，比如，对用户进行分析画像，以便投资人更好地了解企业的目标客户，从而更好地判断企业及其产品的发展潜力。

19.5　硬件类案例——叮叮音箱

说到硬件，可能许多人想到的是电脑硬件。但这里的硬件是指各类硬件产品，而不只是电脑硬件。下面笔者将以叮叮音箱为例，对硬件类商业计划书进行展示和分析。

19.5.1 内容展示

从疯狂 BP 上叮叮音箱发布的商业计划书来看，内容大致可以分为 15 个部分，具体如下。

1. 封面

封面上，叮叮音箱列出了产品名称和特点，并对产品进行了展示，如图 19-56 所示。

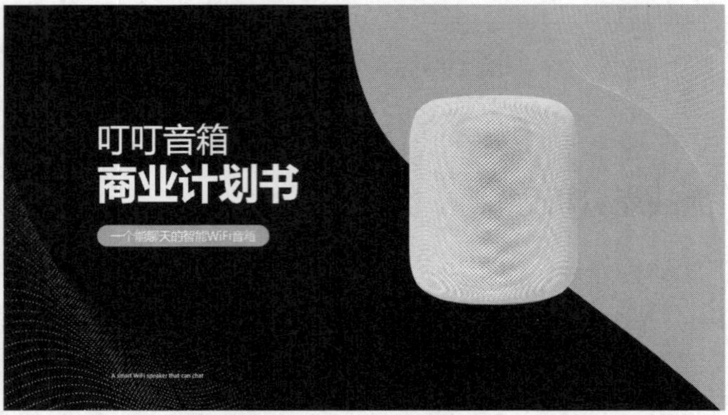

图 19-56　封面界面

2. 公司简介

公司简介部分，叮叮音箱主要是对公司的发展情况进行了简单的介绍，如图 19-57 所示。

图 19-57　“公司简介”界面

3. 市场分析

智能音箱的市场情况如何？叮叮音箱对市场规模潜力、产品定位、市场占有率进行了说明，并对用户规模进行了预测，如图 19-58 所示。

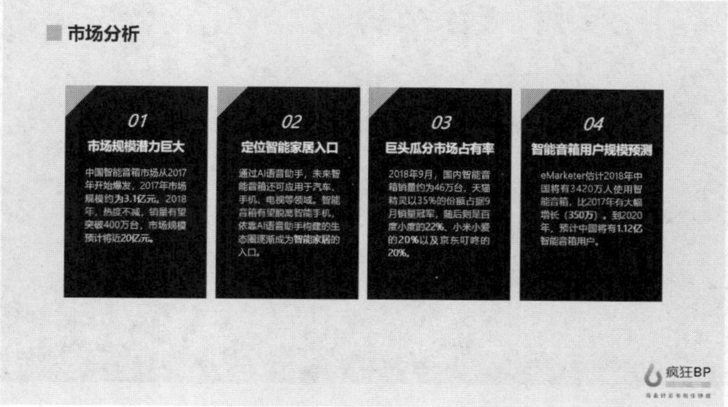

图 19-58 “市场分析”界面

4. 痛点分析

痛点分析部分，叮叮音箱的商业计划书从商家痛点和消费者痛点两个角度进行了分析，如图 19-59 所示。

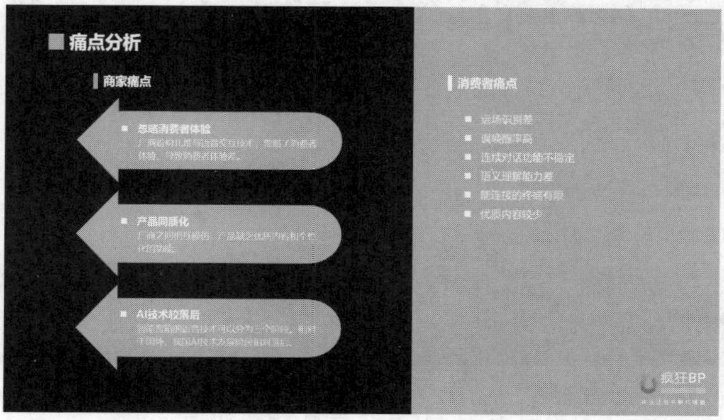

图 19-59 “痛点分析”界面

5. 解决方案

智能音箱的痛点要怎样解决呢？叮叮音箱认为可以通过强强联合、专注 AI 核心技术、多个连接终端和自定义功能这 4 个方面进行重点突破，如图 19-60 所示。

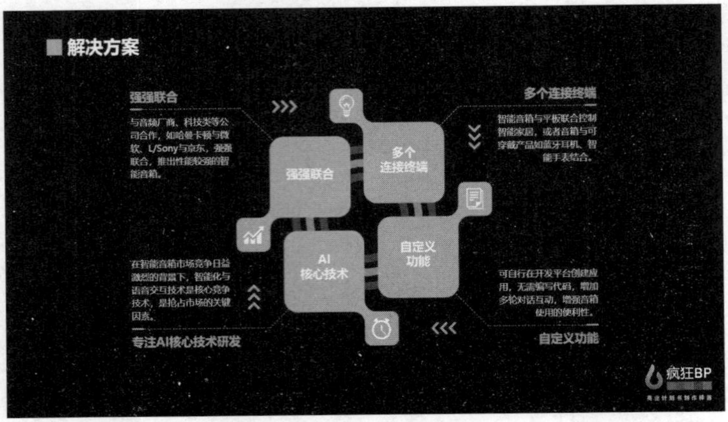

图 19-60　“解决方案”界面

6. 产品介绍

产品介绍部分，叮叮音箱对 5 种产品进行了简单的介绍，如图 19-61 所示。

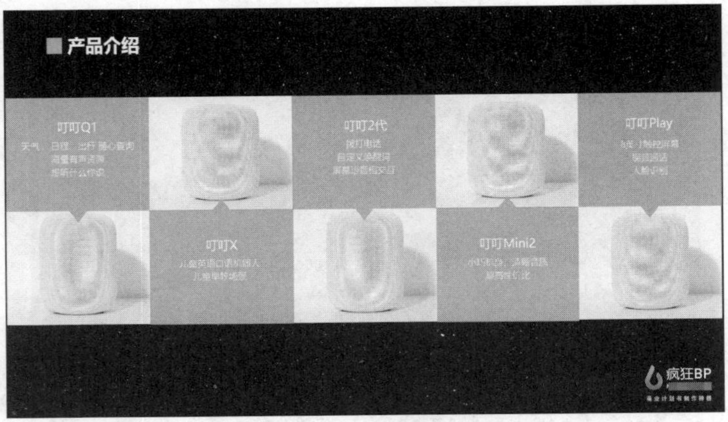

图 19-61　“产品介绍”界面

7. 用户画像

对于产品的目标用户情况，叮叮音箱通过图文结合的方式进行了画像，具体如图 19-62 所示。

图 19-62　“用户画像”界面

8. 运作模式

运作模式部分，叮叮音箱从 AIUI、智能音箱和用户 3 个方面进行了分析，如图 19-63 所示。

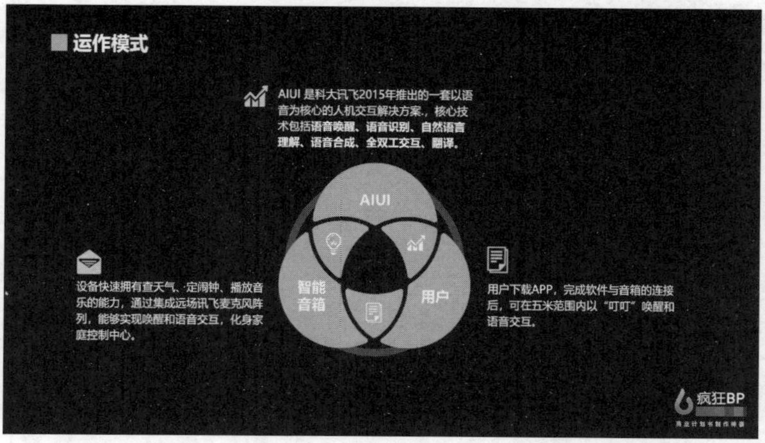

图 19-63　“运作模式”界面

9. 盈利模式

叮叮音箱的盈利主要来自 4 个方面的收入，即销售收入、内容付费收入、服务收入和其他收入，如图 19-64 所示。

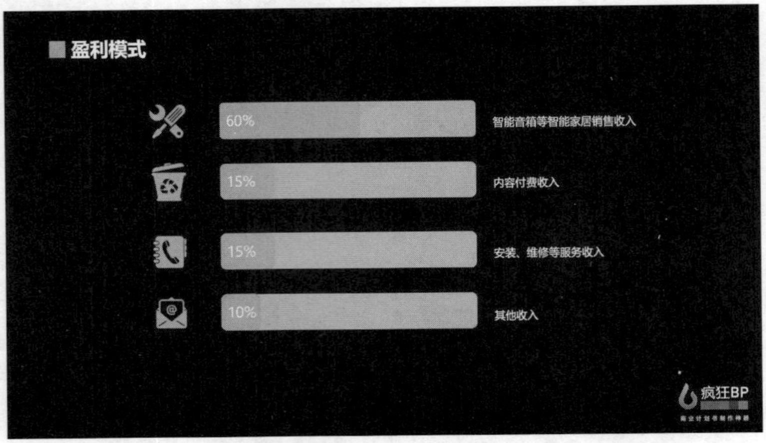

图 19-64 “盈利模式”界面

10. 竞争分析

竞争分析部分，叮叮音箱主要针对 4 个竞争对手的情况进行了分析，如图 19-65 所示。

	喜马拉雅小雅	小米AI音箱	天猫精灵	叮叮音箱
语音助手	小雅	小爱同学	天猫精灵	叮叮
售价	399-1999元	169-599元	89-499元	299元-1899元
支持内容	4星	3星	3星	5星
语音技术	猎户星空	小米大脑	AliGenie平台	科大讯飞
智能家居应用	无	3星	3星	4星
第三方服务	无	无	无	4星
USP	喜马拉雅FM音频	控制小米生态链产品	“声纹支付”购物方便	自定义唤醒词 拨打电话 功能齐全

图 19-65 “竞争分析”界面

11. 竞争优势

与市面上的智能音箱相比，叮叮音箱的优势在哪里呢？商业计划书中重点列出了 3 个优势，即海量内容、技术优势和第三方服务，具体如图 19-66 所示。

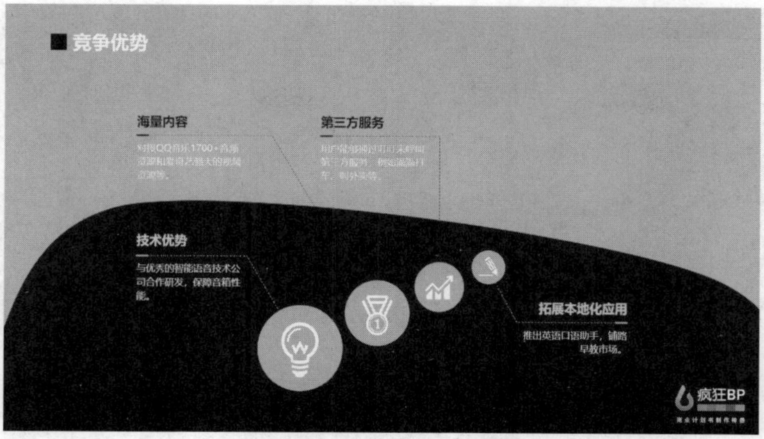

图 19-66 “竞争优势”界面

12. 我们的团队

叮叮音箱的核心团队成员主要有 4 个，即 CEO、副总裁、总经理和副总经理，如图 19-67 所示。

图 19-67 “我们的团队”界面

13. 运营规划

对于未来的运营，叮叮音箱从财务预测、产品研发、拓展销售渠道和功能升级进行了规划，如图 19-68 所示。

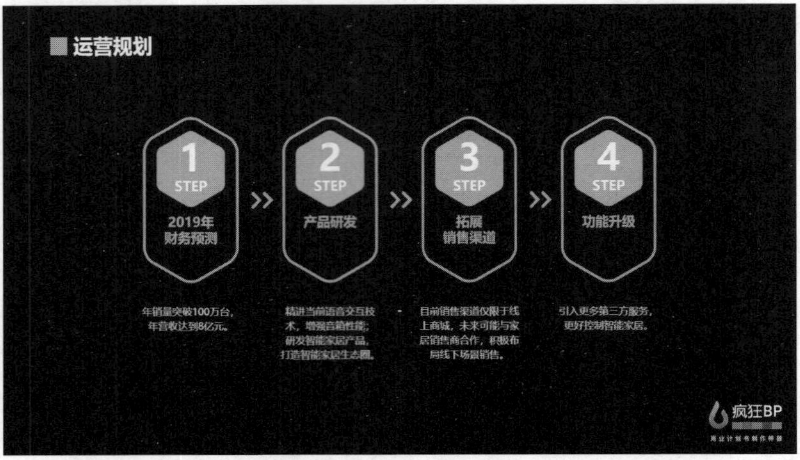

图 19-68　“运用规划”界面

14. 融资计划

对于此次的融资，叮叮音箱在商业计划书中对融资额度及其对应的出让股权，和资金的用途进行了说明，如图 19-69 所示。

图 19-69　“融资计划”界面

15. 结束页

结束页部分，叮叮音箱的商业计划书主要是进行了致谢，而整个页面的结构则与封面大致相同，如图 19-70 所示。

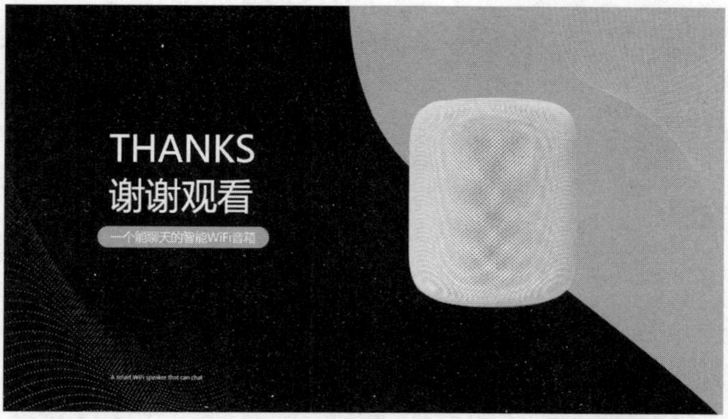

图 19-70 结束页界面

19.5.2 优缺点分析

叮叮音箱商业计划书的基本结构展示完了，你认为它的优缺点分别是什么呢？接下来，笔者就来说一下自己的想法。

1. 优点

在笔者看来，叮叮音箱商业计划书的优点主要有两个，一是内容全面，便于投资人全面掌握相关信息；二是多次使用产品图片，对产品进行了很好的展示。

2. 缺点

笔者认为，叮叮音箱商业计划书的不足主要是图 19-61 中的产品图片看不出差异，然后就是结束页中没有留下联系方式。

19.6 文娱类案例——企鹅电竞

文化娱乐是人们生活中不可或缺的一部分，每个人都需要通过文化娱乐获得精神上的享受。作为文化娱乐中的一个重要组成部分，电子竞技（简称：电竞）近年来获得了快速发展，与此同时，也有许多电竞企业希望通过融资获得进一步发展的力量，比如下面要介绍的企鹅电竞便属于这一类。

19.6.1　内容展示

企鹅电竞发布在疯狂 BP 上的商业计划书主要分为 14 个方面的内容，具体如下。

1. 封面

企鹅电竞商业计划书的封面主要是对平台名称及其性质进行了说明，并配备了一些图片，如图 19-71 所示。

图 19-71　封面界面

2. 团队介绍

企鹅电竞的团队主要包括 4 人核心成员，即技术核心顾问、运营核心顾问、商务核心顾问和产品总监，如图 19-72 所示。

图 19-72　“团队介绍”界面

3. 投资亮点

在企鹅电竞看来，其自身的投资的亮点主要体现在 3 个方面即蓝海规模、行业资源和获客风险，如图 19–73 所示。

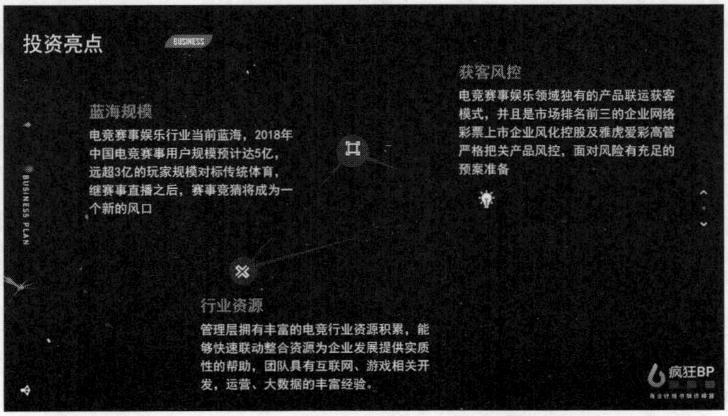

图 19–73 “投资亮点”界面

4. 市场规模

市场规模方面，企鹅电竞通过赛事观看用户量和中国电竞用户量进行了说明，如图 19–74 所示。

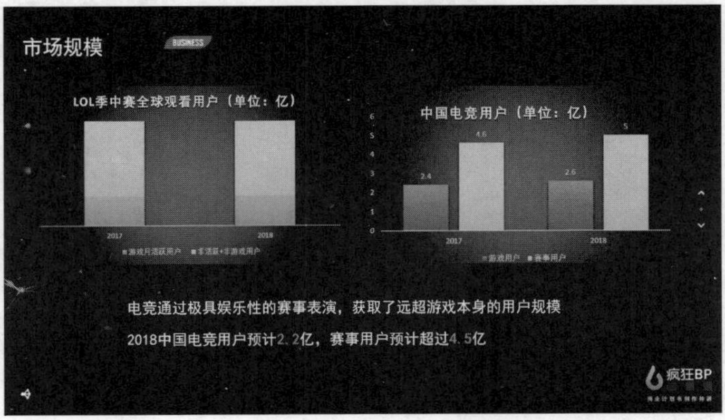

图 19–74 “市场规模”界面

5. 市场现状

在企鹅电竞看来，电竞市场的现状主要有 3 大特点，如图 19–75 所示。

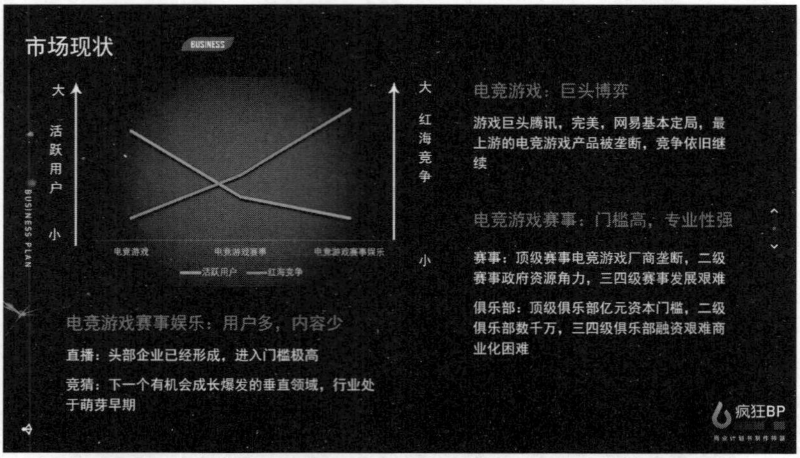

图 19-75 “市场现状”界面

6. 盈利模式

企鹅电竞的盈利方式主要有 3 种，即竞猜付费、广告推广和赛事发行，如图 19-76 所示。

图 19-76 “盈利模式”界面

7. 产品计划

产品计划部分，企鹅电竞主要是对即将上线的游戏产品进行了展示，如图 19-77 所示。

图 19-77 “产品计划”界面

8. 用户数据

2018 年 6 月份企鹅电竞平台正式开始运营，商业计划书中对开始运营之后的用户数据进行了预测，如图 19-78 所示。

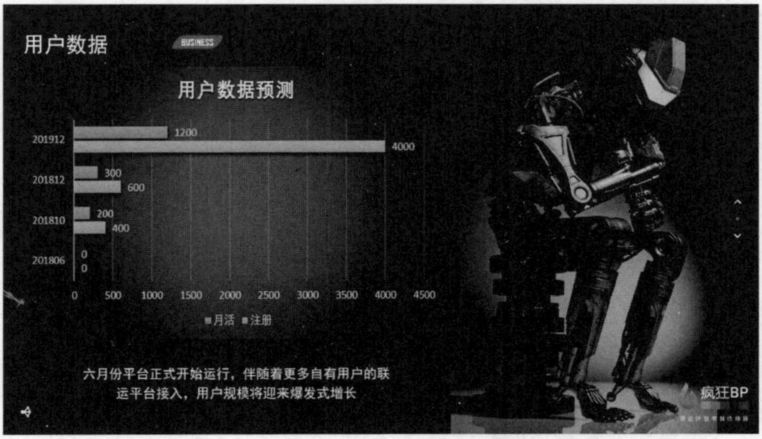

图 19-78 “用户数据”界面

9. 营收预测

在营业收入方面，企鹅电竞也进行了一些预测，如图 19-79 所示。

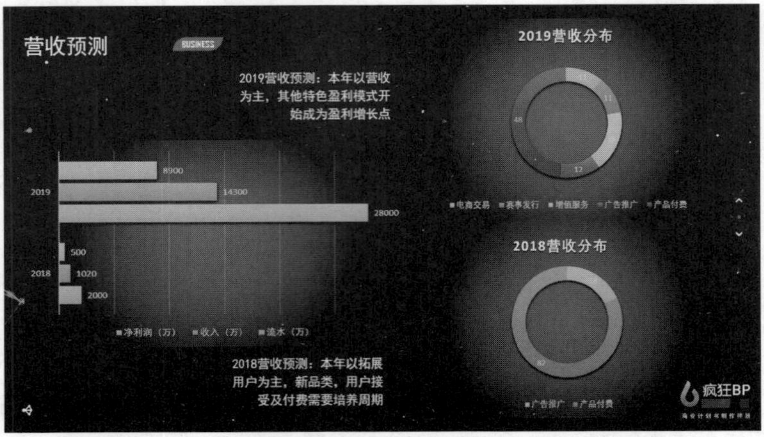

图 19-79 “营收预测”界面

10. 赛事竞猜

赛事竞猜是企鹅电竞的主要业务之一，所以在商业计划书中特意对该业务的相关内容进行了展示，如图 19-80 所示。

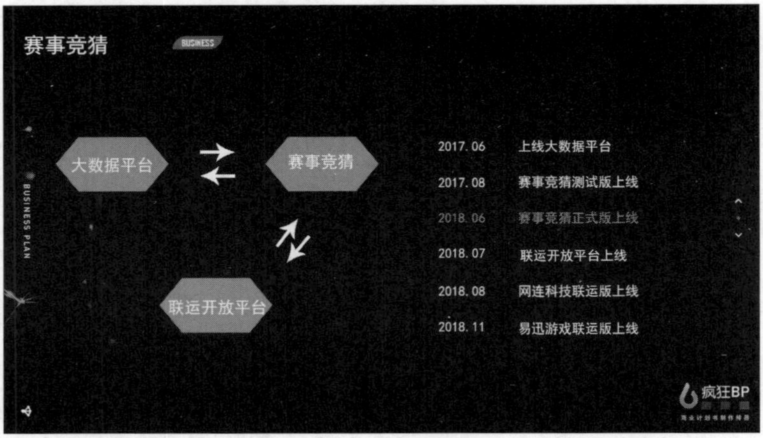

图 19-80 “赛事竞猜”界面

11. 产品一览

企鹅电竞平台将在电脑端和移动端同步运营，其预览效果如图 19-81 所示。

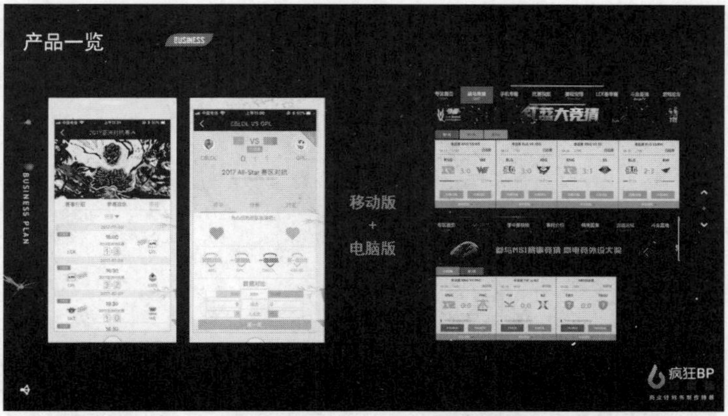

图 19-81 “产品一览”界面

12. 获客模式

与一般的创业公司不同，企鹅电竞采取的是产品联运的方式，它的主要特点是获客成本低、运营渠道广，如图 19-82 所示。

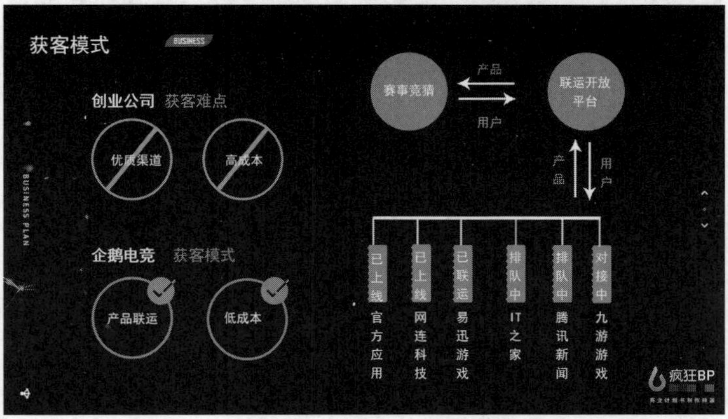

图 19-82 “获客模式”界面

13. 融资计划

融资计划方面，企鹅电竞重点对融资数额和出让的股权比例，以及资金的用途进行了说明，如图 19-83 所示。

14. 结束页

企鹅电竞商业计划书的结束页中主要是致谢，然后留下了多种联系方式，具体如图 19-84 所示。

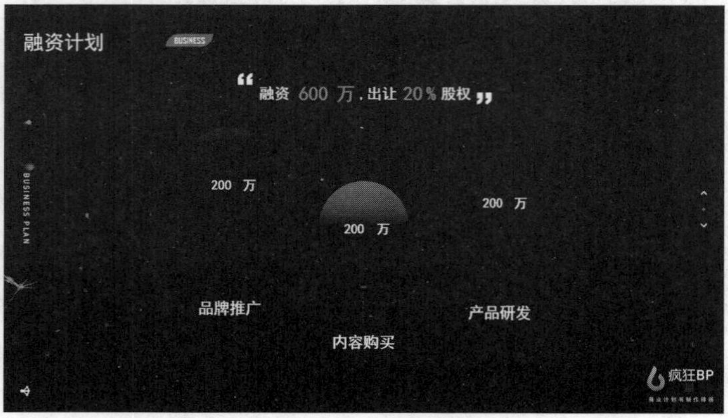

图 19-83　“融资计划”界面

图 19-84　结束页界面

19.6.2　优缺点分析

了解了企鹅电竞商业计划书的主要内容之后，接下来，笔者就来说一说该商业计划书的优点和缺点。

1. 优点

笔者认为，企鹅电竞商业计划书的优点主要体现在图表数量相对较多，内容直观，且整个商业计划书观赏性较强。

2. 缺点

该商业计划书的缺点，则主要体现在部分图片与内容的关联性不强。比如，封面中右侧的图片便很难找到与商业计划书内容的联系，甚至很难找到与电竞这个行业的联系。

19.7 餐饮类案例——一乐轻食

衣食住行是人们的基本生活需求，而餐饮作为“食”的重要组成部分，便成为人们关注的内容之一。那么，餐饮行业如何编写商业计划书呢？我们不妨先来看一下一乐轻食的商业计划书。

19.7.1 内容展示

一乐轻食的商业计划书来自疯狂 BP，其内容大致可以分为 14 个部分，具体如下。

1. 封面

一乐轻食商业计划书的封面主要是展示了品牌名称和性质，并配备了相关的美食图片，如图 19-85 所示。

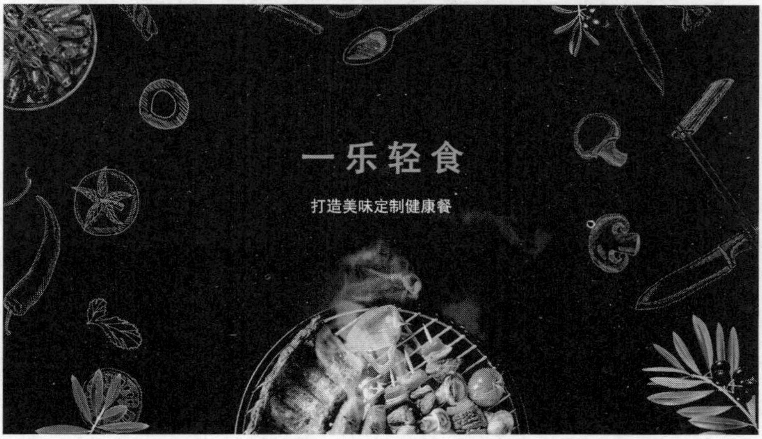

图 19-85　封面界面

2. 市场概况

市场概况方面，一乐轻食结合国家体育总局的数据报告进行了一些说明，如图 19-86 所示。

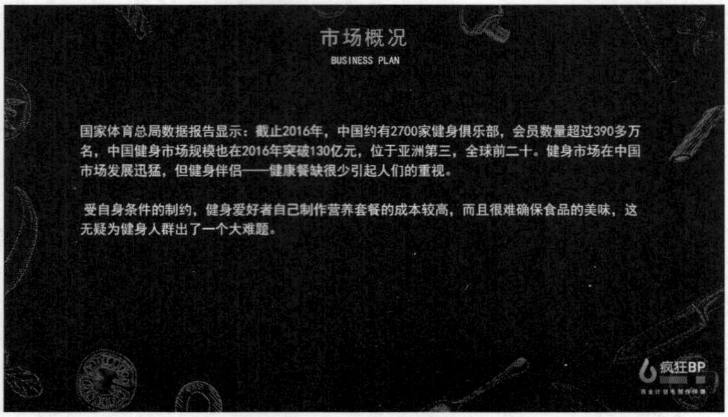

图 19-86　“市场概况”界面

3. 痛点分析

在一乐轻食看来，健身餐目前的痛点主要是市场重视程度低、顾客自身条件有限和专业化与美味难以兼顾，如图 19-87 所示。

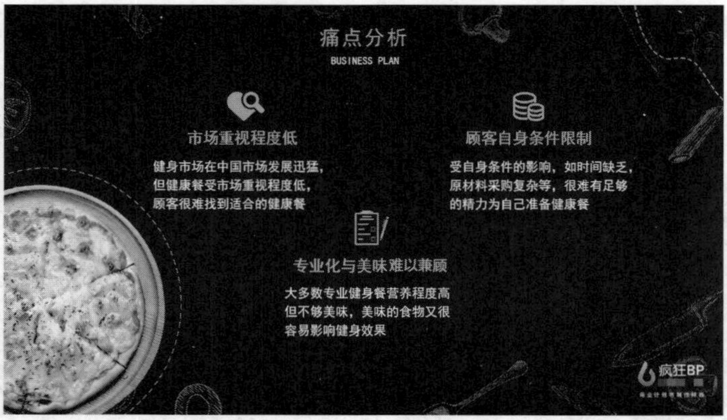

图 19-87　“痛点分析”界面

4. 解决方案

对于健身餐目前存在的痛点，一乐轻食认为可以从 4 个方面寻找解决方案，如图 19-88 所示。

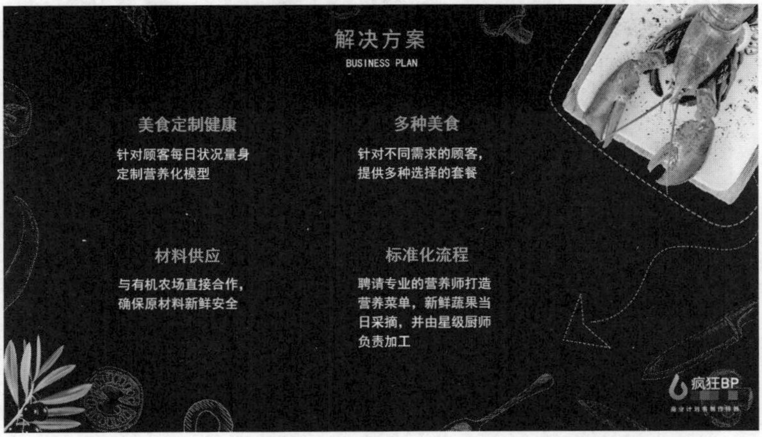

图 19-88 “解决方案”界面

5. 产品介绍

对于自身的产品，一乐轻食从 3 个角度进行了说明，如图 19-89 所示。

图 19-89 “产品介绍”界面

6. 用户画像

哪些人需要健身餐？一乐轻食从年龄层、群体理念和群体属性 3 个方面，对目标用户进行了画像，如图 19-90 所示。

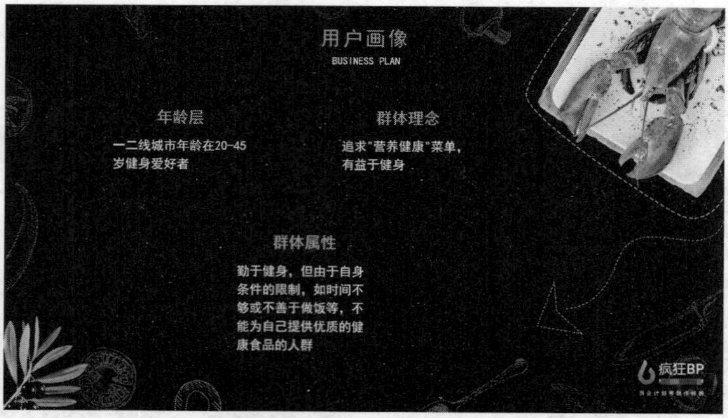

图 19-90 “用户画像”界面

7. 竞争对手

在一乐轻食看来，目前主要的竞争对手有 4 个，如图 19-91 所示。

图 19-91 “竞争对手”界面

8. 竞争优势

面对强劲的竞争对手，如何生存、发展呢？一乐轻食认为，其在产品、团队和品牌方面存在着一些优势，如图 19-92 所示。

9. 盈利模式

一乐轻食主要有 3 种获得盈利的模式，即销售收入、加盟费和合作收入，如图 19-93 所示。

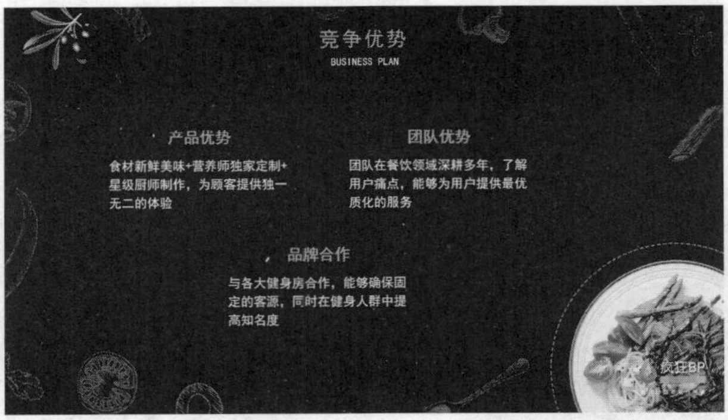

图 19-92 “竞争优势”界面

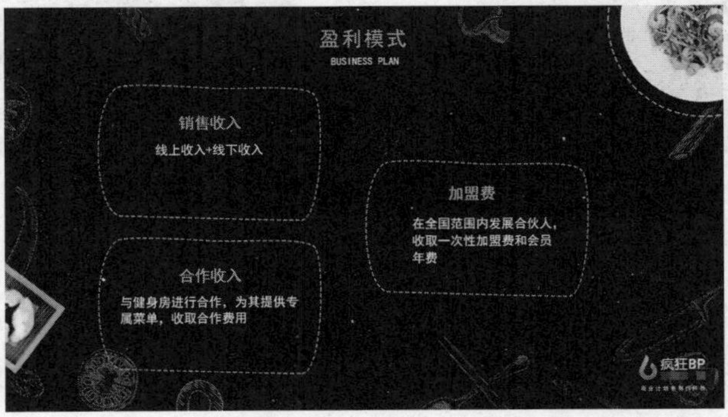

图 19-93 “盈利模式”界面

10. 运营数据

运营数据方面，一乐轻食重点对客单价、净利润和稳定购买人群的情况进行了说明，如图 19-94 所示。

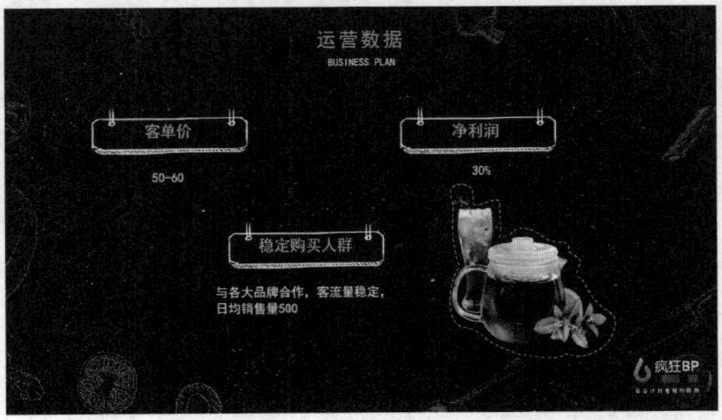

图 19-94 “运营数据”界面

11. 股权结构

一乐轻食的股权由4个部分构成，其中CEO占52.17%，投资人占21.74%，团队成员占17.39%，期权池占8.7%，如图19-95所示。

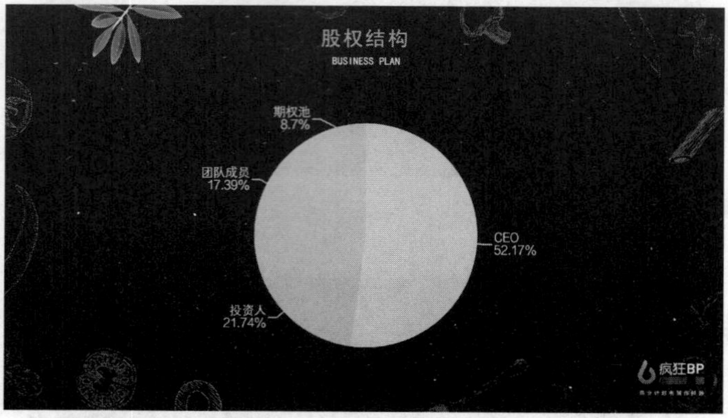

图 19-95 “股权结构”界面

12. 融资计划

对于此次融资，一乐轻食做了一个计划，并对融资额度、出让股权比例、资金使用情况进行了说明，如图19-96所示。

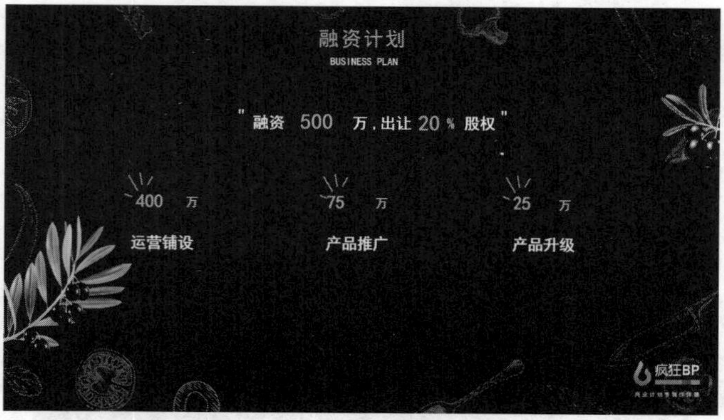

图 19-96 “融资计划”界面

13. 团队介绍

一乐轻食的核心成员主要包括CEO、营养师和产品顾问，如图19-97所示。

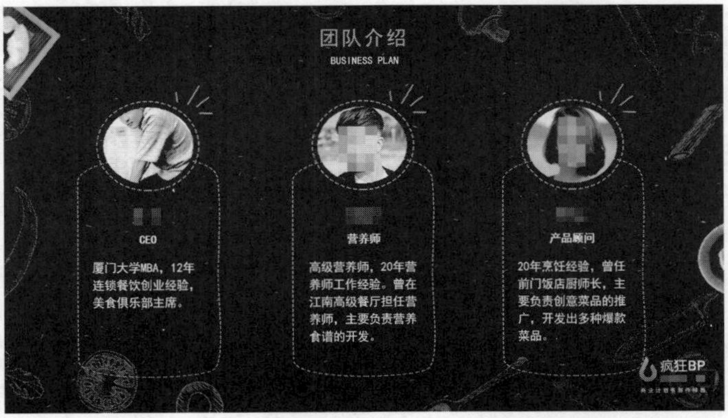

图 19-97　“团队介绍”界面

14. 结束页

结束页中，一乐轻食主要是进行致谢，并留下自己的联系方式，如图 19-98 所示。

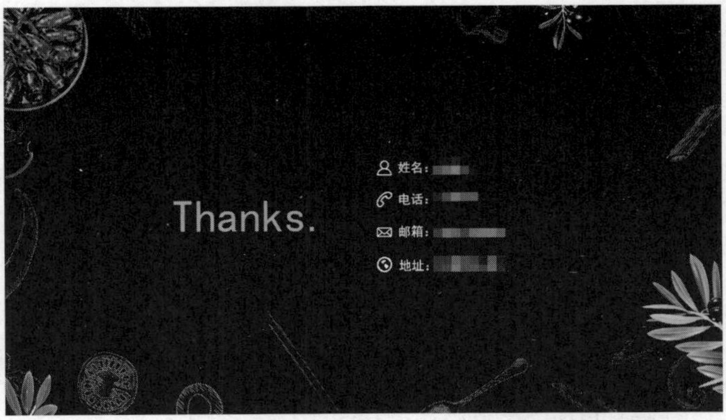

图 19-98　结束页界面

19.7.2　优缺点分析

对于一乐轻食商业计划书的优缺点，或许不同的人有不同的看法。下面笔者就来讲一讲自己的一些看法。

1. 优点

一乐轻食商业计划书的优点是很容易看得出来的，首先商务计划书的整体内容比较全面；其次，版面比较美观，同时图片与自身业务有较大的相关性。

2. 缺点

内容以文字说明为主，数据相对来说比较少，投资人对于某些内容可能比较难以直观的把握。

19.8 新零售类案例——美丽奇机

马云提出“新零售”的概念之后，零售行业便刮起来一股探寻新零售模式的旋风。从零售到新零售看似只是多了一个字，但是要真正做到却并不是一件容易的事。于是，部分企业和品牌在觉得自身现有条件不足以达到目标的情况下，会选择通过商业计划书获得投资。接下来要重点介绍的美丽奇机，便属于此类。

19.8.1 内容展示

美丽奇机在疯狂 BP 上发布了一份商业计划书，该商业计划书的内容大致可以分为 17 个部分，具体如下。

1. 封面

商业计划书的封面，美丽奇机主要是对该品牌进行了一些简单的介绍，并配备了一个破纸而出的美丽脸孔，如图 19–99 所示。

2. 关于我们

关于我们部分，美丽奇机的商业计划书中主要是对“美丽奇机”这个项目进行了简单的介绍，如图 19–100 所示。

3. 投资亮点

美丽奇机认为此次的项目在市场需求、模式优势、规模化和渠道能力方面拥有投资亮点，如图 19–101 所示。

图 19-99　封面界面

图 19-100　“关于我们”界面

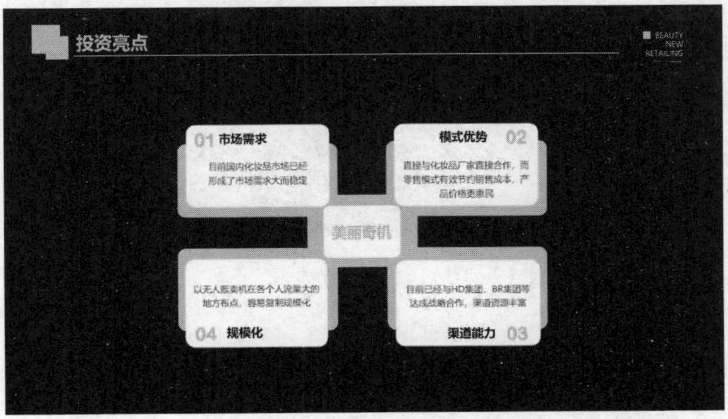

图 19-101　“投资亮点”界面

4. 团队介绍

美丽奇机的核心团队成员有 16 位，团队介绍方面，重点对 CEO、COO 和 CTO 进行了简单的介绍，如图 19-102 所示。

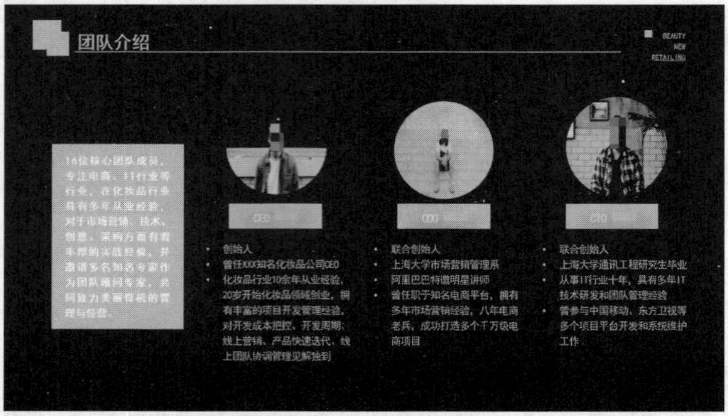

图 19-102　“团队介绍”界面

5. 市场现状

美丽奇机主要是通过自动贩卖机销售面膜，所以，在市场现状部分，重点对国内化妆品市场和国内自动贩卖的情况进行了说明，如图 19-103 所示，

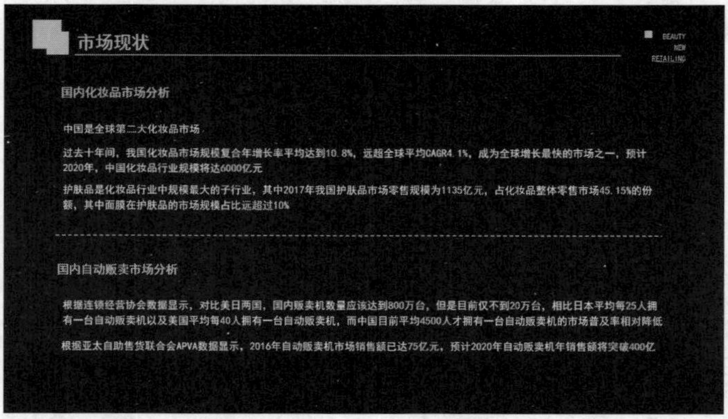

图 19-103　“市场现状”界面

6. 痛点分析

美丽奇机认为，目前化妆品行业在信任、价格、选择和产品上都存在着

一些痛点，如图 19-104 所示。

图 19-104 “痛点分析”界面

7. 解决方案

对于化妆品行业现存的痛点，美丽奇机认为可以通过建立有效的合作体系、拓展产品丰富度、新零售模式和提供量服定制服务，如图 19-105 所示。

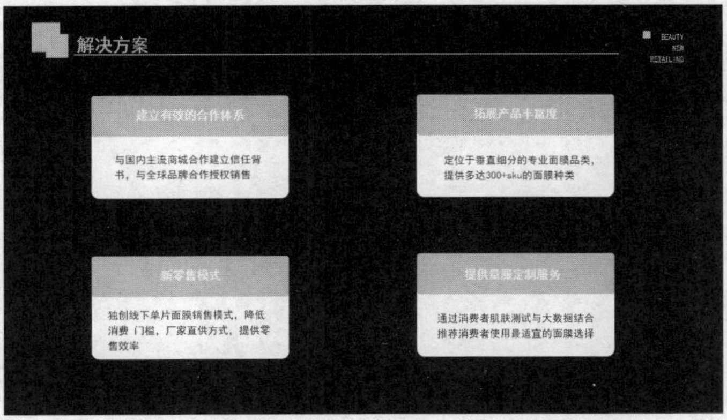

图 19-105 “解决方案”界面

8. 产品介绍

产品介绍部分，美丽奇机的商业计划书中重点对自动贩卖机的硬件、软件系统和功能进行了介绍，如图 19-106 所示。

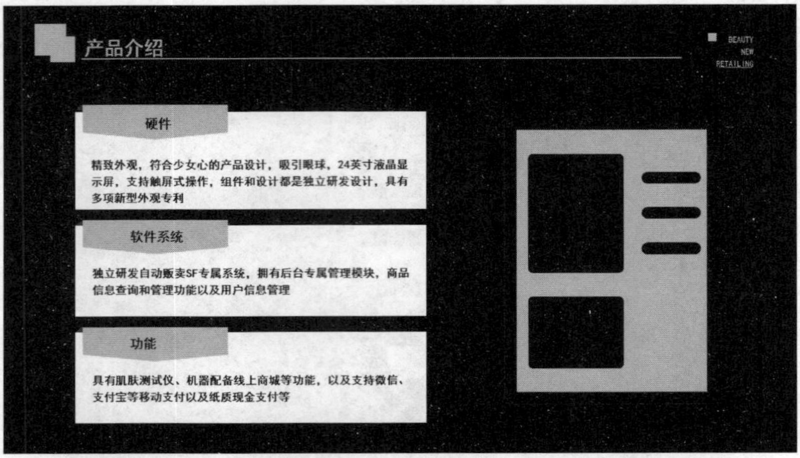

图 19-106　“产品介绍”界面

9. 产品特性

商业计划书的产品特性部分，美丽奇机重点对机型特点和软件 SF 特性进行了说明，如图 19-107 所示。

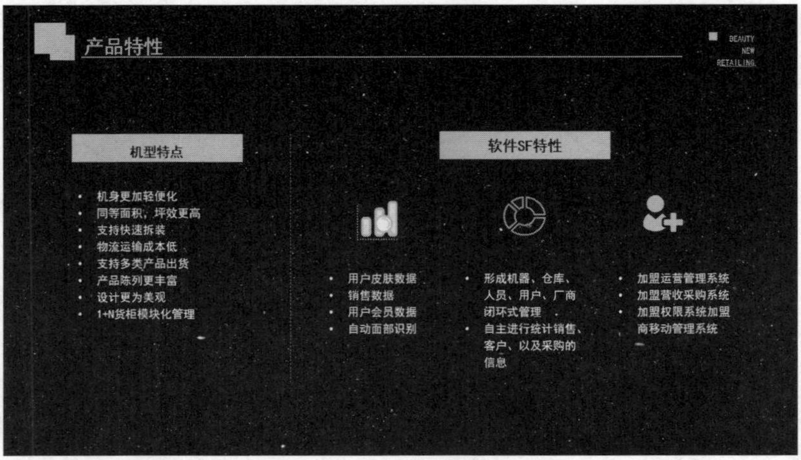

图 19-107　“产品特性”界面

10. 商业模式

商业模式方面，美丽奇机对自身的创新型“自助零售”模式进行了简单的介绍，如图 19-108 所示。

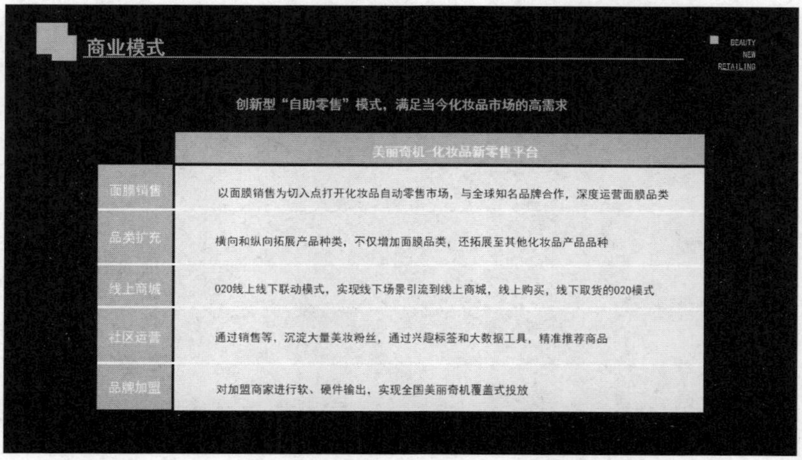

图 19-108　“商业模式”界面

11. 盈利模式

盈利方面，美丽奇机主要有 4 种获得盈利的方式，即商品销售、广告收入、线上商城收入和加盟费用，如图 19-109 所示。

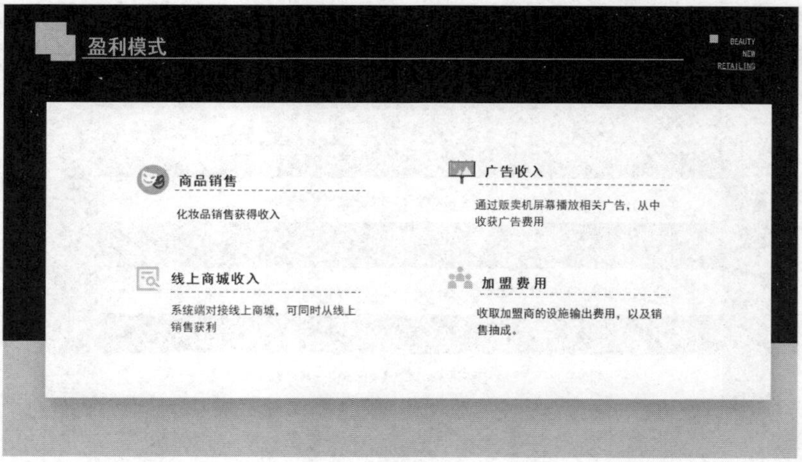

图 19-109　“盈利模式”界面

12. 渠道优势

渠道优势方面，美丽奇机将线下渠道、线上渠道和自助售卖渠道进行了对比分析，如图 19-110 所示。

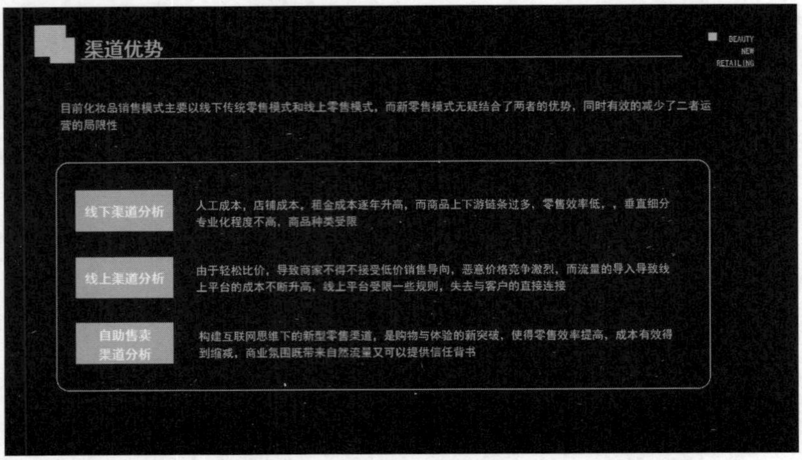

图 19–110　“渠道优势”界面

13. 竞争优势

与其他企业和品牌相比，美丽奇机的竞争优势主要体现在技术专利上，如图 19–111 所示。

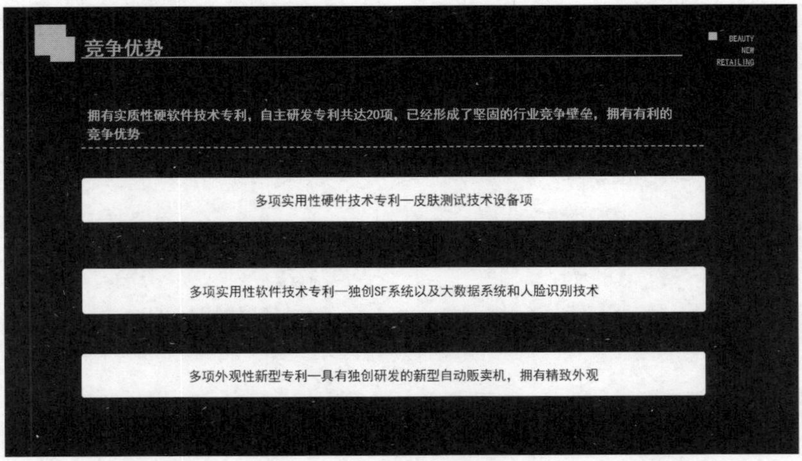

图 19–111　“竞争优势”界面

14. 营销渠道

在营销渠道方面，美丽奇机选择商城、地铁站、写字楼和学校这 4 个地点进行了说明，如图 19–112 所示。

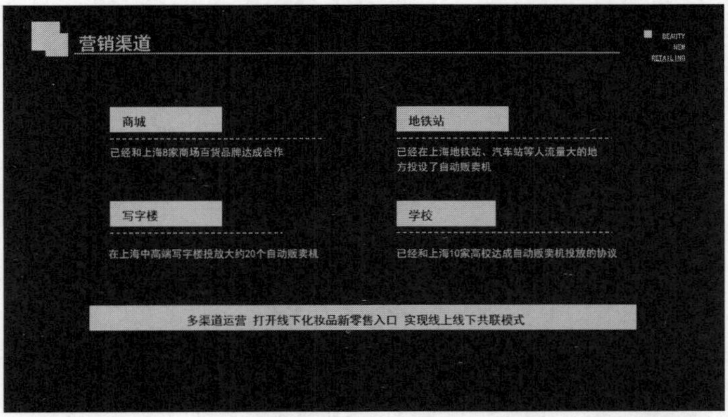

图 19-112 “营销渠道”界面

15. 发展规划

发展规划部分，美丽奇机重点对未来 4 年的相关数据进行了预测，如图 19-113 所示。

图 19-113 “发展规划”界面

16. 融资规划

在融资规划方面，美丽奇机对融资额和对应的股权出让比例、计划股权分配情况和投资人的出资要求进行了说明，如图 19-114 所示。

17. 结束页

结束页部分，内容比较简单，主要是进行致谢，如图 19-115 所示。

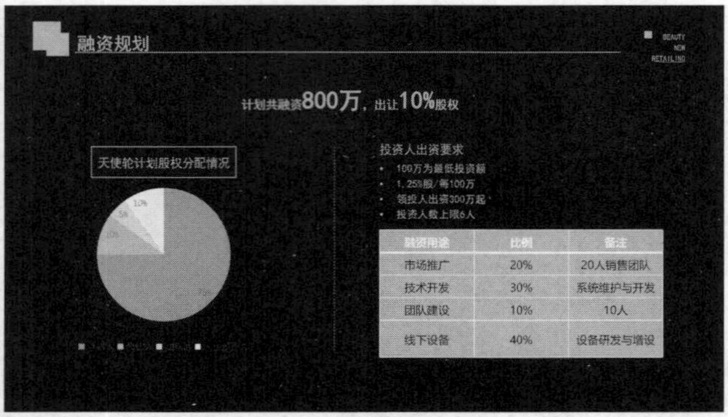

图 19-114　“融资规划”界面

图 19-115　结束页界面

19.8.2　优缺点分析

美丽奇机的商业计划书的基本内容结构介绍完了，大家觉得这份商务计划书做得怎么样呢？下面，笔者简单地说一下自己的想法。

1. 优点

这份商业计划书的配色以黑色和粉色为主，给人一种清新的感觉，且整个商务计划书的颜值比较高，看上去赏心悦目。

2. 缺点

因为商务计划书的背景是黑色，所以部分内容不是很清晰，比如封面中下半部分的 3 行浅白色文字就看不太清。另外，为了方便投资人联系，最好在结束页留下联系方式。

读 者 意 见 反 馈 表

亲爱的读者：

感谢您对中国铁道出版社有限公司的支持，您的建议是我们不断改进工作的信息来源，您的需求是我们不断开拓创新的基础。为了更好地服务读者，出版更多的精品图书，希望您能在百忙之中抽出时间填写这份意见反馈表发给我们。随书纸制表格请在填好后剪下寄到：北京市西城区右安门西街8号中国铁道出版社有限公司大众出版中心 张亚慧 收（邮编：100054）。或者采用传真（010-63549458）方式发送。此外，读者也可以直接通过电子邮件把意见反馈给我们，E-mail地址是：lampard@vip.163.com。我们将选出意见中肯的热心读者，赠送本社的其他图书作为奖励。同时，我们将充分考虑您的意见和建议，并尽可能地给您满意的答复。谢谢！

- -

所购书名：______________________

个人资料：

姓名：______________ 性别：__________ 年龄：__________ 文化程度：____________

职业：____________________ 电话：________________ E-mail：______________

通信地址：______________________________________ 邮编：____________

- -

您是如何得知本书的：

□书店宣传 □网络宣传 □展会促销 □出版社图书目录 □老师指定 □杂志、报纸等的介绍 □别人推荐

□其他（请指明）______________________________

您从何处得到本书的：

□书店 □邮购 □商场、超市等卖场 □图书销售的网站 □培训学校 □其他

影响您购买本书的因素（可多选）：

□内容实用 □价格合理 □装帧设计精美 □带多媒体教学光盘 □优惠促销 □书评广告 □出版社知名度

□作者名气 □工作、生活和学习的需要 □其他

您对本书封面设计的满意程度：

□很满意 □比较满意 □一般 □不满意 □改进建议

您对本书的总体满意程度：

从文字的角度 □很满意 □比较满意 □一般 □不满意

从技术的角度 □很满意 □比较满意 □一般 □不满意

您希望书中图的比例是多少：

□少量的图片辅以大量的文字 □图文比例相当 □大量的图片辅以少量的文字

您希望本书的定价是多少：

本书最令您满意的是：

1.

2.

您在使用本书时遇到哪些困难：

1.

2.

您希望本书在哪些方面进行改进：

1.

2.

您需要购买哪些方面的图书？对我社现有图书有什么好的建议？

您更喜欢阅读哪些类型和层次的理财类书籍（可多选）？

□入门类 □精通类 □综合类 □问答类 □图解类 □查询手册类

您在学习计算机的过程中有什么困难？

您的其他要求：